人民交通出版社"十二五"
高职高专土建类专业规划教材

U0649414

建筑法规学习指导

隋灵灵　姬志茹　吕小燕　编　著

人民交通出版社
China Communications Press

内 容 提 要

本书沿袭建筑法规教材教学内容的逻辑结构和基本脉络,结合注册建造师、监理工程师、造价师等职业资格考试考纲,每一部分按照学生的学习规律,设置学习目的与基本要求、重点和难点解析、精选案例、练习题四个模块。此外,书中还附有近几年来的二级建造师职业资格考试真题。

本书可作为高专院校土建类专业教材,也可作为成人教育、相关职业资格考试培训的教材。

图书在版编目(CIP)数据

建筑法规学习指导/隋灵灵,姬志茹,吕小燕编著.
--北京:人民交通出版社,2012.8
ISBN 978-7-114-10018-5

Ⅰ.建… Ⅱ.①隋… ②姬… ③吕… Ⅲ.建筑法
－中国－高等学校－教材参考资料 Ⅳ.①D922.297

中国版本图书馆 CIP 数据核字(2012)第 194842 号

书　　　名:建筑法规学习指导
著 作 者:隋灵灵　姬志茹　吕小燕
责任编辑:邵　江　温鹏飞
出版发行:人民交通出版社
地　　　址:(100011) 北京市朝阳区安定门外外馆斜街 3 号
网　　　址:http://www.ccpress.com.cn
销售电话:(010) 59757973
总 经 销:人民交通出版社发行部
经　　　销:各地新华书店
印　　　刷:北京鑫正大印刷有限公司
开　　　本:787×1092　1/16
印　　　张:15
字　　　数:349 千
版　　　次:2012 年 8 月　第 1 版
印　　　次:2019 年 12 月　第 6 次印刷
书　　　号:ISBN 978-7-114-10018-5
定　　　价:28.00 元

前/言

QIANYAN

建筑法规是一门阐述建筑工程相关法律法规的基本规定,及其在建筑工程中应用的学科。其主要针对高职高专土木工程类如建筑工程技术、工程监理、工程造价、建筑装饰等专业。学生学习掌握建筑法规、遵守建筑法规是今后从事建筑业及相关领域工作应当具备的法律素质。

为了适应广大在校学生学习的需要,结合注册建造师、监理工程师、造价师等职业资格考试考纲以及多年的教学实践,编者精心编写了这本教学辅导用书。对建筑法规进行法规解读、案例分析,使之通俗易懂。

本书沿袭教材教学内容的逻辑结构和基本脉络,遵循学生的学习规律,设置了学习目的与基本要求、重点和难点解析、精选案例、练习题四个模块。此外,书中还附有 2008 年至 2012 年的二级建造师职业资格考试真题。本书包含了从学生课前接触教材,按照学习过程把握好课堂的每一个教学环节,到课外视野的拓展和学习结果的检查等。按照建构主义学习理论,既符合大学生的心理特点,又切合学生的认知规律,是当代大学生学习的一本不可多得的教辅用书,同时也是参加土木工程类职业资格考试的参考用书。

本书具有六大特点:第一,时代性强。本书内容既反映了学科前沿最新的研究成果,也吸纳了职业资格培训与考试的最新信息。第二,具有同步性。本书的体系主要按照住建部最新颁布的二级建造师考纲编写,纲目紧扣教材,便于老师教、学生学,与教学过程结合紧密。第三,具有实用性。按照学生认知规律编写的案例源于实践,背景真实,资料丰富,操作性强。第四,具有针对性。结合案例,对实际工作中容易出现的问题进行案例分析,解读法规。第五,具有创新性。本书不仅内容新,而且体例新。采用建构主义的学习理论模式编排,每章分为四个部分,每个部分又自成体系,符合现代教育的观点。第六,具有典型性。该书借鉴了大量具有代表性的参考资料,精选新颖典型案例,有助于激发学生的学习兴趣、拓宽学生的视野、增强学习的效果。

在教材编写过程中,参考了许多专家、学者的研究成果,同时注意吸收建筑法规领域的最新前沿动态,一并作为参考文献附于教材后,以示感谢。

由于编者水平所限,教材中难免有一些不足和疏漏,敬请广大读者批评指正。

编者
2012 年 8 月

目　录

MULU

第一章 绪 论

一 学习目的与基本要求

通过本章的学习，了解建筑与建设、建筑活动与建设活动等基本概念的区分，我国建筑法规的立法概况；掌握建筑法规的具体表现形式、作用、适用范围和调整对象，建筑法规所确立的基本制度；了解代理的定义，掌握建筑法律关系的特征和构成要素；理解建筑法律关系的产生、变更、终止的原因；区分诉讼时效的中止、中断；熟悉工程项目建设程序的基本法则。

二 重点与难点解析

(一)建筑法规的表现形式

建筑法的法律体系是我国法律体系中的一个组成部分，是由与建筑活动有关的法律、法规、规章等共同组成的有机联系的统一整体。建筑法的法律体系由以下层次构成：

1. 宪法

宪法是国家的根本大法，一切法律、行政法规和地方性法规都不得同宪法相抵触。宪法也是建筑法规的立法依据，在宪法中规定了国家基本的建设方针和原则。

2. 法律

法律是指我国最高权力机关及其常设机关制定的规范性法律文件，法律的地位和效力仅次于宪法。现行涉及建筑活动的主要法律有：

(1)《中华人民共和国建筑法》(以下简称《建筑法》)

《建筑法》于 1997 年 11 月 1 日通过，自 1998 年 3 月 1 日起施行。

(2)《中华人民共和国招标投标法》(以下简称《招标投标法》)

《招标投标法》于 1999 年 8 月 30 日通过，自 2000 年 1 月 1 日起施行。2011 年 11 月 30 日国务院第 183 次常务会议通过《中华人民共和国招标投标法实施条例》，自 2012 年 2 月 1 日起施行。

(3)《中华人民共和国安全生产法》(以下简称《安全生产法》)

《安全生产法》于 2002 年 6 月 29 日通过，自 2002 年 11 月 1 日起施行。

(4)《中华人民共和国合同法》(以下简称《合同法》)

《合同法》于 1999 年 3 月 15 日通过，自 1999 年 10 月 1 日起施行。

(5)《中华人民共和国民法通则》(以下简称《民法通则》)

《民法通则》于1986年4月12日通过,自1987年1月1日起施行。

在建筑活动中还涉及一些其他相关法律,如《环境保护法》、《环境影响评价法》、《标准化法》、《担保法》、《保险法》、《消防法》、《劳动法》、《企业法》、《公司法》、《反不正当竞争法》、《行政处罚法》、《仲裁法》、《民事诉讼法》等。

3. 行政法规和规章

行政法规是国务院根据宪法、法律制定和颁布的有关国家行政管理活动的规范性文件。行政法规的效力次于宪法和法律。国务院所属各部、各委员会有权发布规范性命令、指示和规章,其效力次于行政法规。

建筑活动中适用的行政法规和规章,如《建设工程质量管理条例》、《建设工程安全生产管理条例》、《建设工程勘察设计管理条例》、《实施工程建设强制性标准监督规定》、《工程建设项目施工招标投标办法》、《建筑工程施工合同管理办法》等。

4. 地方性法规和其他规范性文件

地方性法规是指地方各级国家权力机关及其常设机关为执行和实施宪法、法律和行政法规,根据本行政区的具体情况和实际需要,在法定权限内制定的规范性文件。地方各级人民政府制定和发布的决定、命令、决议等规范性文件,也是法的表现形式。地方性法规和其他规范性文件只在其所管辖的行政区内具有法律效力。

5. 国际条约

国际条约是两个或两个以上的国家缔结的关于政治、经济、贸易、军事、法律、文化等方面的相互之间权利与义务的协议。国际条约中包含国家公约、协定、盟约、宣言、声明等。

(二)建筑法律关系

1. 建筑法律关系主体

建筑法律关系主体,是指依照建筑法律规范,参与或监督管理建筑活动,在法律上享有权利、承担义务的自然人、法人或其他组织。建筑法律关系的主体可以是国家机关、社会组织或自然人。

(1)国家机关

①国家权力机关。国家权力机关是指全国人民代表大会及其常务委员会和地方各级人民代表大会及其常务委员会。国家权力机关参加建筑法律关系的主要职能是审查批准国家建设计划和国家预决算,制定和颁布建筑法律,监督检查国家各项建筑法规的执行。

②行政机关。行政机关是依照国家宪法和法律设立的,依法行使国家行政职权,组织管理国家行政事务的机关。包括国务院及其所属各部委、地方各级政府及其职能部门。

③司法机关。司法机关是作为建筑法律关系监督保护的重要机关,包括审判机关、检察机关、公安机关。

(2)社会组织

社会组织包括企业、公司、事业单位、社会团体等,它们可进一步分为法人组织与非法人组织。作为建筑法律关系主体的社会组织一般应当具有法人资格,依法成立,有必要的财产或经费,有自己的名称、组织机构和经营场所,能独立承担民事责任。

①建设单位。建设单位是对工程项目进行投资建设的企业、事业单位等。建设单位作为工程需求方,是建设投资项目的支配者,也是建设过程中的组织者和监督者。由于建设项目的

多样化,作为建设单位的种类也是多样的,可以是房地产开发公司、工商企业、教科文卫单位、各级政府委托的资产管理部门等。

②勘察、设计单位。勘察、设计单位是指从事工程勘察、设计工作的各类设计院所等。

③施工企业。施工企业是指由主管部门批准并经工商行政管理机关登记、注册的从事建筑工程施工安装活动的组织。建筑施工企业资质分为施工总承包、专业承包和劳务分包三个序列。

④中介机构。中介机构具有相应的建筑活动服务资质,在建筑市场中受发包方、承包方或者政府管理机构的委托,对工程建设进行估算、测量、咨询代理、监理等服务并取得服务费用。包括工程技术咨询公司、招标代理机构、监理公司、质量检查监督认证机构等。

(3)自然人

自然人在建筑活动中也可以成为建筑法律关系的主体。如建筑工人同施工企业签订劳动合同、因生产安全事故发生争议等,自然人成为建筑法律关系的主体。

2.建筑法律关系客体

建筑法律关系客体,是指参加建筑法律关系的主体享有的权利和承担的义务所共同指向的对象。建筑法律关系客体是建筑法律关系不可缺少的要素之一。法律关系的客体一般分为物、货币和有价证券、行为、智力成果,建筑法律关系的客体也同样表现为这四个种类。

(1)物

物是指可以为人们控制和支配的、具有一定经济价值的、以物质形态表现出来的自然存在和人工创造的物质财富。建筑法律关系中表现为物的客体主要是建筑材料、建筑物、建筑机械设备等。

(2)货币和有价证券

货币是充当一般等价物的特殊商品,在生产流通过程中,货币是以价值形态表现的资金。建筑法律关系客体中的货币和有价证券主要指建设资金、汇票、本票、支票等。

(3)行为

行为是法律关系主体为达到一定目的所进行的活动,包括管理活动、完成一定工作的行为和提供一定劳务的行为。在建筑行政法律关系中,建设行政主管部门和有关部门对行政管理相对人来说,主要实施的是监督管理行为。在建筑民事法律关系中,作为法律关系客体的行为大多表现为完成一定工作。

(4)智力成果

智力成果是指能够为人们带来经济价值的独创的脑力劳动成果。建筑法律关系中,专利、专有技术、设计图纸、商业信誉、商业秘密等都是智力成果。

3.建筑法律关系内容

建筑法律关系的内容,是指建筑法律关系的当事人所享有的权利和承担的义务。建筑行政法律关系中,主体的权利义务一般是法定的。作为管理相对人可以就法规的制定和行政决策提出意见和建议,监督行政机关的活动;为实现自己的权利或者保障自己的权利不受侵犯,依法请求行政机关为或不为某种行为;检举和控告行政机关的违法或不当的行为,与行政机关发生争议时有权提出申诉或进行诉讼。

(三)代理制度

1.代理的含义

代理人在代理权限内,以被代理人名义实施民事法律行为,被代理人对代理人的代理行为,承担民事责任。

2.代理的种类

代理包括委托代理、法定代理和指定代理。

3.代理人与被代理人的责任承担

(1)授权不明确的责任承担

委托书授权不明的,被代理人应当向第三人承担民事责任,代理人负连带责任。

(2)无权代理的责任承担

没有代理权、超越代理权或者代理权终止后的行为,只有经过被代理人的追认,被代理人才承担民事责任。未经追认的行为,由行为人承担民事责任。本人知道他人以本人名义实施民事行为而不作否认表示的,视为同意。

第三人知道行为人没有代理权、超越代理权或者代理权已终止还与行为人实施民事行为给他人造成损害的,由第三人和行为人负连带责任。

(3)代理人不履行职责的责任承担

代理人不履行职责而给被代理人造成损害的,应当承担民事责任。代理人和第三人串通,损害被代理人的利益的,由代理人和第三人负连带责任。

(4)代理事项违法的责任承担

代理人知道被委托代理的事项违法仍然进行代理活动的,或者被代理人知道代理人的代理行为违法不表示反对的,由被代理人和代理人负连带责任。

(5)转托他人代理的责任承担

根据《民法通则》第 68 条规定:"委托代理人为被代理人的利益需要转托他人代理的,应当事先取得被代理人的同意。事先没有取得被代理人同意的,应当在事后及时告诉被代理人,如果被代理人不同意,由代理人对自己所转托的人的行为负民事责任,但在紧急情况下,为了保护被代理人的利益而转托他人代理的除外。"

4.代理的终止

(1)委托代理的终止

有下列情形之一的,委托代理终止:代理期限届满或者代理事务完成;被代理人取消委托或者代理人辞去委托;代理人死亡;代理人丧失民事行为能力;作为被代理人或者代理人的法人终止。

(2)法定代理或指定代理的终止

根据《民法通则》第 70 条的规定:有下列情形之一的,法定代理或者指定代理终止。

①被代理人取得或者恢复民事行为能力;

②被代理人或者代理人死亡;

③代理人丧失民事行为能力;

④指定代理的人民法院或者指定单位取消指定;

⑤由其他原因引起的被代理人和代理人之间的监护关系消灭。

(四)债权、知识产权

财产权体系包括三个部分,即以所有权为核心的有体财产权制度,以知识产权为主体的无体财产权制度,以债权、继承权等为内容的其他财产权制度。

1. 债权

（1）债的概念

债是按照合同的约定或者依照法律的规定，在当事人之间产生的特定的权利和义务关系。

（2）债的发生根据

合同之债，合同是引起债权债务关系发生的最主要、最普遍的根据；侵权行为之债；不当得利之债；无因管理之债；债的发生根据除前述几种外，遗赠、扶养、发现埋藏物等，也是债的发生根据。

2. 知识产权

（1）知识产权概述

知识产权具有如下特征：具有人身权和财产权的双重性质、专有性、地域性、时间性。

（2）著作权

在工程建设领域较为常见的，除文字作品外，还主要包括：美术作品、建筑作品、图形作品、设计图纸、模型作品。

3. 著作权

著作权包括人身权和财产权。

（1）人身权

著作人身权包括：发表权、署名权、修改权、保护作品完整权。

（2）财产权

财产权包括：使用权、许可使用权、转让权、获得报酬权。

（3）专利权

发明专利权的期限是 20 年，实用新型和外观设计专利权的期限是 10 年，均自申请日起计算。

（4）商标权

商标权是商标专用权的简称，是指商标主管机关依法授予商标所有人对其注册商标受国家法律保护的专有权，商标注册人依法支配其注册商标并禁止他人侵害的权利，包括商标注册人对其注册商标的排他使用权、收益权、处分权、续展权和禁止他人侵害的权利。商标是用以区别商品和服务不同来源的商业性标志，由文字、图形、字母、数字、三维标志、颜色组合或者上述要素的组合构成。

根据《商标法》规定，商标权有效期 10 年，自核准注册之日起计算，期满前 6 个月内申请续展，在此期间内未能申请的，可再给予 6 个月的宽展期。续展可无限重复进行，每次续展期 10 年。

（五）物权法

1. 物权法的相关概念

物权——权利人依法对特定的物享有直接支配和排他的权利，包括所有权、用益物权和担保物权。

所有权——所有权人对自己的不动产或者动产，依法享有占有、使用、收益和处分的权利。

用益物权——当事人依照法律规定，用益物权人对他人所有的不动产或者动产，依法享有占有、使用和收益的权利。

担保物权——担保物权人在债务人不履行到期债务或者发生当事人约定的实现担保物权的情形，依法享有就担保财产优先受偿的权利。

2.抵押权

(1)抵押权的概念

抵押是指债务人或者第三人不转移对财产的占有,将该财产作为债权的担保。债务人不履行债务时,债权人有权以该财产折价或者以拍卖、变卖该财产的价款优先受偿的担保方式。

债权人就是抵押权人,将财产用于抵押的债务人或者第三人就是抵押人,用于抵押的财产就是抵押物。在建工程可以作为抵押物。

债权债务关系如图1-1所示。

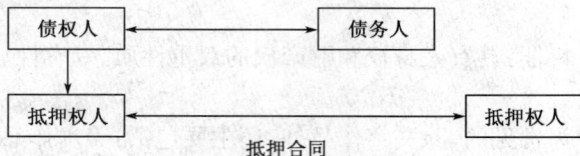

图1-1 债权债务关系

(2)抵押财产的确定

①债务履行期届满,债权未实现。

②抵押人被宣告破产或者被撤销。

③当事人约定的实现抵押权的情形。

④严重影响债权实现的其他情形。

(3)抵押权对第三人的效力

对买受人的效力——不得对抗正常经营活动中已支付合理价款并取得抵押财产的买受人。

对承租人的效力——抵押合同订立前已出租的,原租赁关系不受抵押权的影响;抵押设立后出租的,租赁关系不得对抗已登记的抵押权。

(4)抵押权的放弃与顺位的变更

抵押权人可放弃与顺位变更,但变更需征得抵押人的书面同意。

(5)抵押权的实现与其他债权人的撤销权

债务人不履行到期债务的,可以将抵押财产拍卖、变卖,其价款优先偿还抵押权人。

建设用地使用权抵押后,该土地上新增的建筑物不属于抵押财产,但处分时应一并处理,新增建筑物所得的价款,抵押权人无权优先受偿。

抵押物的处分损害其他债权人利益的,其他债权人可以在知道或者应当知道撤销事由之日起一年内请求法院撤销处分协议。

3.质权

(1)质押的概念

质押是指债务人或者第三人将其动产或权利移交债权人占有,将该动产作为债权的担保,债务人不履行债务时,债权人有权以该动产折价或者以拍卖、变卖该动产的价款优先受偿的担保方式。

债权人就是质权人,将动产或权利出质的债务人或第三人就是出质人。

可分为动产质押和权利质押两种。

(2)质权人的权利

质权人可以放弃质权。

（3）质权人的义务

质权人不得擅自使用、处分质押财产，不得擅自转质。

（4）出质人的权利

出质人可以请求质权人在债务履行期届满后及时行使质权。

4. 留置权

（1）留置的内涵

是指债权人按照合同约定占有债务人的动产，债务人不按照合同约定的期限履行债务的，债权人有权以该财产折价或者以变卖、拍卖该财产的价款优先受偿的担保方式。

债权人就是留置权人，债务人是留置人。

（2）留置权人的权利

①收取留置财产的孳息。

②留置权人的优先受偿权：优先于抵押权人受偿。

（3）留置权的实现

双方约定留置财产后的债务履行期间，无约定的为两个月。

5. 物权的设立、变更、转让和消灭

（1）不动产物权的设立、变更、转让和消灭

生效：不动产物权经依法登记发生效力。属于国家所有的自然资源，所有权可以不登记。

不动产登记与合同效力的关系：除法律另有规定或者合同另有约定外，自合同成立时生效，未办理物权登记的，不影响合同效力。

预告登记：当事人签订买卖房屋或者其他不动产物权的协议，为保障将来实现物权，按照约定可以向登记机构申请预告登记。预告登记后，未经预告登记的权利人同意，不动产所有权人处分该不动产的，不发生物权效力。

预告登记后，债权消灭或者自能够进行不动产登记之日起三个月内未申请登记的，预告登记失效。

（2）动产交付

动产物权设立和转让行为的生效：自交付时发生效力，但法律另有规定的除外。

动产物权生效的情形：动产物权设立和转让前，权利人已依法占有该动产的，物权自法律行为生效时发生效力；动产物权设立和转让前，第三人依法占有该动产的，负有交付义务的人可以通过请求第三人返还原物的权利代替交付；动产物权转让时，双方又约定由出让人继续占有该动产的，物权自该约定生效时发生效力。

关于物权设立、变更、转让和消灭的其他规定：

因征收导致物权设立、变更、转让或者消灭的，自法律文书或者人民政府的征收决定生效时发生效力；因继承或者受遗赠取得物权的，自继承或者受遗赠开始时发生效力；因建造、拆除房屋等事实行为设立或消灭物权的，自事实行为成就时发生效力。

6. 建设用地使用权

（1）建设用地使用权的设立

建设用地使用权的设立范围：对土地享有占有、使用和收益的权利，有权利建造建筑物、构筑物及其附属设施。

建设用地使用权可以在土地的地表、地上或者地下分别设立。

建设用地使用权的设立方式：可采用出让或者划拨的方式。

工业、商业、旅游、娱乐和商品住宅等经营性用地以及同一土地有两个以上意向用地者的，应当采取招标、拍卖等公开竞价的方式出让。

严格限制以划拨方式设立土地使用权。

（2）建设用地使用权人的权利和义务

①权利：

a. 对建设用地上的物享有所有权。

b. 建设用地使用权可以转让、互换、出资、赠与或者抵押。

c. 获得补偿的权利。

d. 住宅用地期满续期的权利。

②义务：

a. 履约的义务。

b. 支付出让金的义务。

c. 不得改变土地用途的义务。

d. 登记的义务（包括设立、变更、注销登记）。

7. 物权的保护

确认权利；返还原物；排除妨害、消除危险；修理、重作、更换或者恢复原状；其他民事责任。违反行政管理规定的，承担行政责任，构成犯罪的，追究刑事责任。

（六）诉讼时效的中止和中断

1. 诉讼时效中止

诉讼时效中止是指在诉讼时效进行期间，因发生法定事由阻碍权利人行使请求权，诉讼依法暂时停止进行，并在法定事由消失之日起继续进行的情况，又称为时效的暂停。对此，我国《民法通则》第 139 条予以规定："在诉讼时效期间的最后 6 个月内，因不可抗力或者其他障碍不能行使请求权的，诉讼时效中止，诉讼时效从中止时效的原因消除之日起继续计算。"

2. 诉讼时效中断

诉讼时效的中断是指在诉讼时效期间进行中，因发生一定的法定事由，致使已经经过的时效期间统归无效，待时效中断的事由消除后，诉讼时效期间重新起算。根据《民法通则》第 140 条的规定，中断诉讼时效的事由包括提起诉讼（起诉）、当事人一方提出要求（请求）或者同意履行义务（承诺）。

（七）工程项目建设程序的几个阶段及各阶段的主要内容

1. 立项决策阶段

立项决策阶段是对工程建设项目投资的合理性进行考察和对工程项目进行选择的阶段。项目建议书是由业主向国家有关部门提出申请建设某一工程项目的建议性文件，也是国家选择建设项目的依据。项目建议书中应说明提出建设项目的必要性和依据、拟建规模、投资估算、经济效益和社会效益的初步估计等内容。项目建议书经批准即可从项目建设和生产经营全过程考察分析项目的可行性，编制可行性研究报告，为投资者最终决策提供直接依据。可行性报告经有关部门审查批准后，予以立项。

2. 工程项目前期准备阶段

凡在城市规划区内进行建设需要申请用地的，必须持国家批准建设项目的有关文件，向城市规划行政主管部门提出申请，由城市规划行政主管部门根据法律规定核发建设用地规划许可证。建设单位和个人取得建设用地规划许可证后，可向土地管理部门申请用地，经土地管理部门核实，由同级人民政府颁发土地使用权证书。持建设项目设计任务书批准文件、建设用地规划许可证、土地使用权证书，向城市规划部门提出申请，经审查合格后，核发建设工程规划许可证。

建设单位在工程项目通过立项、可行性研究、立项审批、建设用地申请、规划许可等前期准备工作结束后，向建设行政主管部门报建。所有在我国境内兴建的工程建设项目都必须报建，接受报建的建设行政主管部门或其授权机构，对报建的文件、资料进行核验，审查合格后发给《工程发包许可证》。凡未报建的工程项目不得办理招标手续和发放施工许可证，设计、施工单位不得承接该项工程的设计和施工任务。

建设项目被批准立项并报建后，建设单位作为发包人将拟建工程的勘察、设计、施工安装、监理等工作全部或部分委托给择优选定的勘察、设计、施工、监理单位，通过签订书面合同的方式明确各方当事人的权利义务。

3. 施工阶段

施工单位在开工前应做好相应的准备工作，包括施工单位在技术、物质方面的准备和建设单位申领施工许可证。取得工程项目施工许可证表示施工准备阶段结束，施工阶段开始。

施工阶段根据设计图纸和有关设计文件，将工程设计转化为建筑产品，是综合性的技术经济活动。施工单位必须严格按照批准的设计文件、施工合同和国家规定的施工及验收规范进行工程建设项目施工。施工单位必须严格按照有关法律、法规和工程技术标准的规定，编制施工组织设计，制定质量、安全、技术、文明施工等各项保证措施，确保工程质量、施工安全和现场文明施工。合理组织施工，提高施工计划的科学性，在施工过程中进行科学的施工控制，做好施工调度工作，是保证施工计划全面实现的关键。只有通过合理的施工组织来控制施工进度，才能缩短生产周期，减少附加的生产费用，确保工程质量。

4. 竣工验收阶段

竣工验收阶段是工程项目按设计文件规定的内容和标准全部建成，依据一定的技术标准文件进行全面考核，评价施工生产活动成果，检验设计和施工质量的重要环节。工程未经竣工验收或竣工验收未通过，不得交付使用。

竣工工程必须符合的基本条件包括：完成工程设计和合同约定的各项内容；施工单位在工程完工后对工程质量进行了检查，确认工程质量符合有关工程建设强制性标准，符合设计文件和合同要求，并提出工程竣工报告；对于委托监理的工程项目，监理单位对工程进行了质量评价，具有完整的监理资料，并提出工程质量评价报告；勘察、设计单位对勘察、设计文件及施工过程中有设计单位签署的设计变更通知书进行了确认；有完整的技术档案和施工管理资料；有工程使用的主要建筑材料、建筑构配件和设备合格证及必要的进场试验报告；有施工单位签署的工程质量保修书；有公安消防、环保等部门出具的认可文件或准许使用文件；建设行政主管部门及其委托的工程质量监督机构等有关部门责令整改的问题全部整改完毕。

工程具备竣工验收条件，承包人向发包人申请工程竣工验收，递交竣工验收报告并提供完整的竣工资料。实行监理的工程，工程竣工验收报告必须经总监理工程师签署意见。对符合竣工验收要求的工程，发包人收到工程竣工报告后，组织勘察、设计、施工、监理、质量监督机构和其他有关方面专家组成验收组,制定验收方案。验收组听取各方汇报合同履行情况和工程建设各环节执行法律、法规和工程建设强制性标准情况,审阅工程档案资料,查验工程实体质量。验收组通过查验后,对工程施工、设备安装质量和管理环节等作出总体评价,形成工程竣工验收意见。

建设工程实行质量保修制度,工程竣工验收并交付使用后,在保修期内出现质量缺陷,承包单位应当履行保修义务,并对造成的损失承担赔偿责任。一般工程项目保修期限,国家的法律法规有明确规定;当事人在合同中也可以协商约定保修期限和范围,但不得低于法律规定的最低标准。

三 精选案例

案 例 1

甲公司与乙公司签订了一份商品买卖合同,规定:甲于 1997 年 6 月 10 日前交货,乙验货后于 6 月 15 日付清全部货款 60 万元。

此后,甲按时发货,但乙接货后只付了 45 万元,并在 6 月 15 日要求对剩余的 15 万元宽限一段时间。甲不同意,回电要求立即支付,乙接电后未予理睬。此间,甲负责该业务的人员离职,换人,管理较乱。到 2000 年 7 月 2 日,甲在清理合同时发现乙尚未支付上述 15 万元。于是向乙追偿 15 万元欠款及利息。

关联教材:第一章 第三节 与工程建设相关的民事法律制度

思考讨论:

1. 乙拒绝支付,甲向人民法院起诉。

2. 乙同意支付并于 8 月 5 日支付了 15 万元及利息。8 月底,乙又告诉甲已过诉讼时效,要求甲退回该笔钱,甲不同意,乙向人民法院起诉。

3. 若甲在 1999 年 3 月发现并催款,乙仍然没有支付。2000 年 8 月诉至法院。

4. 乙同意 2 个月内付清,并进行了书面确认。但是没过几天,乙又称已过诉讼时效,他们已无义务支付该款,拒绝支付。甲向人民法院起诉。

问:上述情况,法院会支持吗?

【案例点评】

1. 不予支持。超过诉讼时效(2 年)。

2. 不予支持。义务人在届满后自愿向权利人履行义务的,权利人接受的,不受诉讼时效的限制。如果义务人履行义务后,又以超过诉讼时效为由反悔,人民法院也不予支持。(不消灭实体权利)

3. 支持。诉讼时效期间的中断。诉讼时效因提起诉讼、当事人一方提出要求或同意履行义务而中断。从中断时起,诉讼时效期间重新计算。

4. 支持。《关于超过诉讼时效期间借款人在催款通知单上签字或盖章的法律效力问题的批复》:债务人在催款通知单上签字或盖章的,应当视为对原债务的重新确认,该债权债务关系应受法律保护。

案 例 2

某有限公司与某市土地管理局于 2009 年 5 月 19 日签订了工业开发及用地出让合同,合同约定:该有限公司在取得土地使用证后 1 个月内,将进行工业项目开工建设等相关事项,此后市土地管理局依据双方签订的合同约定,将土地交付给该有限公司使用,公司对土地进行了平整等工作,支付相关费用 85 万元。2009 年 8 月 17 日,市土地管理局以改变土地规划为由,要求公司退回土地使用权,此时,尚未完成土地使用权登记,市土地管理局认为,由于尚未进行土地使用权登记,合同尚未生效,某有限公司不同意土地管理局的要求,双方协商未果,某有限公司向法院提起诉讼,要求继续履行合同,办理建设用地使用权登记手续。

关联教材:第一章　第三节　与工程建设相关的民事法律制度

思考讨论:

1. 双方订立的合同是否生效?

2. 某有限公司的建设用地使用权是否已经设立?

3. 纠纷应该如何解决?

【案例点评】

1. 双方订立的《工业开发及用地出让合同》已经生效。因为办理建设用地使用权登记,并不是合同生效的前提。一般情况下,书面合同自当事人签字或者盖章时生效,除非当事人另行约定了生效要件。

2. 该有限公司的建设用地使用权尚未设立。按照《物权法》的规定,建设用地使用权自登记时设立。由于双方尚未完成土地使用权登记,因此该公司的建设用地使用权尚未设立。

3. 如果土地规划确实改变,县土地管理局可以要求该公司按照新的规划要求使用土地。如果该公司不能按照新规划要求使用土地,该公司有权要求解除合同,土地管理局应当赔偿该公司的损失。如果,该公司可以按照新规划要求使用土地,公司有权要求继续履行合同,土地管理局应当为其办理建设用地使用权登记手续。

案 例 3

甲房地产开发公司与乙公司共同出资设立了注册资本为 80 万元人民币的丙有限责任公司。甲公司协议出资额为 70 万元,但未到位;乙的出资额为 10 万元人民币,已经到位。丙公司成立后与丁银行设立了一个借款合同,借款额为 50 万元人民币,期限为 1 年,利息 5 万元。该借款合同由戊公司作为担保人,戊公司将其一处评估价为 80 万元人民币的土地使用权抵押给了丁银行。丙公司在经营中亏损,借款到期后无力还款。

关联教材:第一章　第三节　与工程建设相关的民事法律制度

思考讨论:

1. 丁银行能否要求甲公司承担还款责任,为什么?

2. 丁银行能否要求乙公司承担还款责任,为什么?

3. 丁银行能否要求丙公司承担还款责任,为什么?

4. 丁银行能否要求戊公司承担还款责任,为什么?

【案例点评】

1. 可以要求甲公司承担还款责任。因为,甲公司的注册资金没有到位,应当在认缴出资额的范围内对丁公司的债务承担连带责任。按照《公司法》第3条规定,"有限责任公司的股东以其认缴的出资额为限对公司承担有限责任。"甲公司是丙公司的股东,认缴的出资额为70万元,但没有到位,丁银行有权要求甲公司在70万元限额内承担还款责任。

2. 不能要求乙公司承担还款责任。因为,按照《公司法》第3条规定,"有限责任公司的股东以其认缴的出资额为限对公司承担责任。"乙公司认缴的出资额已经到位,乙公司以其认缴的出资额为限对丙公司的债务承担责任。

3. 可以要求丙公司承担连带责任。因为,丁银行与丙公司存在合同关系,丙公司是债务人。《民法通则》第84条规定,"债权人有权要求债务人按照合同的约定或者依照法律的规定履行义务。"

4. 不能要求戊公司承担还款责任。戊公司作为抵押人而不是债务人,丁银行只能要求处分抵押物,无权要求戊公司承担连带责任。《担保法》第33条规定,"债务人不履行债务时,债权人有权依照本法规定以该财产折价或者以拍卖、变卖该财产的价款优先受偿",第53条规定,"抵押物折价或者拍卖、变卖后,其价款超过债权数额的部分归抵押人所有,不足部分由债务人清偿。"因此,当抵押物价款低于担保的数额时,债权人只能向债务人主张债权。

案 例 4

某建设单位委托设计院进行一个建设工程项目的设计工作,合同中没有约定工程设计图的归属。设计院委派王某等人完成了这一设计任务。该项目完成过后,建设单位没有经过设计院同意,将设计图纸用于另一类似项目。但由于地质条件的差别,工程出现质量问题,给建设单位造成了一定的损失。

关联教材:第一章 第三节 与工程建设相关的民事法律制度

思考讨论:

1. 建设单位未经设计院同意,能否将设计图纸用于另一类似项目,为什么?

2. 建设单位应当向设计院还是向王某等设计人员主张赔偿,这一赔偿请求能否获得支持?为什么?

【案例点评】

1. 建设单位未经设计院同意,不得将该设计图纸用于另一类似项目。该设计图纸对于设计院和建设单位而言,属于委托作品,建设单位是委托人,设计院是受托人。如果双方合同未作明确约定的,著作权属于受委托人,即设计院。因此,如果建设单位要再次使用该设计图纸,应当经过设计院同意。

2. 建设单位应当向设计院主张赔偿。因为,虽然这一设计任务是王某等设计人员完成的,但这一职务作品属于主要是利用法人或者其他组织的物质技术条件创作,并由法人或其他组织享有。因此,建设单位应当向设计院主张赔偿。但这一赔偿请求不能获得支持。因为,建设单位将图纸只用于另一工程没有经过设计院的同意,设计院不仅不用承担责任,反而有权向建设单位要求赔偿。

（四）练习题

（一）单项选择题

1.《中华人民共和国建筑法》自( )施行。
  A. 1997 年 1 月 1 日　　　　　　　　　B. 1997 年 11 月 1 日
  C. 1998 年 3 月 1 日　　　　　　　　　D. 1998 年 11 月 1 日

2. 建筑法属于我国法律体系中的( )。
  A. 民法　　　　　B. 商法　　　　　C. 经济法　　　　　D. 行政法

3. 中华人民共和国国务院的各部、委、局可依法制定( )。
  A. 基本法律　　　　　B. 行政法规　　　　　C. 行政规章　　　　　D. 自治条例

4. 根据法的效力等级,《建设工程质量管理条例》属于( )。
  A. 法律　　　　　B. 部门规章　　　　　C. 行政法规　　　　　D. 单行条例

5. 下列与工程建设法规相关的法规,属于民法的是( )。
  A. 建筑法　　　　　B. 环境保护法　　　　　C. 合同法　　　　　D. 安全生产法

6. 甲省建筑公司在乙省承包了一项工程,但《甲省建筑市场管理条例》与《乙省建筑市场管理条例》发生冲突,应如何适用?( )
  A. 适用《甲省建筑市场管理条例》　　　　　B. 适用《乙省建筑市场管理条例》
  C. 由国务院裁决适用哪一个　　　　　D. 当事人自由协商适用哪一个

7. 作为民事法律关系的主体,合伙企业属于( )。
  A. 企业法人　　　　　B. 非企业法人　　　　　C. 其他组织　　　　　D. 自然人

8. 在下列民事法律关系客体的表述中,正确的是( )。
  A. 民事法律关系客体是民事主体之间形成的民事权利和民事义务
  B. 民事法律关系客体可以承载利益价值,也可以不承载利益价值
  C. 在一个特定的法律关系中,只能存在一种客体
  D. 在一个特定的法律关系中,可以同时存在不同的客体

9. 某建设单位与某施工单位通过施工合同确立了民事法律关系,该合同规定,建设单位应在开工前 7 天向施工单位支付合同价的 10% 作为工程预付款,这属于民事法律关系的( )。
  A. 主体　　　　　B. 客体　　　　　C. 成立要件　　　　　D. 内容

10. 法律关系变更中的主体变更包括主体数目发生变化和主体改变。主体改变也称为( ),由另一个新主体代替原主体享有权利、承担义务。
  A. 权利移交　　　　　B. 义务分担　　　　　C. 合同变更　　　　　D. 合同转让

11. 张某是王某的债务人,张某有一天将自己的房产无偿转让给了刘某,则( )。
  A. 王某可以对之行使撤销权

B. 如果张某行为对王某的债权产生了损害,则在刘某知道该事件发生之日起 2 年内可以行使撤销权

C. 如果该行为对王某产生的债权产生了损害,则在王某知道该事件发生之日起 1 年内可以行使撤销权

D. 如果张某行为对王某产生的债权产生了损害,则在王某知道该事件发生之日起 5 年内可以行使撤销权

12. 某建设工程合同约定,建设单位应于工程验收合格交付后 2 个月内交付工程款。2005 年 9 月 1 日,该工程经验收合格交付使用,但建设单位迟迟不予支付工程款。若施工单位通过诉讼解决此纠纷,则下列情形中,会导致诉讼时效中止的是( )。

A. 2006 年 8 月,施工单位所在地突发洪灾,一个月后恢复生产

B. 2007 年 6 月,施工单位所在地发生强烈的地震,一个月后恢复生产

C. 2007 年 7 月,施工单位法定代表人生病住院,一个月后痊愈出院

D. 2007 年 9 月,施工单位向人民法院提起诉讼,但随后撤诉

13. 甲乙都是某建筑工地分包商技术负责人。乙的现场办公用房因使用电炉着火,甲为防止乙的火蔓延而去扑火,结果被烧伤,花去医疗费 1000 元,则以下叙述正确的是( )。

A. 甲乙之间构成了不当得利之债

B. 甲乙之间构成无因管理之债

C. 甲乙之间构成合同之债

D. 甲乙之间没有形成债的关系

14. 某建筑设计公司工程师张某接受公司指派的任务,为该公司承揽设计的某住宅楼绘制了工程设计图。按照著作权法的规定,有关工程设计图著作权的下列表述中,正确的是( )。

A. 张某享有工程设计图的署名权,该公司享有著作权的其他权利

B. 张某享有工程设计图的发表权、署名权、修改权和保护作品完整权,该公司享有著作权的其他权利

C. 张某享有工程设计图的所有权,但该公司在其业务范围内可以优先使用

D. 该公司享有工程设计图著作的所有权利,但应当给予张某相应的奖励

15. 王某经长期研究发明了高黏度建筑涂料胶粉,2001 年 3 月 5 日委托某专利事务所申请专利,3 月 15 日该专利事务所向国家专利局申请了专利,5 月 15 日专利局将其专利公告,2003 年 2 月 13 日授予王某专利权。该专利届满的期限是( )。

A. 2021 年 3 月 5 日　　　　　　　　B. 2021 年 3 月 15 日

C. 2021 年 5 月 15 日　　　　　　　　D. 2023 年 2 月 13 日

16. 某工程施工合同约定 2004 年 1 月 1 日业主应向承包商支付工程款,如果承包商一直没有提出索要工程款的要求,业主也没有主动提出同意支付工程款,则( )。

A. 截止于 2006 年 1 月 1 日,承包商丧失诉权

B. 2006 年 1 月 1 日以后,即使业主同意支付工程款,承包商也无权收取

C. 截止于 2006 年 1 月 1 日,承包商丧失胜诉权

D. 承包商获得工程款的权利最长保护期限是 2 年

17. 大中型建设工程项目立项批准后,建设单位应按照( )顺序办理相应手续。

    A. 工程发包→报建登记→签订施工承包合同→申领施工许可证

    B. 报建登记→申领施工许可证→工程发包→签订施工承包合同

    C. 申领施工许可证→工程发包→签订施工承包合同→报建登记

    D. 报建登记→工程发包→签订施工承包合同→申领施工许可证

18. 投资主体的投资意向是工程建设活动的起点,经过对投资机会进行初步的考察和分析,业主认为有良好的预期效益,会向国家有关部门提出( ),这也是国家选择建设项目的依据。

    A. 项目可行性研究报告   B. 项目建议书

    C. 项目立项申请书   D. 项目投资意向书

19. 引起债权债务关系发生的最主要、最普通的根据是( )。

    A. 合同   B. 侵权行为   C. 不当得利   D. 无因管理

20. 下面关于抵押物的说法,正确的是( )。

    A. 可以以正在建造的建造物抵押,抵押权自登记时设立

    B. 可以以正在建造的建造物抵押,抵押权自签订抵押合同时设立

    C. 可以以正在建造的建造物抵押,抵押权自建筑物竣工验收时设立

    D. 不可以以正在建造的建筑物抵押

21. 王军是某施工单位的项目经理。2008 年 8 月,他租了一台压路机,租期为一年。2008 年 10 月,李海找到王军,向王军说明该压路机已经作为抵押物被抵押了,他就是抵押权人。同时出示了抵押合同。该合同显示抵押合同生效时间为 2008 年 9 月 1 日。则下面说法正确的是( )。

    A. 王军不可以继续租用该压路机了

    B. 王军可以继续租用,但如果在租期内李海需要实现抵押权,就不可以租用了

    C. 在租期内,李海不可就此压路机实现抵押权

    D. 租期过后,若李海尚未实现抵押权,就不可以续租了

22. 下面关于质权人的权利说法,正确的是( )。

    A. 质权人在质权存续期间,可以使用质物

    B. 质权人在质权存续期间,可以处分质物

    C. 即使经出质人同意,质权人在质权存续期间也不可以转让质物

    D. 质权人在质权存续期间,未经出质人同意转质,造成质押财产毁损的,应当向出质人承担赔偿责任

23. 对留置财产的孳息,留置权人有权( )。

    A. 收取   B. 使用   C. 处分   D. 转让

24. 预告登记后,债权消灭或者自能够进行不动产登记之日起( )个月内未申请登记的,预告登记失效。

    A. 1   B. 2   C. 3   D. 6

25. 因项目开发,某房地产公司必须在申领施工许可证前,先办妥建设用地管理和城市管理方面的手续,在此阶段最后取得的是该项目的( )。

  A. 用地规划许可证　　　　　　　　B. 国有土地使用权批准文件

  C. 工程规划许可证　　　　　　　　D. 土地使用权证

26. 为保护无行为能力人和限制行为能力人的合法权益而设立的代理形式是（　　　）。

  A. 法定代理　　　　　　　　　　　B. 指定代理

  C. 委托代理　　　　　　　　　　　D. 指定代理和法定代理

27. A 公司授权其采购员甲到 B 公司购买一批计算机，并交给甲已经盖公司公章的空白合同书，甲用此合同书与 B 公司订立了购买一批电视机的合同，发生纠纷后，应当（　　　）。

  A. 要求 A 公司支付计算机的货款但 B 公司可不交付电视机

  B. 要求甲支付电视机的货款

  C. 退货

  D. B 公司向 A 公司交付电视机，要求 A 公司支付电视机的货款

28. 在债的发生根据中，（　　　）是指没有法律或合同根据，有损于他人而取得的利益。

  A. 合同　　　　　B. 侵权行为　　　　　C. 不当得利　　　　　D. 无因管理

29. 无人管理行为一经发生，便会在管理人和其事物被管理人之间产生债权债务关系，其事物被管理者负有赔偿管理者在管理过程中所支付（　　　）的义务。

  A. 合理费用及直接损失　　　　　　B. 一切费用及直接损失

  C. 合理费用及间接损失　　　　　　D. 一切费用及间接损失

30. 诉讼时效期间从知道或应当知道权利被侵害时起计算。但是，从权利被侵害之日起超过（　　　）年的，人民法院不予保护。

  A. 5　　　　　　　B. 10　　　　　　　C. 20　　　　　　　D. 30

31. 为了担保债的履行，而在债务人或第三人特定的物或权利上所设定的权利称为（　　　）。

  A. 所有权　　　　　B. 抵押权　　　　　C. 用益物权　　　　　D. 担保物权

32. 某高等学校与某建筑研究所签订了勘察设计合同，合同规定由该建筑研究所在 3 个月内为高等学校完成新建教学楼的勘察设计工作，勘察设计工作完成后由高等学校向该研究所支付勘察设计费用 10 万元。该勘察设计合同法律关系的客体是（　　　）。

  A. 10 万元　　　　　　　　　　　　B. 新建教学楼

  C. 新建教学楼的设计图样　　　　　D. 勘察设计行为

33. 法律关系违约终止是指（　　　）。

  A. 在一定的情况下才能产生，同样这种法律关系的变更和消灭也由一定情况决定

  B. 法律关系主体一方违约，致使某类法律关系规范的权利不能实现

  C. 法律关系主体之间协商解除某类工程建设法律关系规范的权利义务，致使该法律
   关系归于终止

  D. 指某类法律关系所规范的权利义务顺利得到履行，取得了各自的利益

34. A 公司将某工程发包给了 B 公司，并委托 C 公司承担监理业务。在该法律关系的构成要素中，属于客体的是（　　　）。

  A. A 公司　　　　　　　　　　　　B. C 公司

  C. 工程监理行为　　　　　　　　　D. B 公司的项目经理

35. 某施工企业建造师甲在担任某工程项目经理期间,经过多次试验完成了对某施工机械的改造,并准备申请实用新型专利,该项发明创造(　　)。

    A. 不属于职务发明创造,甲有专利申请权

    B. 属于职务发明创造,专利申请权只能属于施工企业

    C. 由于甲的发明创造不是在执行单位任务,故不属于职务发明

    D. 由于甲利用了单位的物质条件,专利权的归属可以与单位协商确定

36. 2004 年 6 月 20 日,某建筑工程公司的工人甲在工作期间被高空落下的钢筋砸伤,甲就身体受到伤害的赔偿要求应在(　　)之前向该建筑工程公司提出。

    A. 2005 年 6 月 21 日   B. 2006 年 6 月 21 日

    C. 2007 年 6 月 21 日   D. 2008 年 6 月 21 日

37. 法律关系主体之间的权利义务不复存在,彼此丧失了约束力即为法律关系的(　　)。

    A. 破裂   B. 终止   C. 停止   D. 完成

38. 按照《物权法》的规定,建设用地使用权自(　　)时设立。

    A. 合同签订   B. 合同生效   C. 登记   D. 支付出让金

39. 下列行为中,不必将建筑物及其占有范围内的建设用地使用权一并处分的是(　　)

    A. 转让   B. 抵押   C. 出资入股   D. 投保火灾险

40. 某贷款合同,借款方以一块林地的承包经营权向贷款方做了抵押担保,但未到县级林业主管部门办理抵押登记,贷方即拨付了借贷的资金。按照相关法律规定,该抵押合同(　　)。

    A. 在贷款方将资金拨付至借款方账户时生效

    B. 由于事先未获得林业主管部门的批准,属于无效合同

    C. 自当事人双方签字盖章后即生效

    D. 借贷双方办理完抵押登记手续后生效

41. 根据《物权法》规定,一般情况下动产物权的转让,自(　　)起发生效力。

    A. 买卖合同生效   B. 转移登记   C. 交付   D. 买方占有

42. 抵押与质押的区别主要在于(　　)。

    A. 担保财产是否为第三人的财产

    B. 担保财产变卖后的剩余部分是否归债务人

    C. 担保财产是否转移占有

    D. 债权人是否有优先受偿权

(二)多项选择题

1. 我国法的形式主要包括宪法、法律、行政法规、地方性法规、行政规章、最高人民法院司法解释、国际条约等。下列属于法律的是(　　)

    A.《建筑法》   B.《招投标法》

    C.《建筑工程安全生产管理条例》   D.《安全生产法》

    E.《建筑业安全卫生公约》

2. 经济法是调整国家在经济管理中发生的经济关系的法律,包括(　　)。

A. 建筑法   B. 招投标法

C. 反不正当竞争法   D. 税法

E. 安全生产法

3. 建设法规的表现形式多种多样,以下属于建设法规的形式的有( )。

A. 某省人大常委会通过的建筑市场管理条例

B. 建设部发布的注册建造师管理办法

C. 某市人民政府制定的招投标管理办法

D. 某市人民政府办公室下发通知要求公办学校全部向外来工子女开放,不收取任何赞助费

E. 某省建设行政主管部门下发的加强安全管理的通知

4. 某在建项目,因为某些原因业主没有按照合同的约定及时支付工程款,则在诉讼时效期间发生( )情况下,诉讼时效中断。

A. 发生不可抗力不能行使请求权的

B. 承包商向业主发出支付工程款的通知

C. 业主书面同意 7 天后支付工程款

D. 承包商提起诉讼

E. 发生其他障碍不能行使请求权的

5. 某人为了获得银行的贷款,把自己的房产抵押了,银行对房屋的这种物权属于( )。

A. 用益物权   B. 他物权

C. 不动产权   D. 自物权

E. 担保物权

6. 下列代理行为中,应当由被代理人承担法律后果的是( )。

A. 王某与第三人串通以合同形式损害了被代理人的利益

B. 章某代其未成年儿子签订了一份房屋买卖合同

C. 已经被辞退的王某持盖有单位的合同章的空白合同书,以单位的名义与某厂订立合同

D. 赵某未经授权擅自以所在单位的名义签订了一份合同

E. 某分公司以总公司的名义订立了一份合同

7. 下列代理行为中属于指定代理的是( )。

A. 法院指定一名律师担任被告的诉讼代理他人

B. 某公司指派董事王某代理董事长签署一份合同

C. 人民法院指定未成年人父母所在单位为未成年人指定监护人

D. 法院指定小张担任某案件的书记员

E. 律师事务所指派李律师担任原告的代理人

8. 下列选项中,属于民事法律行为的有( )。

A. 某建筑企业与建设单位签订施工合同

B. 税务机关征收营业税

C. 某总包单位将主体结构分包给某施工企业

D. 建设单位变更设计内容

E. 甲施工单位与乙施工单位达成联合投标协议

9. 建设单位在工程项目经过（　　）等前期准备工作结束后,向建设行政主管部门报建。所有在我国境内兴建的工程项目都必须报建,凡没报建的工程项目不得办理招标手续和发放施工许可证,设计、施工单位不得承接该项工程的设计和施工任务。

A. 立项　　　　　　　　　　　　B. 可行性研究

C. 立项审批　　　　　　　　　　D. 建设用地申请

E. 规划许可

10. 工程项目前期准备阶段应办理的许可证包括（　　）。

A. 建设用地规划许可证　　　　　B. 土地使用权证

C. 建设工程规划许可证　　　　　D. 工程发包许可证

E. 施工许可证

11. 工程项目的建设程序是工程项目建设全过程中各项工作必须遵循的法定程序,包括（　　）。

A. 立项决策阶段　　　　　　　　B. 工程项目前期准备阶段

C. 施工阶段　　　　　　　　　　D. 竣工验收阶段

E. 可行性研究阶段

12. 对于建设用地使用权抵押后,该土地上新增建筑物的说法,正确的有（　　）。

A. 不属于抵押财产

B. 属于抵押财产

C. 该建设用地使用权实现抵押权时,应当将该土地上新增的建筑物与建设用地使用权一并处分

D. 该建设用地使用权实现抵押权时,应当将该土地上新增的建筑物与建设用地使用权分开处分

E. 新增建筑物所得的价款,抵押权人无权优先受偿

13. 施工单位因建设单位拖欠工程款而出售其完成的工程项目,该行为被认定为违法是基于施工单位不具有该项目的（　　）。

A. 占有权　　　　B. 共有权　　　　C. 质押权　　　　D. 处分权

E. 所有权

14. 施工单位对其编制的投标文件享有（　　）。

A. 所有权　　　　B. 专利权　　　　C. 著作权　　　　D. 商标权

E. 修改权

15. 在法律意义上的非物质财富是指人们脑力劳动的成果或智力方面的创作,也称为智力成果,下列选项中不属于非物质财富的有（　　）。

A. 股票　　　　　　　　　　　　B. 1000 元人民币

C. 建筑图样　　　　　　　　　　D. 建筑材料的商标

E. 太阳光

16. 划拨土地使用权依照法律规定可以进行（　　）。

A. 转让　　　　　　B. 出租　　　　　　C. 出售　　　　　　D 拍卖

E. 抵押

17. 下列抵押财产中,抵押权自登记时设立的有(　　)。

A. 建筑物　　　　　　　　　　　　　B. 建设用地使用权

C. 生产设备、原材料　　　　　　　　D. 在建工程

E. 在建的船舶

18. 国有建设用地使用权的用益物权,可以采取(　　)方式设立。

A. 出租　　　　　　B. 出让　　　　　　C. 划拨　　　　　　D. 抵押

E. 转让

19. 所有权的内容包括(　　)。

A. 占有权　　　　　　B. 处分权　　　　　　C. 使用权　　　　　　D. 抵押权

E. 收益权

(三)案例分析

1. 甲新购一房屋,为了装修,与宏达装潢有限公司签订了一份装修合同。该装潢公司为了购买材料,又与某合伙企业签订装修材料购买合同。后甲又与宏达公司商议,将装修费由 8 万元降至 6 万元。后因宏达公司以不合格的材料装修,甲诉至法院,要求解除合同,赔偿损失。

(1)说出本案中法律关系的主体包括哪些?

(2)宏达装潢有限责任公司作为法人成立的条件有哪些?

2. 甲乙两家公司位于同一条街上,甲公司为一建筑公司,与乙公司签订了一份建筑材料买卖合同,结果乙公司在送货时多装了 3 箱货物。当天下午甲公司不幸发生火灾,乙公司人员奋力救火,虽火势得以控制,但乙公司损失 1 万元。

(1)本案中引起债发生的原因有哪些? 其中引起债权债务关系发生的最主要、最普遍的根据是什么?

(2)乙公司多支付了 3 箱货物将产生何种债? 试对这种债作出解释。

3. 某承包公司乙承包了一项工程,2006 年底工程竣工,经验收合格移交给业主甲,由于业主甲资金困难,在竣工结算时尚有 100 万元未付清,于是双方约定甲应于 2007 年 1 月 1 日之前付清余额。但是甲迟迟不支付余款。乙欲在 2008 年 8 月下旬提起诉讼,但是自 2008 年 8 月 31 日发生了持续 3 个月的不可抗力事件。

(1)此时诉讼时效发生中止还是中断?

(2)分别说出导致诉讼时效中止和中断的原因是什么? 诉讼时效中止和中断时诉讼时效应怎样计算?

4. 甲将一间房屋作抵押向乙借款 2 万元,双方签订了书面的抵押合同,并办理了抵押登记。抵押期间,知情人丙急需用房,向甲表示愿意以 3 万元购买甲的房屋,甲也想将抵押的房屋出卖。

问题:

(1)甲是否有权将房屋出卖?

(2)我国对物权实行"一物一权"的原则,"一物一权"指的是什么?

5. 某建筑公司(施工单位)与某房地产开发公司(建设单位)签订了一个施工承包合同,由

建筑公司承建一栋 20 层的办公楼。合同中约定开工日期为 2006 年 4 月 8 日,竣工日期为 2007 年 8 月 8 日。每月 26 日,按照当月完成的工程量,开发公司向建筑公司支付工程进度款。试分析这个法律关系的构成要素。

附:参考答案

(一)单项选择题

1. C	2. C	3. C	4. C	5. C	6. B	7. C	8. D	9. D	10. D
11. C	12. B	13. B	14. A	15. B	16. C	17. D	18. B	19. A	20. A
21. C	22. D	23. A	24. C	25. C	26. A	27. D	28. C	29. A	30. C
31. D	32. D	33. B	34. C	35. D	36. A	37. B	38. C	39. A	40. C
41. C	42. C								

(二)多项选择题

1. ABD	2. ABCD	3. ABC	4. BCD	5. BCE
6. BCE	7. AC	8. ADE	9. ABCDE	10. ABCD
11. ABCD	12. ACE	13. ADE	14. ACE	15. ABE
16. ABE	17. BD	18. BC	19. ABCE	

(三)案例分析

1.(1)本案中法律关系的主体包括甲、宏达公司、某合伙企业。

(2)法人应当具备下列条件:

依法成立;有必要的财产或者经费;有自己的名称、组织机构和经营场所;能够独立承担民事责任。

2.(1)本案中引起债发生的原因包括合同、不当得利、无因管理。其中合同是引起债权债务关系发生的最主要、最普遍的根据。

(2)乙公司多支付了 3 箱货物将产生不当得利之债。不当得利是指没有合法根据而获利益而使他人利益受到损害的事实。不当得利是一种法定之债,一旦发生,不当得利人即负有返还的义务。

3.(1)诉讼时效中止。

(2)诉讼时效中止是指在诉讼时效进行期间,因发生法定事由阻碍权利人行使请求权,诉讼依法暂时停止进行,并在法定事由消失之日起继续进行的情况,又称为时效的暂停。对此,我国《民法通则》第 139 条予以规定:"在诉讼时效期间的最后 6 个月内,因不可抗力或者其他障碍不能行使请求权的,诉讼时效中止,诉讼时效从中止时效的原因消除之日起继续计算。"

诉讼时效的中断是指在诉讼时效期间进行中,因发生一定的法定事由,致使已经经过的时效期间统归无效,待时效中断的事由消除后,诉讼时效期间重新起算。根据《民法通则》第 140 条的规定,中断诉讼时效的事由包括提起诉讼(起诉)、当事人一方提出要求(请求)或者同意履行义务(承诺)。

4.（1）甲有权将该房屋卖给丙。但应征得抵押权人乙的同意。

我国《物权法》第 191 条规定，抵押期间，抵押人经抵押权人同意转让抵押财产的，应当将转让所得的价款向抵押权人提前清偿债务或者提存。转让的价款超过债权数额的部分归抵押人所有，不足部分由债务人清偿。

抵押期间，抵押人未经抵押权人同意，不得转让抵押财产，但受让人代为清偿债务消灭抵押权的除外。

（2）"一物一权"一方面是指一个物之上只能设立一个所有权而不能同时设立两个以上的所有权；另一方面，也是指在一个物上不能同时设立两个或者两个以上在性质上相互排斥的定限物权。

5. 这个法律关系的构成要素如下：

（1）主体：建筑公司、开发公司；

（2）客体：办公楼、工程款；

（3）内容：建筑公司按期开工、按期竣工并提交合格工程；开发公司按合同约定支付工程进度款。

第二章
建筑许可法规

一 学习目的与基本要求

通过本章学习,了解行政许可的一般原理、建筑许可的基本含义;掌握建筑工程施工许可制度,掌握施工许可证的申领条件和时间效力;熟悉建筑工程企业资质等级制度,勘察、设计、施工、监理单位的从业条件和资质分类,建筑工程从业人员执业资格的法律规定。

二 重点与难点解析

(一)建筑工程施工许可证的含义

建筑工程施工许可证,是指建筑工程开始施工前建设单位向建设行政主管部门申请的允许可以施工的证明。实行建筑工程施工许可证制度,是我国政府对建设工程质量实行监督管理两个主要手段之一(施工许可制度和竣工验收备案制度)。这项制度是由国家有关建设行政主管部门,在建筑工程施工前,对该项工程是否符合法定开工必要条件进行审查,对符合条件的建筑工程允许其开工建设的制度。

(二)申请领取施工许可证应具备的条件

根据《建筑法》第 8 条的规定,申请领取施工许可证,应当具备下列条件:

1. 已经办理建筑工程用地批准手续,即获得有效的建设用地使用权证书

办理用地批准手续是建筑施工工程依法取得土地使用权的必经程序,只有依法取得土地使用权,建筑工程才能开工。根据《土地管理法》的规定,建设单位可以通过出让和划拨的方式取得建筑工程用的土地使用权。通过土地使用权出让方式取得土地使用权,必须在缴纳土地使用权出让金后才能取得土地使用权证书。通过划拨方式取得土地使用权首先领取建设用地批准,经过规划设计取得建筑施工许可证的工程项目,在项目竣工后,建设项目主管部门组织有关部门验收,由县级以上人民政府土地管理部门核查实际用途,经认可后办理土地登记手续,核发土地使用权证书。

2. 在城市规划区进行建设的建筑工程,已经取得建设工程规划许可证和建设工程用地规划许可证

城市规划区是我国《城乡规划法》规定的城市市区、近郊区以及城市行政区域内因城市建

设和发展需要实行规划控制的区域。建设工程规划许可证是由城市规划行政主管部门核发的,用于确认建设工程是否符合城市规划要求的法律凭证。根据《城乡规划法》第40条:在城市、镇规划区内进行建筑物、构筑物、道路、管线和其他工程建设的,建设单位或者个人应当向城市、县人民政府城乡规划主管部门或者省、自治区、直辖市人民政府确定的镇人民政府申请办理建设工程规划许可证。建设用地规划许可证是由建设单位和个人提出建设用地申请,城市规划行政主管部门根据规划和建设项目的用地需要,确定建设用地位置、面积界限的法定凭证。根据《城乡规划法》第37条:在城市、镇规划区内以划拨方式提供国有土地使用权的建设项目,经有关部门批准、核准、备案后,建设单位应当向城市、县人民政府城乡规划主管部门提出建设用地规划许可申请,由市、县人民政府城乡规划主管部门依据控制性详细规划核定建设用地的位置、面积、允许建设的范围,核发建设用地规划许可证。

建设单位在取得建设用地规划许可证后,方可向县级以上地方人民政府土地主管部门申请用地,经县级以上人民政府审批后,由土地主管部门划拨土地。

3.需要拆迁的,其拆迁进度要符合施工要求

拆迁进度是指根据城市规划和国家专项工程的拆迁计划以及当地政府的用地文件,拆除和迁移建设用地范围内的房屋及其附属物,并由拆迁人对房屋及建筑物所有人或使用人进行补偿和安置的行为。对城市旧区进行建筑工程的新建、改建、扩建,拆迁是施工准备的一项重要任务。对成片进行综合开发的,应根据建筑工程建设计划,在满足施工要求的前提下,分批分期进行拆迁。拆迁必须按计划和施工进度的要求进行,无计划或不按计划进行,都可能造成不必要的损失和浪费。

4.已经确定建筑施工企业

在建筑工程开工前,建筑单位必须确定有相应资质的建筑施工企业承包该建筑工程的建筑施工。否则建筑工程的施工就无法进行。

5.有满足工程施工需要的施工图纸及技术资料,施工图设计文件并已经按照规定通过审查

施工图纸是实现工程建筑的最基本的技术文件,是施工的依据。为此,设计单位在设计工作安排时,应按施工的顺序和施工的进度安排好施工图纸的配套交付计划,保证满足施工的需要。

技术资料是建筑工程施工的重要前提条件,准确地掌握技术资料,是领会技术要求和规范施工,实现建筑工程质量和安全的根本保证。因此,在开工前,必须要有满足施工需要的技术资料。技术资料包括地形、地质、水文、气象等自然条件的资料和主要原材料、燃料来源、水电供应和运输条件等技术经济条件资料。

6.有保证工程质量和安全的具体措施

工程质量和安全的具体措施是工程施工组织设计的一项重要内容。所以,施工组织设计的编制是施工准备工作的中心环节,它编制的质量和水平,直接影响到建设工程的质量和建设生产的安全,从而决定建设工程组织施工能否顺利进行。因此,组织施工设计必须在建筑工程开工前编制完毕。

施工组织设计主要内容包括:工程任务情况、施工总方案、主要施工办法、工程施工进度计划、主要单位工程综合进度计划和施工力量,机械及部署、施工组织技术措施(包括工程质量、安全防护以及环境污染防护等各种措施)、施工总平面图、总包和分包的分工范围以及交叉施工的部署等。施工组织设计由建筑施工企业负责编制,按照隶属关系及工程性质、规模、技术繁简程度实行分级审批。

7. 建设资金已经落实

建筑资金的落实是建筑工程开工后顺利进行的根本保障。根据《建筑法》的规定,在建筑工程开工前,建设资金必须足额落实。如是按照国家有关规定应当纳入投资计划的,已经列入年度计划。计划、财政、审计等部门应严格审查建设项目开工前和年度计划中的资金来源,出具资金证明。对建设资金不落实或资金不足的建设工程,建设行政主管部门不予颁发施工许可证。根据 2001 年修订的《建筑工程施工许可管理办法》规定:"建筑工期不足一年的,到位资金原则上不得少于工程合同价的 50%,建设工期超过一年的,到位资金原则上不得少于工程合同价的 30%。建设单位应当提供银行出具的资金到位证明,有条件的可以实行银行付款保函或其他第三方担保。"

8. 按照规定应该委托工程监理的建设工程已委托工程监理

我国《建筑法》规定,国务院可以规定实行强制监理的建筑工程的范围。根据 2001 年颁布的《建设工程监理范围和规模标准规定》必须实行监理的建设工程包括:国家重点建设工程;大中型公用事业工程;成片开发建设的住宅小区工程;利用外国政府或者国家组织贷款、援助资金的工程;国家规定必须实行监理的其他工程。同时,对以上建设工程的规模标准作出了明确规定。

9. 法律、法规规定的其他条件

法律法规规定的其他条件是指相关法律法规对施工许可证申领条件的特别规定。由于建筑施工活动本身和技术要求的复杂性,决定了建设工程施工规范的复杂性。因此,依法规定的建设工程施工许可证领取的条件很难以列举的方式穷尽。加之,随着建筑市场的不断发展,建筑市场的规范和立法也在不断地更新和完善,施工许可证的领取条件也必然会随之不断改进和完善。

(三)施工许可证的时间效力

根据《建筑法》第 9 条的规定,施工许可证的有效条件和延期的限制包括以下几个方面:

(1)建设单位应当自领取建设施工许可证起三个月内开工。领证之日为建设行政主管部门签发交付建设单位建设工程施工许可证之日。

(2)建设单位因故不能按期开工的,可以向发证机关申请延期。申请延期的时间应是领取施工许可证规定的开工时限到期之前。申请延期的理由,应是指不可抗力或难以补救的现象。如自然灾害、场地建设未按期完工、建筑材料、构件以及必要的施工设备等未按原计划进厂等情况出现时,建设单位可以申请延期开工。

(3)延期申请以两次为限,每次不得超过三个月。既不开工又不申请延期的许可证自行作废。

(四)中止施工和恢复施工报告制度

中止施工是由于一定事件的出现,使正在建设过程中的工程暂时停止施工的行为。如发生地震、水灾等不可抗力事件、建筑工程质量或安全事故等。在建的建筑工程因故中止施工的,建设单位应当自中止施工之日起二个月内向发证机关报告,报告内容包括中止施工的时间、原因、在施部位、维修管理措施等,并按照规定做好建筑工程的维护管理工作,避免遭受损失,保证工程恢复施工时可以顺利进行。

在造成中止施工的情况消除后,建筑工程恢复施工时,应当向发证机关报告恢复施工情况;中止施工满一年的工程恢复施工前,建设单位应当报发证机关核验施工许可证。经发证机关审查认为具备施工条件的恢复施工;不符合条件的收回施工许可证,待具备条件后,建设单位应重新申领施工许可证。

(五)从事建筑活动的单位应具备的从业条件

(1)有符合国家规定的注册资本。

(2)有与其从事建筑活动相适应的具有法定执业资格的专业技术人员。

(3)有从事相关建筑活动所应有的技术装备。

(4)法律、行政法规规定的其他条件。

(六)不需要办理施工许可证的工程

在我国并不是所有的工程在开工前都需要办理施工许可证,有六类工程不需要办理:

1.国务院建设行政主管部门确定的限额以下的小型工程

根据 2001 年 7 月 4 日建设部发布的《建筑工程施工许可管理办法》第 2 条,所谓的限额以下的小型工程指的是:工程投资额在 30 万元以下或者建筑面积在 300 平方米以下的建筑工程。同时,该《办法》也进一步作出了说明,省、自治区、直辖市人民政府建设行政主管部门可以根据当地的实际情况,对限额进行调整,并报国务院建设行政主管部门备案。

2.作为文物保护的建筑工程

《建筑法》第 83 条规定:"依法核定作为文物保护的纪念建筑物和古建筑等的修缮,依照文物保护的有关法律规定执行。"由于此类工程的特殊性,《建筑法》明确规定此类工程开工前不需要申请施工许可证。

3.临时性建筑、抢险救灾工程

工程建设中经常会出现临时性建筑,例如工人的宿舍、食堂等。这些临时性建筑由于其生命周期短,《建筑法》也明确规定此类工程不需要申请施工许可证。

4.军用房屋建筑

由于此类工程涉及军事秘密,不宜过多公开信息,《建筑法》第 84 条明确规定:"军用房屋建筑工程建筑活动的具体管理办法,由国务院、中央军事委员会依照本法制定。"

5.按照国务院规定的权限和程序批准开工报告的建筑工程

此类工程开工的前提是已经有经批准的开工报告,而不是施工许可证,因此,此类工程自然是不需要申请施工许可证的。

6.农民自建两层以下(含两层)住宅工程

(七)建筑企业资质等级许可制度

1.建筑业企业资质分为施工总承包、专业承包和劳务分包三个序列

获得施工总承包资质的企业,可以对工程实行施工总承包或者对主体工程实行施工承包。承担施工总承包的企业可以对所承接的工程全部自行施工,也可以将非主体工程或者劳务作业分包给具有相应专业承包资质或者劳务分包资质的其他建筑业企业。

获得专业承包资质的企业,可以承接施工总承包企业分包的专业工程或者建设单位按照

规定发包的专业工程。专业承包企业可以对所承接的工程全部自行施工,也可以将劳务作业分包给具有相应劳务分包资质的劳务分包企业。

获得劳务分包资质的企业,可以承接施工总承包企业或者专业承包企业分包的劳务作业。

施工总承包资质、专业承包资质、劳务分包资质序列按照工程性质和技术特点分别划分为若干资质类别。各资质类别按照规定的条件划分为若干等级。

2. 建设工程勘察、设计资质分为工程勘察资质、工程设计资质

工程勘察资质分为工程勘察综合资质、工程勘察专业资质、工程勘察劳务资质。工程勘察综合资质只设甲级;工程勘察专业资质根据工程性质和技术特点设立类别和级别,原则上设甲、乙两个级别;工程勘察劳务资质不分级别。取得工程勘察综合资质的企业,承接工程勘察业务范围不受限制;取得工程勘察专业资质的企业,可以承接同级别相应专业的工程勘察业务;取得工程勘察劳务资质的企业,可以承接岩土工程治理、工程钻探、凿井工程勘察劳务工作。

工程设计资质分为工程设计综合资质、工程设计行业资质、工程设计专项资质。工程设计综合资质只设甲级;工程设计行业资质设甲、乙、丙三个级别;工程设计专项资质根据工程性质和技术特点设立类别和级别。取得工程设计综合资质的企业,其承接工程设计业务范围不受限制;取得工程设计行业资质的企业,可以承接同级别相应行业的工程设计业务;取得工程设计专项资质的企业,可以承接同级别相应的专项工程设计业务。取得工程设计行业资质的企业,可以承接本行业范围内同级别的相应专项工程设计业务,不需再单独领取工程设计专项资质。

3. 工程监理企业资质分为综合资质、专业资质和事务所资质

其中,专业资质按照工程性质和技术特点划分为若干工程类别。

综合资质、事务所资质不分级别。专业资质分为甲级、乙级;其中,房屋建筑、水利水电、公路和市政公用专业资质可设立丙级。

4. 工程造价咨询单位资质等级分为甲级、乙级

5. 工程招标代理单位资质等级分为甲级、乙级、暂定级

三 精选案例

案 例 1

1999 年 10 月 5 日,原告(某市帆布厂)、被告(某市区修建工程队)订立了建筑工程承包合同,合同规定:被告为原告建筑框架厂房,跨度 12 米,总造价为 98.9 万元;承包方式为包工包料;开、竣工日期为 1999 年 11 月 2 日至 2001 年 3 月 10 日。自工程开工至 2000 年底,原告给付被告工程款、材料垫付款共 101.6 万元。到合同规定的竣工期限,被告未能完工,而且已完工程质量部分不合格。为此,原告诉至法院。

受诉法院查明:被告在工商行政管理机关登记的经营范围为维修和承建小型非生产性建筑工程,无资格承包此项工程。经有关部门鉴定:该项工程造价应为 98.9 万元;未完工程折价为 111.7 万元;已完工程的厂房屋面质量不合格,返工费为 5.6 万元。

关联教材:第二章 第三节 建筑活动从业资格许可

思考讨论:

1. 建筑企业能否超越资质等级承揽工程?

2. 原告是否应当承担责任?

【案例点评】

建筑企业的技术资质等级是指该企业自身能够保质保量完成某类工程而必须具备的能力和条件,如技术人员、技术工人的水平、施工经验、固定资本及流动资金的规模等。这些能力和条件,表明一个建筑企业的履约能力。因此,国家有关建筑业管理法规规定,建筑企业必须经国家有关管理部门按其资质能力及有关规定核准经营范围,严格按照核准的经营范围从事承建活动,禁止超越资质等级承建工程。

本案被告的经营范围仅能承建小型非生产性建筑工程和维修项目,其技术等级不能承建与原告所订合同规定的生产性厂房。因此双方签订的合同无效。被告超越资质等级承揽工程应负主要责任,原告在发包工程时未对施工单位进行审查,负次要责任。

案 例 2

2001 年,某房地产公司与出租汽车公司(以下合并简称建设方)合作,在某市市区共同开发房地产项目。该项目包括两部分,一部分是 6.3 万平方米的住宅工程,另一部分是与住宅相配套的 3.4 万平方米的综合楼。该项目的住宅工程各项手续和证件齐备,自 1998 年开工建设到 2001 年 4 月已经竣工验收。综合楼工程由于合作双方对于该工程是作为基建计划还是开发计划申报问题没能统一意见,从而使综合楼建设工程的各项审批手续未能办理。由于住宅工程已竣工验收,配套工程急需跟上,在综合楼施工许可证未经审核批准的情况下开始施工。该行为被市监督执法大队发现后及时制止,并责令停工。

关联教材:第二章　第二节　建筑工程施工许可

思考讨论:建设方在综合楼项目的建设中有何过错,应如何处理?

【案例点评】

本案中,建设方在综合楼项目的建设中违反了《建筑法》第 7 条规定:"建筑工程开工前,建设单位应当按照国家有关规定向工程所在地县级以上人民政府建设行政主管部门申请领取施工许可证。"建设方在未取得施工许可证的情况下擅自开工的行为属于严重的违法行为。

根据《建筑法》第 64 条规定:"未取得施工许可证或者开工报告未经批准擅自开工的,责令改正,对不符合开工条件的责令停止施工,可以处以罚款。"《建设工程建设管理条例》第 57 条规定:"建设单位未取得施工许可证或者开工报告未经批准,擅自施工的责令停止施工,限期改正,处工程合同价款百分之一以上百分之二以下的罚款。"据此,该市监督执法大队责令其停工的做法是正确的,并应当处以罚款。

(四) 练习题

(一)单项选择题

1. 有权行使建筑行政行为的机关,只能是(　　　)。

A. 各级政府部门　　　　　　　　　B. 各级人民代表大会

C. 建设行政主管部门　　　　　　　D. 住房和建设部

2. 申请领取施工许可证的时间最迟应当在（　　　）。

A. 确定施工单位前　　　　　　　　B. 工程开工前

C. 确定监理单位　　　　　　　　　D. 工程竣工验收前

3. 根据《建设工程施工许可管理办法》规定，工程符合下列（　　　）条件，可以不申请施工许可证。

A. 工程投资额在 30 万元以下或者建筑面积在 300m² 以下

B. 工程投资额在 100 万元以下或者建筑面积在 1000m² 以下

C. 工程投资额在 300 万元以下或者建筑面积在 3000m² 以下

D. 工程投资额在 1000 万元以下或者建筑面积在 10000m² 以下

4. 某部队是某市的陆军部队，在 2010 年新招了一批新兵，需要为他们新建一批军用宿舍及训练场馆。军用房屋建筑工程在开工前（　　　）。

A. 需要办理施工许可证

B. 不需要办理施工许可证

C. 由部队所在地的县级以上建设主管部门决定是否办理施工许可证

D. 建筑法对此没有规定

5. 在我国，对从事建筑活动的建设工程企业：建筑施工企业、勘察单位、设计单位和工程监理单位，实行（　　　）制度。

A. 资质等级许可　　　　　　　　　B. 资格等级许可

C. 许可证书等级　　　　　　　　　D. 等级证书

6. 甲级工程监理企业可以监理经核定的工程类别中一、二、三等工程，丙级工程监理企业可以监理经核定的工程类别中（　　　）等工程。

A. 一　　　　　B. 二　　　　　C. 三　　　　　D. 四

7. 关于《建筑法》资质管理规定，下列表述正确的是（　　　）。

A. 建筑施工企业不能超越本企业资质等级许可的业务范围承揽工程

B. 建筑施工企业可以借用其他施工企业的营业执照，但不能以自己的名义承揽工程

C. 建筑施工企业可以使用其他企业的资质证书，但禁止超越后者资质等级许可的业务范围承揽工程

D. 建筑施工企业可以允许其他单位使用本企业的资质证书，但不能以本企业的名义承揽工程

8. 《建筑法》规定，从事建筑活动的专业技术人员，应当依法取得（　　　）从事建筑活动。

A. 相应的专业技术职务，并在其专业许可的范围内

B. 相应的执业资格证书，并在执业资格证书许可的范围内

C. 相应的职称证书，并在相应的职称等级许可的范围内

D. 相应的资质等级证书，并在资质等级许可的范围内

9. 根据国务院建设主管部门的现行有关规定，以下不符合工程设计单位资质等级规定的是（　　　）。

29

A. 工程设计综合甲级　　　　　　B. 工程设计综合乙级

C. 工程设计专项甲级　　　　　　D. 工程设计行业乙级

10. 从事建筑活动的建筑施工企业、勘察单位、设计单位和工程监理单位，按照其资质条件，划分为不同的资质等级，其中（　　）不是所要求的资质条件。

A. 注册资本　　　　　　　　　　B. 专业技术人员

C. 规模大小　　　　　　　　　　D. 已经完成的建筑工程业绩

11. 按照国务院有关规定批准开工报告的建筑工程，因故不能按期开工或者中止施工的，应当及时向批准机关报告情况。因故不能按期开工超过（　　）的，应当重新办理开工报告的批准手续。

A. 1 个月　　　　B. 3 个月　　　　C. 6 个月　　　　D. 1 年

12. 从事建筑活动的企业或单位，应当向（　　）申请设立登记，并由建设行政主管部门审查，颁发资格证书。

A. 工商行政管理部门

B. 县级以上地方人民政府建设行政主管部门

C. 省级以上人民政府建设行政主管部门

D. 所在地人民政府

13. 施工总承包企业资质根据规定可分为（　　）。

A. 一级、二级、三级三个等级　　B. 一级、二级、三级、四级四个等级

C. 甲级、乙级、丙级三个等级　　D. 特级、一级、二级、三级四个等级

14. 具有乙级及以上勘察设计资质的承接方可以在（　　）范围内承接勘察设计业务。

A. 全国　　　B. 本城市　　　C. 本省　　　D. 县级

15. 经注册的建造师脱离建设工程施工管理及其相关工作岗位连续 2 年及以上者，由原注册管理机构（　　）。

A. 推迟注册有效期　　　　　　　B. 登记备案并公布

C. 重新审核资质　　　　　　　　D. 注销注册并公布

16. 根据《建造师执业资格制度暂行规定》，二级建造师经注册后，有资格担任（　　）建筑企业承包范围的建设工程项目施工的项目经理。

A. 二级　　　　　　　　　　　　B. 二级及以上

C. 二级及以下　　　　　　　　　D. 所有

17. 依法批准开工报告的建设工程，建设单位应当自（　　），将保证安全施工的措施报送建设工程所在地的法定部门备案。

A. 中标通知书发出之日起 30 日内　B. 开工报告批准之日起 15 日内

C. 确定施工单位之日起 30 日内　　D. 开工日期前 15 日内

18.《建设部关于修改〈建筑工程施工许可管理办法〉的决定》规定，对于未取得施工许可证或者为规避办理施工许可证将工程项目分解后擅自施工的，由有管辖权的发证机关责令改正，对不符合开工条件的责令停止施工，并（　　）处以罚款。

A. 对建设单位和施工单位　　　　B. 对施工单位

C. 对建设单位或施工单位　　　　D. 对建设单位

19. 某医院欲新建一办公大楼,该办公大楼由某城建集团承包建造,则施工许可证应由( )申领。

  A. 医院   B. 城建集团

  C. 城建集团分包商   D. 医院或城建集团

20. 有关部门在对一在建住宅小区工地的行政执法联合检查中发现,该工程虽符合开工条件,但尚未取得施工许可证。根据《建筑法》规定,应( )。

  A. 责令改正   B. 责令停止施工

  C. 对建设单位处以罚款   D. 降低施工单位资质等级

21. 建筑工程施工许可的基本规定说法错误的是( )。

  A. 未办理报建登记手续的工程,不得发包

  B. 未领取施工许可证的,不得开工

  C. 未办理报建登记手续的工程,不得签订工程合同

  D. 新建、扩建、改建的建设工程,包括国务院建设行政主管部门确定的限额以下的小型工程,建设单位必须在开工前向建设行政主管部门或其授权的部门申请领取建设工程施工许可证

22. 某勘察单位超越本单位资质等级承揽工程的,应给予( )处罚。

  A. 责令停止违法行为,处合同约定的勘察费1倍以上2倍以下的罚款;可以责令停业整顿,降低资质等级;情节严重的,吊销资质证书;有违法所得的,予以没收

  B. 责令改正,没收违法所得,处合同约定的勘察费25%以上50%以下的罚款;可以责令停业整顿,降低资质等级;情节严重的,吊销资质证书

  C. 责令改正,没收违法所得,处30万元以上50万元以下的罚款

  D. 责令改正,处10万元以上30万元以下的罚款

23. 以下关于办理工程报建登记手续的说法,正确的是( )。

  A. 建设单位必须在建设工程立项批准后,工程发包前,向建设行政主管部门或其授权的部门办理工程报建登记手续

  B. 建设单位必须在可行性研究报告批准后向建设行政主管部门或其授权的部门办理工程报建登记手续

  C. 施工单位必须在建设工程"三通一平"完成后向建设行政主管部门或其授权的部门办理工程报建登记手续

  D. 建设单位必须在工程合同已签订后向工商行政主管部门或其授权的部门办理工程报建登记手续

24. 李某的施工队没有资质,挂靠丙公司承包工程,对此,下列选项中符合《建筑法》有关资质管理规定的观点是( )。

  A. 李某不能在丙公司资质许可的业务范围承揽工程

  B. 李某可以借用丙公司的营业执照,但不能以自己名义承揽工程

  C. 李某可以使用丙公司的资质证书,只要该工程土建施工属于丙公司资质等级许可范围就行

  D. 丙公司可以允许李某使用本公司资质证书,但不能以丙公司的名义承揽工程

25. 甲、乙两家同一专业的工程承包公司,其资质等级依次为一级、二级。两家组成联合体,共同投标一项工程,为此,该联合体资质等级应( )。

    A. 以甲公司的资质为准   B. 以乙公司的资质为准

    C. 由主管部门重新评定资质   D. 以该工程所要求的资质为准

26. 由于某项目建设涉及拆迁,按照《建筑工程施工许可管理办法》的规定,在申领施工许可证前,拆迁工作( )。

    A. 必须全部完成   B. 所需求的补偿安置资金全部到位

    C. 应完成50%以上   D. 进度已满足施工的要求

27. 某工程项目建设工期为三年,为保证施工顺利进行,开工前的到位资金原则上不得少于工程合同价的( )。

    A. 20%   B. 30%   C. 50%   D. 80%

28. 建设单位申领施工许可证时,建设资金应当已经落实。按照规定,建设工期不足一年的,到位资金原则上不少于工程合同价款的( )。

    A. 10%   B. 30%   C. 50%   D. 80%

29. 某开发公司拟建设一栋写字楼,施工合同价20000万元。根据《建筑工程施工许可管理办法》规定,该公司申领施工许可证时的到位建设资金至少要达到( )万元。

    A. 4000   B. 6000   C. 10000   D. 20000

30. 某建设工程施工合同约定,合同工期为18个月,合同价款为2000万元,根据法律规定,建设单位在申请领取施工许可证时,原则上最少到位资金为( )万元。

    A. 100   B. 200   C. 600   D. 1000

31. 某建设单位欲新建一座大型综合市场,于2006年3月20日领到工程施工许可证。按照建筑法施工许可制度的规定,该工程正常开工的最迟允许日期应为2006年( )。

    A. 4月19日   B. 6月19日   C. 6月20日   D. 9月20日

32. 某建设单位于2009年3月20日领到工程施工许可证后,因故不能按规定期限开工而申请延期,通过申请延期所持工程施工许可证的有效期最多可延长到2009年( )为止。

    A. 7月19日   B. 8月19日   C. 9月19日   D. 12月19日

33. 某工程一年前中止施工后决定恢复施工,恢复施工前,该建设单位应当( )。

    A. 报发证机关核验施工许可证   B. 重新申领施工许可证

    C. 向发证机关报告   D. 请发证机关检查施工场地

(二)多项选择题

1. 根据《建筑法》的规定,建筑许可包括的法律制度( )。

    A. 施工许可证制度   B. 从事建筑活动单位资质制度

    C. 从事建筑活动个人资格制度   D. 规划许可制度

    E. 立项许可制度

2. 建设单位在领取施工许可证后下列叙述正确的是( )。

    A. 应当自领取施工许可证之日起三个月内开工,因故不能按期开工的,应当向发证机关申请延期

B. 延期以一次为限,不得超过半年

C. 既不开工又不申请延期或者超过延期时限的,施工许可证自行废止

D. 在建的建筑工程因故中止施工的,应当自中止施工之日起一个月内,向发证机关报告,并按照规定做好建筑工程的维护管理工作

E. 按照国务院有关规定,批准开工报告的建筑工程,因故不能按期开工或中止施工的,应当及时向批准机关报告情况

3. 某城市东区有一在建工程。有关部门在对此在建工程的行政执法联合检查中发现,该工程尚未取得施工许可证,也未取得工程规划许可证,施工图与设计文件也未按规定经过审查。根据《建筑工程施工许可管理办法》规定,可以(　　)。

  A. 责令改正　　　　　　　　　　　　B. 责令停止施工

  C. 对监理单位处以罚款　　　　　　　D. 对建设单位处以罚款

  E. 对施工单位处以罚款

4. 下列符合施工许可制度规定的有(　　)。

  A. 建设主管部门在审核发放施工许可证时,应当对已经确定的建筑施工企业是否有安全生产许可证进行审查,对没有取得安全生产许可证的,不得颁发施工许可证

  B. 未领取施工许可证的,不得开工

  C. 未办理报建登记手续的工程,不得发包,不得签订工程合同

  D. 新建、扩建的建设工程,建设单位必须在开工前向建设行政主管部门或其授权的部门申请领取建设工程施工许可证

  E. 未领取施工许可证但已经开工的,先继续开工,然后尽快办理施工许可证手续

5. 关于建设工程企业资质分类管理,下列表述正确的有(　　)。

  A. 建筑业企业资质分为施工总承包、专业承包和劳务分包三个序列,其中专业承包企业划分为 60 个类别

  B. 地基与基础工程专业承包企业资质分为特级、一级、二级、三级

  C. 木工作业分包企业资质分为一级、二级

  D. 取得工程勘察专业资质的企业,可以承接岩土工程治理、工程钻探、凿井工程勘察等工作

  E. 取得工程设计综合资质的企业,其承接工程设计业务范围不受限制

6. 我国建筑业企业资质分为(　　)三个序列,每个序列各有其相应的等级。

  A. 施工总承包　　B. 专业承包　　　C. 劳务分包　　　D. 施工承包

  E. 分包

7. 建筑业专业技术人员职业资格的共同特点主要有(　　)。

  A. 均需要参加统一考试　　　　　　　B. 均有各自的执业范围

  C. 均需接受继续教育　　　　　　　　D. 均需注册

  E. 均可以同时应聘于两家不同的单位

8. 注册建造师享有的权利有(　　)。

  A. 使用注册建造师名称

  B. 遵守法律、法规和有关规定

C. 在本人职业活动中形成的文件上签字并加盖印章

D. 保管和使用本人注册证书、执业印章

E. 接受继续教育

9. 关于建设工程企业资质管理机关,下列表述不正确的有(　　)。

A. 国务院建设行政主管部门负责全国建筑业企业资质、建设工程勘察、设计资质、工程监理企业资质的归口管理工作

B. 民航业的企业资质管理工作由国务院交通部门负责

C. 新设立的企业,应到工商行政管理部门登记注册手续

D. 新设立的企业可直接到建设行政主管部门办理资质申请手续

E. 任何单位和个人不得涂改、伪造、出借、转让企业资质证书,不得非法扣押、没收资质证书

10. 从事建设活动的勘察、设计、施工和监理单位应当具备国家规定的资质条件,具体包括(　　)。

A. 注册资本　　　　B. 技术装备　　　　C. 历史业绩　　　　D. 专业技术人员

E. 年纳税金额

11. 建筑业企业,是指从事(　　)的新建、扩建、改建等活动的企业。

A. 土木工程　　　　　　　　　　　　　　B. 建筑工程

C. 线路管道设备安装工程　　　　　　　　D. 装修工程

E. 装饰工程

12. 关于工程勘察资质下列说法正确的有(　　)。

A. 工程勘察资质分为工程勘察综合资质、工程勘察专业资质、工程勘察劳务资质

B. 工程勘察综合资质只设甲级

C. 工程勘察专业资质设甲级、乙级,根据工程性质和技术特点,部分专业可以设丙级

D. 工程勘察劳务资质分为甲、乙、丙三级

E. 取得工程勘察综合资质的企业可以承接各种勘察业务

13. 根据《建设工程勘察设计企业资质管理规定》,我国设计资质分(　　)。

A. 综合资质　　　B. 专业资质　　　　C. 行业资质　　　　D. 专项资质

E. 劳务资质

14. 小王刚到一建设主管部门施工许可证管理机构上班,在其审查申报材料时,发现有以下疑点难以决定,请帮助分析下列选项中不符合颁发施工许可证条件的有(　　)。

A. 已经交了土地出让金,但土地证尚未办好

B. 没有建设工程规划许可证,但规划局出具了许可证正在办理的便函

C. 有拆迁许可证,但工程拆迁还有一点没有扫尾

D. 已经订立施工合同,但中标施工企业的资质不能满足要求

E. 办理了质量监督手续

15. 下列关于监理的说法正确的是(　　)。

A. 实行监理的建筑工程,由建设单位委托具有相应资质条件的工程监理企业监理

B. 建设单位与其委托的工程监理企业应当订立书面委托监理合同

C. 建筑工程监理应当依法转让工程监理任务给具有相应资质的监理企业

D. 建筑工程监理代表建设单位对承包单位在施工质量、建设工期和建设资金使用等方面实施监督

E. 工程监理人员发现工程设计不符合建筑工程质量标准或者合同约定的质量要求的,有权 要求建筑施工企业改正

16. 有关部门在对一在建住宅小区工程的行政执法联合检查中发现,该工程尚未取得施工许可证,也未取得工程规划许可证,施工图设计文件也未按规定经过审查。根据《建筑工程施工许可管理办法》规定,应(　　　)。

A. 责令改正　　　　　　　　　　　B. 责令停止施工

C. 对监理单位处以罚款　　　　　　D. 对建设单位处以罚款

E. 对施工单位处以罚款

17. 根据《建设工程施工许可管理办法》,下列工程项目无需申请施工许可证的是(　　　)。

A. 北京故宫修缮工程　　　　　　　B. 长江汛期抢险工程

C. 工地上的工人宿舍　　　　　　　D. 某私人投资工程

E. 部队导弹发射塔

18. 下列不需要申请领取施工许可证的建筑工程有(　　　)。

A. 部队营房　　　　　　　　　　　B. 城市大型立交桥

C. 为抢险救灾修建的道路　　　　　D. 施工单位搭建的工地宿舍

E. 已按规定批准开工报告的建筑工程

19. 甲建设单位改建办公大楼,由乙建筑公司承建,下列有关施工许可证的说法,正确的有(　　　)。

A. 该改建工程无需领取施工许可证

B. 应由甲向建设行政主管部门申领施工许可证

C. 应由乙向建设行政主管部门申领施工许可证

D. 申请施工许可证时,应当提供安全施工措施的资料

E. 申请施工许可证时,该工程应当有满足施工需要的施工图纸

(三)案例分析

1. 建设单位承接了某市一小区的旧城改造工程,建设合同价格为 1 亿元,工期为 15 个月。根据《建筑法》的有关规定,该单位在开工前应向该工程所在地的人民政府建设局领取施工许可证。

(1)按照国家有关规定,该建设单位申请领取施工许可证时的到位建设资金至少应达到多少?

(2)如果此建设工期为 10 个月,则到位资金原则上不得少于工程合同价款的多少?

(3)建设单位申请领取施工许可证应具备哪些条件?

(4)不需要申请施工许可证的工程类型有哪些?

2. 甲建设单位承揽一小区的改建工程,于 2009 年 9 月 15 日领到工程施工许可证。领取施工许可证后因故不能按规定期限正常开工,故向发证机关申请延期。开工后又因资金的原

因于 2010 年 4 月 15 日中止施工。

(1)甲建设单位通过申请延期,所持工程施工许可证的有效期最长可延长至何时? 为什么?

(2)甲建设单位在建过程中,因故中止施工,依据《建筑法》,该建设单位应在何时向发证机关报告? 为什么?

(3)如果甲建设单位中止施工满 1 年,在工程恢复之前,应当报何部门核验施工许可证? 为什么?

附:参考答案

(一)单项选择题

1. C	2. B	3. A	4. B	5. A	6. C	7. A	8. B	9. B	10. C
11. C	12. A	13. D	14. A	15. D	16. C	17. B	18. A	19. A	20. A
21. D	22. A	23. A	24. A	25. B	26. D	27. B	28. C	29. B	30. C
31. B	32. D	33. A							

(二)多项选择题

1. ABC	2. ACDE	3. ABDE	4. ABCD	5. ACE
6. ABC	7. ABCD	8. ACDE	9. BD	10. ABCD
11. ABCD	12. ABC	13. ACD	14. ABD	15. ABD
16. ABDE	17. ABCE	18. ACDE	19. BDE	

(三)案例分析

1.(1)该建设单位申请领取施工许可证时的到位建设资金至少应达到 3000 万元。

(2)50%。

(3)申请领取施工许可证,应当具备下列条件:

①已经办理该建筑工程用地批准手续,即获得有效的建设用地使用权证书;

②在城市规划区的建筑工程,已经取得规划许可证;

③需要拆迁的,其拆迁进度符合施工要求;

④已经确定建筑施工企业;

⑤有满足施工需要的施工图纸及技术资料,施工图设计文件并已经按照规定通过审查;

⑥有保证工程质量和安全的具体措施;

⑦建设资金已经落实;

⑧按照规定应该委托工程监理的建设工程已委托工程监理;

⑨法律、行政法规规定的其他条件。

(4)在我国并不是所有的工程在开工前都需要办理施工许可证,有六类工程不需要办理:

①国务院建设行政主管部门确定的限额以下的小型工程。根据 2001 年 7 月 4 日建设部发布的《建筑工程施工许可管理办法》第 2 条,所谓的限额以下的小型工程指的是:工程投资额

在 30 万元以下或者建筑面积在 300 平方米以下的建筑工程。同时,该《办法》也进一步作出了说明,省、自治区、直辖市人民政府建设行政主管部门可以根据当地的实际情况,对限额进行调整,并报国务院建设行政主管部门备案。

②作为文物保护的建筑工程。《建筑法》第 83 条规定:"依法核定作为文物保护的纪念建筑物和古建筑等的修缮,依照文物保护的有关法律规定执行。"

③抢险救灾工程。由于此类工程的特殊性,《建筑法》明确规定此类工程开工前不需要申请施工许可证。

④临时性建筑。工程建设中经常会出现临时性建筑,例如工人的宿舍、食堂等。这些临时性建筑由于其生命周期短,《建筑法》也明确规定此类工程不需要申请施工许可证。

⑤军用房屋建筑。由于此类工程涉及军事秘密,不宜过多公开信息,《建筑法》第 84 条明确规定:"军用房屋建筑工程建筑活动的具体管理办法,由国务院、中央军事委员会依据本法制定。"

⑥按照国务院规定的权限和程序批准开工报告的建筑工程。

此类工程开工的前提是已经有经批准的开工报告,而不是施工许可证,因此,此类工程自然是不需要申请施工许可证的。

2.(1)甲建设单位通过申请延期,所持工程施工许可证的有效期最长可延长至 2010 年 6 月 14 日。根据《建筑法》第 9 条规定,建设单位应当自领取施工许可证之日起 3 个月内开工。因故不能按期开工的,应当向发证机关申请延期;延期以两次为限,每次不超过 3 个月。

(2)甲建设单位在建过程中,因故中止施工,依据《建筑法》,该建设单位应在 2010 年 5 月 15 日之前向发证机关报告。根据《建筑法》第 10 条规定,在建的建筑工程因故中止施工的,建设单位应当自中止施工之日起 1 个月内,向发证机关报告,并按照规定做好建筑工程的维护管理工作。

(3)如果甲建设单位中止施工满 1 年,在工程恢复之前,应当报发证机关核验施工许可证。根据《建筑法》第 10 条规定,在建的建筑工程因故中止施工的,恢复施工时,应当向发证机关报告;中止施工满 1 年的工程恢复施工前,建设单位应当报发证机关核验施工许可证。

第 三 章
建筑工程发包承包法规

第一节 建筑工程发包与承包法规

一 学习目的与基本要求

通过本节学习,了解工程建设项目的发包承包方法,掌握发包方和承包方的具体行为规范,熟悉建设行政主管部门对于发包承包管理的基本原则。

二 重点与难点解析

(一)建设工程承包与发包的方式

建设工程承包与发包是指建设单位或者总承包单位(发包方)通过合同委托施工企业、勘察设计单位等(承包方)为其完成某一工程的全部或部分,并由合同规定双方当事人权利义务的交易方式。

建设工程承包与发包的方式有两种,即招标投标方式和直接发包方式。

(二)建筑工程发包行为规范

1.发包单位及其工作人员在建筑工程发包中不得收受贿赂、回扣或者索取其他好处

《建筑法》第17条规定:发包单位及其工作人员在建筑工程发包中不得收受贿赂、回扣或者索取其他好处。承包单位及其工作人员不得利用向发包单位及其工作人员行贿、提供回扣或者给予其他好处等不正当手段承揽工程。

收受贿赂、回扣或者索取其他好处,是市场经济发展过程中经济犯罪的最典型的表现形式。不仅是《建筑法》明令禁止的行为,同时也触犯了刑律。由于发包方的受贿等经济犯罪占有相当的比例,所谓基建项目中房子没盖起来人却先进去了(相关责任人却先承担刑事责任了)。因此,《建筑法》中特别强调了此项规定。在账外暗中给予对方单位或者个人回扣的,以行贿论处,对方单位或者个人在账外暗中收受回扣的以受贿论处。

2.发包单位应当按照合同的约定及时拨付工程款项

《建筑法》第18条第2款规定,发包单位应当按照合同约定,及时拨付工程款项。拖欠工程款,是规范建筑市场的难点问题。它不仅严重影响了企业的生产经营和企业的发展,而且也影响了工程建设的顺利进行以及投资效益的提高。此项规定是对发包单位行为的规范,也是施工单位追索工程欠款的法律依据。

3.发包单位应当依照法定程序和方式进行公开招标

《建筑法》第19条规定,建筑工程依法实行招标发包,对不适于招标发包的可以直接发包。建筑工程实行公开招标的,发包单位应当依照法定程序和方式,发布招标公告,提供载有招标工程的主要技术要求、主要的合同条款、评标的标准和方法以及开标、评标、定标的程序等内容的招标文件。开标应当在招标文件规定的时间、地点公开进行。开标后应当按照招标文件规定的评标标准和程序对标书进行评价、比较,在具备相应资质条件的投标者中,择优选定中标者。建筑工程招标的开标、评标、定标由招标人依法组织实施,并接受有关行政主管部门的监督。

4.发包单位应当将建筑工程发包给依法中标的承包单位

建筑工程实行直接发包的,发包单位应当将建筑工程发包给具有相应资质条件的承包单位。强调直接发包的工程中承包单位的相应资格,是因为通过招标方式发包,一般都通过了资格预审程序,能够参加投标的单位已经具备资格条件的承包单位。建筑工程实行招标发包的,发包单位应当将建筑工程发包给依法中标的承包单位。因为这个中标的承包单位是依照法定程序投标、评标、定标而被选定的,在这个过程中形成了一系列的法律关系,中标后即享有承包该项建筑工程的合法权益,发包单位不应改变这种既定权益。政府及其所属部门也不得滥用行政权力,限定发包单位将招标发包的建筑工程发包给指定的承包单位。这项法律规定表明,必须排除政府部门对招标发包的不正当干预,尊重招标投标这种交易方式所确定的权利义务。

5.禁止将建筑工程肢解发包

提倡对建筑工程实行总承包,禁止将建筑工程肢解发包。建筑工程的发包单位可以将建筑工程的勘察、设计、施工、设备采购一并发包给一个工程总承包单位,也可以将建筑工程勘察、设计、施工、设备采购的一项或者多项发包给一个工程总承包单位;但是,不得将应当由一个承包单位完成的建筑工程肢解成若干部分发包给几个承包单位。禁止肢解发包,即不得将应当由一个承包单位完成的建筑工程肢解成若干部分发包给几个承包单位。

对建筑施工最小发包的工程为一个单位工程。单位工程是单项工程的组成部分。通常按照单项工程所包含的不同性质的工作内容,根据是否独立施工的要求,一个单项工程可划分为若干个单位工程。对勘察设计最小发包的工程为一个单项工程。

6.发包单位不得指定承包单位购入用于工程的建筑材料、建筑构配件和设备或者指定生产厂、供应商

按照合同约定,建筑材料、建筑构配件和设备由工程承包单位采购的,发包单位不得指定承包单位购入用于工程的建筑材料、建筑构配件和设备或者指定生产厂、供应商。由发包方自行采购的,不存在此类问题。这项规定是重要的,限制了发包单位利用其有利地位而违反合同

的约定；保护了承包单位在合同中确定的权利，也有利于明确其责任；防止发包单位利用指定生产厂、供应商谋取不正当利益，影响工程质量。发包单位指定承包单位购入用于工程的建筑材料、建筑构配件和设备或者指定生产厂、供应商，不仅违反《建筑法》的规定，同时也是我国《反不正当竞争法》所禁止的行为。

(三)建设工程承包的行为规范

1.禁止承包单位以虚假、欺诈手段承揽工程

承包建筑工程的单位应当持有依法取得的资质证书，并在其资质等级许可的业务范围内承揽工程。禁止建筑施工企业超越本企业资质等级许可的业务范围承揽工程；禁止假冒其他企业的名义承揽工程。禁止建筑施工企业以任何形式允许其他单位或者个人使用本企业的资质证书、营业执照，以本企业的名义承揽工程。如出借、出租资质证书、营业执照，允许其他建筑施工企业挂靠自己企业等。

2.禁止承包单位将承包的工程违法分包

总承包单位可以将部分工程分包出去，但都必经建设单位同意，同意的方式为在总承包合同中约定，或者经建设单位认可；如果未经建设单位同意分包，则视为违法分包。禁止分包单位将其承包的工程再分包；禁止总承包单位将工程分包给不具备相应资质条件的单位。

3.禁止转包

转包是指在工程建设中，承包单位不履行承包合同规定的职责，将所承包的工程转包给其他单位，只收取管理费，对工程不承担经济、技术及管理责任的行为。转包的形式有两种：一是承包单位将其承包的全部建筑工程转包给他人；二是承包单位将其承包的全部工程肢解后以分包的名义发包给他人，即变相的转包。分包工程发包人将工程分包后，未在施工现场，设立项目管理机构和派驻相应人员，并未对该工程施工活动进行组织管理的，视同转包行为。转包，特别是层层转包，层层盘剥工程费用，最终导致费用不足，偷工减料，工程质量低劣。转包中，容易使不符合资质条件的低素质承包单位承接工程，导致质量问题、安全事故等。转包中也容易产生行贿受贿等现象。《建筑法》第28条规定："禁止承包单位将其承包的全部建筑工程转包给他人，禁止承包单位将其承包的全部建筑工程肢解以后以分包的名义分别转包给他人。"

4.禁止肢解发包的规定

肢解发包是指建设单位将应当由一个承包单位完成的建设工程分解成若干部分，发包给不同的承包单位的行为。

《建筑法》规定，提倡对建筑工程实行总承包，禁止将建筑工程肢解发包。建筑工程的发包单位可以将建筑工程的勘察、设计、施工、设备采购一并发包给一个总承包单位；也可以将建筑工程的发包单位可以将建筑工程的勘察、设计、施工、设备采购的一项或者多项发包给一个工程总承包单位；但是，不得将应当由一个承包单位完成的建筑工程肢解成若干部分发包给几个承包单位。

《建设工程质量管理条例》规定，建设单位不得将建设工程肢解发包。建设单位将建设工程肢解发包的，责令改正，处工程合同价款0.5%以上1%以下的罚款；对全部或者部分使用国

有资金的项目,并可以暂停项目执行或者暂停资金拨付。

(四)总承包、分包、联合(共同)承包

1.建筑工程的总承包与分包

我国《建筑法》提倡对建筑工程实行总承包。建筑工程总承包,是指发包单位将建筑工程的勘察、设计、施工、设备采购一并发包给一个工程总承包单位,由总承包单位直接向发包单位负责。总承包单位可以自己负责整个建筑工程的全过程,也可以依法分包给若干个专业分包单位完成。

建筑工程总承包单位可以将承包工程中的部分工程发包给具有相应资质条件的分包单位。除总承包合同中约定的分包外,必须经建设单位认可。

允许建设单位指定分包。指定分包被总承包单位认可,即在总承包合同中约定。总承包单位要对该分包方的承包工程负责。承包单位也有权利拒绝这种指定,因为如果建设单位制定的分包单位不能很好地完成现场工作,将增大总承包单位的责任。

实行总承包的,建筑工程主体结构的施工必须由总承包单位自行完成。建筑工程总承包单位按照总承包合同的约定对建设单位负责;分包单位按照分包合同的约定对总承包单位负责。总承包单位和分包单位就分包工程对建设单位承担连带责任。对于分包工程的责任,建设单位可以向总承包单位请求赔偿,也可以向分包单位请求赔偿。

2.联合(共同)承包

我国《建筑法》规定了建筑工程联合承包制度。采用联合承包方式承包工程的优势主要表现为:承包单位联合投标,可以加大技术力量等方面的优势组合,增强竞争力,增加中标机会;降低投资风险。承包单位共享利润的同时,可以共担风险;对建设单位来说,可以降低投资成本,降低风险。出现索赔时,由于联合承包各方负有连带责任,可以向任何一方要求赔偿。即使某个承包单位无力赔偿或破产,也不会影响索赔。

《建筑法》第27条规定,大型建筑工程或者结构复杂的建筑工程,可以由两个以上的承包单位联合共同承包。共同承包的各方对承包合同的履行承担连带责任。两个以上不同资质等级的单位实行联合共同承包的,应当按照资质等级低的单位的业务许可范围承揽工程。

联合承包的工程范围是大型建筑工程或者结构复杂的建筑工程。大型建筑工程或者结构复杂工程范围,参照国务院、地方政府或国务院有关部门确定的标准。大型工程以建筑面积或工程总造价划分;结构复杂工程以结构的专业性强弱划分。中小型建筑工程或结构不复杂的工程,不能联合承包。

3.违法分包

《建设工程量管理条例》规定,违法分包,是指下列行为:

(1)总承包单位建筑建设工程分包给不具备相应资质条件的单位的;

(2)建设工程总承包合同中未有约定,又未经建设单位认可,承包单位将其承包的部分建设工程交由其他单位完成的;

(3)施工承包单位将建设工程的主体结构的施工分包给其他单位的;

(4)分包单位将其承包的建设工程再分包的。

三 精选案例

案 例 1

某建设单位要建一幢18层的办公楼,在招标发包时将主体工程的土建部分按楼层分为3个标段(每6层1个标段)进行招标,并将该办公楼的空调设备、电梯设备和消防设备的安装也分别进行招标发包。为此,部分投标单位认为是肢解发包,并向政府主管部门作了反映。

关联教材:第三章 第一节 建筑工程发包与承包法规

思考讨论:

1. 该建设单位将主体工程的土建部分按楼层分为3个标段进行招标,是否算肢解发包?

2. 该建设单位能否将该办公楼的空调设备、电梯设备和消防设备的安装分别招标发包?

【案例点评】

1. 依据《建设工程质量管理条例》的规定,肢解发包是指建设单位将应当由一个承包单位完成的建设工程分解成若干部分,发包给不同的承包单位的行为。本案中,该办公楼主体工程的土建部分应当由一个承包单位完成,以保障其结构整体性、稳定性和安全性;建设单位将其分为3个标段,应当定性为肢解发包。

2. 对于该办公楼的空调设备、电梯设备和消防设备的安装,尽管也属于同一建筑的设备安装,但因其具有较强的专业性,为保证安装质量,建设单位可以将其作为专业工程分别发包给不同的专业承包单位。

案 例 2

2002年7月15日,建设单位与甲建筑公司签订《工程施工合同》。将人民路1标工程发包给甲建筑公司,合同价款暂定1900万元。2002年9月29日,甲建筑公司未经建设单位同意,与乙建筑公司以包工方式承包人民路1标工程,价款暂估为500万元。之后,甲、乙两公司又签订了《工程补充合同》,约定补充合同为造价为480万元。工程合同签订后,甲建筑公司成立了人民路1标项目经理部,并刻制"人民路1标项目经理部"专用章交乙建筑公司掌管,并由乙建筑公司组织管理班子负责该工项目的实际施工管理。

2002年12月10日,乙建筑公司与丙建筑公司签订《工程施工合同》,将人民路1标工程发包给丙建筑工程,合同价款暂定1000万元,最终的工程造价以审计为准,结算依据为1993年市政定额,按总包方与发包方决算后总造价下浮17%。丙建筑公司于2002年8月16日与"包工头"李某签订了《内部承包协议》,约定由李某具体承包人民路1标工程,承包费用按丙建筑公司的决算总价下浮5%作为各项管理费用。李某支付履约保证金50万元,在每次支付工程款时按比例抵扣5%的管理费;合同总造价暂定1000万元,决算时按实际工程量调整。内部承包协议签订后,李某向丙建筑公司交付工程保证金50万元,由建筑公司出具收据,同时组织人员进行施工。

2003年11月29日,人民路1标工程通过竣工验收,质量等级为合格。工程竣工后,工程造价经审定为 1020 万元,建设单位已实际支付甲建筑公司工程款 990 万元;甲建筑公司已实际支付乙建筑公司工程款 800 万元,乙建筑公司已实际支付丙建筑公司工程款 470 万元,直接支付李某 200 万元;丙建筑公司支付李某工程款 300 万元。李某交付履约保证金 50 万元已抵扣为丙建筑公司的管理费。因工程款支付未到位,李某向政府主管部门进行了举报,并向人民法院提起诉讼追讨工程款。

关联教材:第三章　第一节　建筑工程发包与承包法规

思考讨论:

1. 在本案的工程承包活动中有哪些违法行为?

2. 政府主管部门应对哪些单位进行处罚,如何进行处罚?

3. 在本案中,哪些合同是无效的,李某的工程款应由哪些单位承担责任?

【案例点评】

1. 在本案的工程承包活动中,违法行为有:

(1)甲建筑公司是承包单位,未经建设单位同意将工程施工分包给乙建筑公司。由乙建筑公司组织管理班子并负责该工程项目的实际施工管理,既是违法分包,又可视作转包行为;

(2)乙建筑公司承包工程后,不履行合同约定的责任和义务,不承担技术及经济责任,将其承包的全部工程转给丙建筑公司,是转包工程的违法行为,也违反了分包单位不得再分包的法律规定;

(3)丙建筑公司允许包工头李某使用本企业的资质证书、营业执照,以本企业的名义承揽工程的行为,已构成允许他人以本企业的名义承揽工程的违法行为。

2. 政府主管部门应依据有关法律、法规、规章对违法行为进行处罚:

(1)对甲、乙建筑公司,应依据《建筑法》《招投标法》以转包和违法分包行为进行处罚,其转包、分包无效,处转包、分包项目金额 5‰ 以上 10‰ 以下的罚款;有违法所得的,并处没收违法所得;可以责令停业整顿,降低资质等级;情节严重的,吊销资质证书,由工商行政管理机关吊销营业执照。

(2)对乙建筑公司,还应该以接受转包和违法分包工程的违法行为进行处罚,处以 1 万元以上 3 万元以下的罚款。

(3)对丙建筑公司应以接受转包和违法分包工程、允许他人以本企业的名义承揽工程的违法行为进行处罚,对接受转包和违法分包行为处以 1 万元以上 3 万元以下的罚款,对允许他人以本企业名义承揽工程的违法行为处以没收违法所得(50 万元),并处工程合同价款 2% 以上 4% 以下的罚款。

3. 在本案中,甲建筑公司与乙建筑公司签订的《工程合同》、乙建筑公司与丙建筑公司签订的《工程施工合同》以及丙建筑公司与李某签订的《内部承包协议》,均为无效合同。

至于对李某的工程欠款,首先应由丙建筑公司参照《内部承包协议》支付;其次,由乙建筑公司、甲建筑公司承担连带责任;第三,建设单位在该项目欠付工程款范围内承担其还款责任。

🞈 四 练习题

(一)单项选择题

1. 施工总承包单位与分包单位依法签订了"幕墙工程分包协议",在建设单位组织竣工验收时发现幕墙工程质量不合格。下列表述正确的是( )。

    A. 分包单位就全部工程对建设单位承担法律责任

    B. 分包单位可以不承担法律责任

    C. 总承包单位就分包工程对建设单位承担全部法律责任

    D. 总包单位和分包单位就分包工程对建设单位承担连带责任

    2. 建设单位应当将工程分包给( )单位。

    A. 愿意承包建设的

    B. 可以建设完成的

    C. 任何

    D. 除合同约定外,须经建设单位许可的具有相应资质等级的

    3. 在保证项目完整性的前提下,甲建设单位将工程的设计任务分别委托给了乙、丙两家设计单位,并选定乙设计单位为主体承接方,负责整个工程项目设计的总体协调。关于该项目的设计责任,下列说法中,正确的是( )。

    A. 丙设计单位直接对甲建设单位负责

    B. 丙设计单位仅对乙设计单位负责

    C. 乙设计单位就整个项目的设计任务负总责

    D. 乙、丙设计单位对甲建设单位承担连带责任

    4. 甲公司是甲级资质,乙公司是乙级资质,根据《建筑法》规定,甲乙组成的联合体应当按照( )资质等级许可的范围承揽工程。

    A. 特级   B. 甲级   C. 乙级   D. 丙级

    5. 我国《建筑法》规定( )工程,可以由两个以上的承包单位联合共同承包。

    A. 大型建筑   B. 基础设施   C. 军用建筑   D. 民用建筑

    6. 甲企业将其资质证书出借给乙企业去承揽工程,乙企业在工程中出现质量事故,则甲企业( )。

    A. 应收回资质证书   B. 对乙企业进行处罚

    C. 应退回工程管理费   D. 与乙企业承担连带赔偿责任

    7. 根据《建筑法》规定,下列说法正确的是( )。

    A. 总承包单位可以将所承包的工程转包给他人

    B. 建设单位可以直接要求分承包商承担分承包工程的质量责任

    C. 有的分承包商需要经过建设单位认可,有的不需要,只需要总承包商认可就可以了

    D. 总承包商与分承包商承担连带责任

    8. 根据《建筑法》规定,建筑工程总承包单位可以将承包工程中的部分工程发包给具有相应资质条件的分包单位,但是,除总承包合同中约定分包外,必须经( )认可。

    A. 国务院建设行政主管部门   B. 建设单位主管部门

    C. 监理单位   D. 建设单位

    9. 关于分包工程规定,下列表述不正确的是( )。

    A. 施工总承包的,建筑工程主体结构的施工必须由总承包单位自行完成

    B. 承包单位可以将其承包的全部建筑工程肢解以后以分包的名义分别转给他人

C. 禁止承包单位将其承包的全部建筑工程转包给他人

D. 禁止分包单位将其承包的工程再分包

E. 总承包单位可以将工程分包给相应资质条件的单位

10. 某公司外聘了一名建造师王某并与他签订了"承包责任协议书",约定由王某履行某公司与业主签订的承包合同中某公司的全部义务。王某与公司之间关系的性质属于(　　)。

　　A. 企业内部承包　　　B. 分包　　　　　　C. 转包　　　　　　D. 雇佣

11. 张某的施工队没有资质,挂靠甲公司承包工程,下列选项中符合《建筑法》有关资质管理规定的观点是(　　)。

　　A. 张某不能在甲公司资质许可的业务范围承揽工程

　　B. 张某可以借用甲公司的营业执照,但不能以自己的名义承揽工程

　　C. 张某可以使用甲公司的资质证书,只要该工程土建施工属于甲公司资质等级许可范围即可

　　D. 甲公司可以允许张某使用本公司资质证书,但不能以甲公司的名义承揽工程

12. 长城公司中标成为某市一幢办公楼工程的施工总承包人。下列做法中符合我国《建筑法》规定的是(　　)。

　　A. 总承包合同约定,可将水电暖安装工程分包,分包施工单位为具备相应资质等级的大华公司

　　B. 总承包合同生效后,长城公司又把基础土石方工程分包给了一家具备相应资质的松林公司

　　C. 业主得知上述 B 所发生的事情后,提出若分包土石方工程,必须包给资质条件更优的三合公司

　　D. 松林公司把基础土石方工程转包给了山峰公司

13. A、B 两家施工单位以联合承包方式承揽某建设工程的施工任务。下列说法不符合我国《建筑法》的规定的是(　　)。

　　A. 双方应签订联合承包的协议

　　B. 按照资质等级低的单位的业务范围承揽建设工程

　　C. A 与 B 就承揽工程向建设单位承担连带责任

　　D. A、B 根据联合承包协议约定的比例对建设单位承担责任

14. 甲施工单位(总承包单位)将部分非主体工程分包给具有相应资质条件的乙施工单位,且已征得建设单位同意,下列关于该分包行为说法正确的是(　　)。

　　A. 甲公司必须报上级主管部门批准备案

　　B. 甲公司就分包工程质量和安全对建设单位承担连带责任

　　C. 建设单位必须与乙施工单位重新签订分包合同

　　D. 建设单位必须重新为分包工程办理施工许可证

15. 符合资质条件的工程公司,经项目业主认可,拟按下列方案之一进行分包。其中建筑法不允许的方案是(　　)。

　　A. 将桩基础工程交给乙基础工程公司承包,自己负责其余部分的施工

　　B. 将桩基础工程交给乙公司承包,将暖通水电工程交给丙安装公司承包,自己负责主

体结构的施工

    C. 将桩基础工程交给乙基础工程公司承包,将暖通水电工程交给丙公司承包,将主体结构交给丁公司承包

    D. 将暖通水电工程交给丙安装公司承包,自己负责桩基础工程和主体结构的施工

16. 甲公司投标中标承包了某开发商的写字楼工程施工任务,下列做法中合法的是(   )。

    A. 甲公司将部分劳务作业任务分包给乙公司

    B. 开发方指定丙公司为安装工程的分包人

    C. 甲公司将该工程施工任务切块分包给了不同承包商

    D. 丙公司与开发方签订工程承包合同

17. 根据我国《建筑法》的规定,下列表述中正确的是(   )。

    A. 经建设单位认可,分包单位可将其承包的工程再分包

    B. 两个以上不同资质等级的单位联合承包的,应当按照资质等级低的单位确定资质等级

    C. 施工现场的安全由建筑施工企业和工程监理单位共同负责

    D. 建筑施工企业应当为从事危险作业的职工办理意外伤害保险

18. 下列建设工程分包的说法中,属于承包人合法分包的是(   )。

    A. 未经建设单位许可将承包工程中的劳务进行分包

    B. 将专业工程分包给不具备资质的承包人

    C. 将劳务作业分包给不具备资质的承包人

    D. 未经建设单位许可将承包工程中的专业工程分包给他人

19. 甲公司外聘了一名建造师王某并与他签订了"承包责任协议书",约定由王某履行甲公司与业主签订的承包合同中甲公司的全部义务。对此,王某与甲公司之间关系的性质属于(   )。

    A. 企业内部承包   B. 分包   C. 转包   D. 雇佣

20. 承包人非法转包工程,法院可以收缴的非法所得应是(   )。

    A. 扣除成本后的税金、管理费和工程保修费

    B. 扣除成本后的管理费和工程保修费

    C. 扣除成本后的税金和管理费

    D. 扣除成本后的获利部分

(二)多项选择题

1. 甲建设单位发包某大型工程项目,乙是总承包单位,丙是具有相应专业承包资质的施工单位,丁是具有劳务分包资质的施工单位,下列关于该项目发包、分包的说法中,正确的有(   )。

    A. 乙可以将专业工程分包给丙   B. 丙可以将劳务作业分包给丁

    C. 乙可以将劳务作业分包给丁   D. 甲可以将劳务作业发包给丙

    E. 甲可以将劳务作业分包给丁

2. 某施工单位将工程转包,给建设单位造成3万元损失,则该施工单位可能承担的法律责任是( )。

    A. 赔偿损失   B. 降低资质等级

    C. 责令停业整顿   D. 对主要负责人判处有期徒刑

    E. 以上都是

3. 甲施工单位(总承包单位)将部分非主体工程分包给具有相应资质条件的乙施工单位,且已征得建设单位同意。下面关于分包行为说法正确的是( )。

    A. 甲公司必须报上级主管部门批准备案

    B. 甲公司就分包工程质量和安全对建设单位承担连带责任

    C. 乙公司应按照分包合同的约定对甲公司负责

    D. 建设单位必须与乙公司重新签订分包合同

    E. 建设单位必须重新为分包工程办理施工许可证

4. 某公司将工程发包给不具有相应资质条件的承包单位,应当承担的法律责任是( )。

    A. 有违法所得的,予以没收   B. 责令改正

    C. 吊销资质证书   D. 处以罚款

    E. 责令停业整顿

5. 某公司是一房地产开发商,欲在平安路上开发名士小区,某公司经研究决定采取招标的方式发包。依据《建筑法》中有关建筑工程发包的有关规定,下列叙述正确的是( )。

    A. 某公司依法实行招标发包时,对不适于招标发包的可以直接发包

    B. 建筑工程实行招标发包的,应当将建筑工程发包给依法中标的承包单位

    C. 提倡对建筑工程实行肢解发包

    D. 政府及其所属部门有权限定某公司将招标发包的建筑工程发包给指定的单位

    E. 某公司不得指定生产厂、供应商

6. 某公司违反建筑法的规定,将工程肢解发包,肢解发包( )。

    A. 可能导致发包人变相规避招标

    B. 不利于投资和进度目标的控制

    C. 增加发包的成本

    D. 增加发包人的管理成本

    E. 给工程监理工作的实施造成困难

7. 某办公楼工程概算造价8500万元,建设单位欲将该工程发包,现有多家符合相关资质条件的承包企业供其选择,下列可供建设单位依法采用的发包方案有( )。

    A. 将工程的设计发包给一家企业,施工和采购发包给另一家企业

    B. 将工程的设计、施工发包给一家企业,工程的采购由自己完成

    C. 将工程的采购、施工发包给一家企业,工程的设计发包给另一家企业

    D. 将工程设计发包给一家企业,采购、施工和监理一并发给另一家企业

    E. 将工程的设计、采购发包给一家企业,工程的施工发包给另一家企业

8. 关于承揽工程的规定,下列表述正确的有( )。

    A. 建筑施工企业应以本企业名义承揽工程

B. 承包建筑工程的单位应当持有依法取得的资质证书

C. 大型建筑工程或者结构复杂的建筑工程,可以由两个以上的承包单位联合共同承包

D. 建筑施工企业可以以其他形式允许其他单位使用本企业的资质证书、营业执照来承揽工程

E. 两个以上不同资质等级的单位实行联合共同承包的,为了赢得竞争,可以以资质高、等级高的单位的业务许可范围承揽工程

9. 下列各项导致建筑施工企业与他人签订的建设工程施工合同无效的行为有(   )。

A. 将其承包的建设工程全部转给其他符合资质条件的施工企业完成

B. 将其承包的全部建设工程肢解以后以分包的名义分别转给其他单位承包

C. 将其总承包的工程中的专业工程发包给其他具有相应资质的承包单位完成

D. 借用有资质的建筑施工企业名义

E. 将其所承包的工程中的劳务作业发包给具有相应资质的劳务承包企业

10. 关于工程发包,如下表述正确的是(   )。

A. 提倡对建筑工程实行总承包,也可将建筑工程肢解发包

B. 禁止建筑工程的发包单位将建筑工程的勘察、设计、施工、设备采购一并发包给一个工程总承包单位

C. 可以将建筑工程勘察、设计、施工、设备采购的一项或者多项发包给一个工程总承包单位

D. 应当由一个承包单位完成的建筑工程肢解成若干部分发包给几个承包单位

E. 不得将应当由一个承包单位完成的建筑工程肢解成若干部分发包给几个承包单位

11. 若发包单位违反建筑法规定,将建筑工程肢解发包,应当承担的法律责任包括(   )。

A. 有违法所得的,予以没收   B. 责令改正

C. 吊销资质证书   D. 处以罚款

E. 责令停业整顿

12. 某工程项目的施工总包单位欲分包工程,依据法律法规不能实施的行为有(   )。

A. 经建设单位认可将其中的部分工程分包给具有相应资质的分包单位

B. 将其承包的全部建筑工程肢解以后分别发包给他人

C. 将其中的主体结构工程分包给乙公司

D. 按建设单位指定将其中的部分工程转包给具有相应资质的丙公司

E. 默认丙公司将其承包工程中的部分工程再分包给丁公司

13. 下列选项中,导致建筑施工企业与他人签订的建设工程施工合同无效的行为有(   )。

A. 将其承包的建设工程全部转给其他符合资质条件的施工企业完成

B. 将其承包的全部建设工程肢解以后以分包的名义分别转给其他单位承包

C. 将其总承包的工程中的专业工程发包给其他具有相应资质的承包单位完成

D. 借用有资质的建筑施工企业名义

E. 将其所承包的工程中的劳务作业发包给其他承包单位完成

(三)案例分析

宏达公司 2005 年 6 月取得三级钢结构工程专业承包企业资质,2006 年 9 月取得二级资质。2008 年 7 月获得了一项 2200m² 的网架结构制作与安装业务,2009 年 11 月竣工验收合格。由于三级钢结构工程专业承包企业只能承揽 1200m² 及以下的网架钢结构制作与安装工程,故业主认为宏达公司超越资质等级承揽工程,承包合同无效,拒付工程款。

问题:

(1)承包合同是否有效? 为什么?

(2)宏达公司请求参照合同约定支付工程价款,法院应否支持? 为什么?

附:参考答案

(一)单项选择题

1. D   2. D   3. A   4. C   5. A   6. D   7. B   8. D   9. B   10. C
11. A   12. A   13. D   14. B   15. C   16. A   17. B   18. A   19. C   20. D

(二)多项选择题

1. ABC   2. ABC   3. BC   4. BD   5. ABE
6. ABCD   7. ABCE   8. ABC   9. ABD   10. CE
11. BD   12. BCDE   13. ABD

(三)案例分析

(1)承包合同是有效合同。因为宏达公司确实超越资质等级许可的业务范围承揽工程,违反了《建筑法》的规定,依据《合同法》,所签承包合同属于无效合同。

(2)法院应予支持。依据《最高人民法院关于审理建设工程施工合同纠纷案件适用法律问题的解释》第 2 条"建设工程施工合同无效,但建设工程经竣工验收合格,承包人请求参照合同约定支付工程价款的,应予支持。"第 5 条"承包人超越资质等级许可的业务范围签订建设工程施工合同,在建设工程竣工前取得相应资质等级,当事人请求按照无效合同处理的,不予支持。"

第二节　建筑工程招标与投标

一　学习目的与基本要求

通过本节学习,了解工程建设项目招标投标法的适用对象与活动原则;掌握强制招标的范围与标准,招标的方式与招标投标程序的法律规定。

二　重点与难点解析

(一)建筑工程招标投标的概念

(1)招标投标是在市场经济条件下进行工程建设、货物买卖、中介服务等经济活动的一种竞争方式和交易方式,其特征是引入竞争机制以求达成交易协议或订立合同。它是指招标人对工程建设、货物买卖、中介服务等交易业务事先公布采购条件和要求,吸引愿意承接任务的众多投标人参加竞争,招标人按照规定的程序和办法择优选定中标人的活动。

(2)建设工程招标投标,是指建设单位或个人(即业主或项目法人)通过招标的方式,将工程建设项目的勘察、设计、施工、材料设备供应、监理等业务,一次或分步发包,由具有相应资质的承包单位通过投标竞争的方式承接。

(二)招标投标的基本原则

1.公开原则

首先,招标活动信息要公开。招标公告、资格预审公告、招标邀请书等资料应载明能大体满足潜在投标人决定是否参加投标竞争所需要的信息。其次,开标程序、评标的标准和程序、中标结果等应向所有投标人公开。

2.公平原则

招标人应严格按规定的条件和程序办事,平等对待每一个投标竞争者,不得对不同投标竞争者采用不同标准;不得限制或排斥本地区、本系统以外的法人或其他组织参加投标。

3.公正原则

招标人行为应公正。表现为:评标标准应当明确、严格;投标截止日后的所有投标书应拒收;利害关系人不得作为评标委员会的成员。招标人与投标人地位平等,不得将自己意志强加对方。

4.诚信原则

招标投标各方均应诚实守信,不得有欺骗、背信的行为,不得损害国家、集体和其他人的合法权益。诚实信用原则是市场经济的基本前提,是建设工程招标投标活动中的重要道德规范。

(三)招标的方式

《中华人民共和国招标投标法》规定了招标的两种方式即公开招标和邀请招标。公开招标,是招标人在指定的报刊、电子网络或其他媒体上发布招标公告,吸引众多的投标人参加投标竞争,招标人从中择优选择中标单位的招标方式。邀请招标,也称选择性招标,由招标人根据供应商或承包商的资信和业绩,选择一定数目的法人或其他组织(不能少于3家),向其发出投标邀请书,邀请他们参加投标竞争。

(四)强制招标的范围与规模标准

1.范围

我国《招标投标法》指出,凡在中华人民共和国境内进行下列工程建设项目,包括项目的勘察、设计、施工、监理以及与工程建设有关的重要设备、材料等的采购,必须进行招标。一般包括:大型基础设施、公用事业等关系社会公共利益、公共安全的项目;全部或者部分使用国有资金投资或国家融资的项目;使用国际组织或者外国政府贷款、援助资金的项目。

2.规模标准

以上规定范围内的各类工程建设项目,包括项目的勘察、设计、施工、监理以及与工程建设有关的重要设备、材料等的采购,达到下列标准之一的,必须进行招标:

（1）施工单项合同估算价在 200 万元人民币以上的；

（2）重要设备、材料等货物的采购，单项合同估算价在 100 万元人民币以上的；

（3）勘察、设计、监理等服务的采购，单项合同估算价在 50 万元人民币以上的；

（4）单项合同估算价低于第（1）、（2）、（3）项规定的标准，但项目总投资额在 3000 万元人民币以上的。

（五）建设工程招标人和投标人的权利和义务

1. 建设工程招标人的权利和义务

权利包括：自行组织招标或委托招标的权利；进行投标资格审查的权利；择优选定中标人的权利；享有依法约定的其他各项权利。

义务包含：遵守法律法规和各项规章制度；接受招标投标管理机构管理和监督的义务；不侵犯投标人合法权益的义务；委托招标时向代理机构提供招标所需资料、支付委托费用等义务；保密义务；与中标人签订并履行合同的义务；承担依法约定的其他各项义务。

2. 建设工程投标人的权利和义务

权利包括：平等的获得和利用招标信息；有权按照招标文件的要求自主投标或组成联合体投标；有权要求招标人或招标代理机构对招标文件中的有关问题进行答疑；有权确定自己的投标报价；有权控告、检举违法违规行为。

义务包含：遵守法律法规和各项规章制度；接受招标投标管理机构管理和监督的义务；保证所提供的投标文件的真实性；提供投标保证金或其他形式的担保；中标后与招标人签订并履行合同的义务；履行依法约定的其他各项义务。

（六）建设工程招标代理机构

1. 概念

建设工程招标代理机构，是指受招标人的委托，代为从事招标组织活动的中介组织。它必须是依法成立，从事招标代理业务并提供相关服务，实行独立核算、自负盈亏，具有法人资格的社会中介组织，例如工程招标公司、工程咨询公司等。当招标人不具有自行招标的能力时应当委托招标代理机构进行招标。

2. 资质条件

（1）有从事招标代理业务的营业场所和相应资金；

（2）有能够编制招标文件和组织评标的相应专业力量；

（3）具有可以作为评标委员会成员人选的技术、经济等方面的专家库；

（4）有健全的组织机构和管理的规章制度。

（七）招标投标的程序

一般来说，招标投标需经过招标、投标、开标、评标与定标等程序。

1. 招标

公开招标应当发布招标公告。招标人或招标投代理机构可以对有兴趣投标的法人或者其他组织进行资格预审，但应当通过报刊或者其他媒介发布资格预审通告。资采用邀请招标程序的，招标人一般应当向三家以上有兴趣投标的或者通过资格预审的法人或其他组织发出投标邀请书。招标人或者招标投标中介机构应当按照招标公告或者投标邀请书规定的时间、地点出售招标文件。

2. 投标

投标人应当按照招标文件的规定编制投标文件并按规定的截止日期前密封送达到投标地点。招标人或者招标投标中介机构应当对收到的投标文件签收备案。投标人有权要求招标人或者招标代理机构提供签收证明。

3. 开标

开标应当按照招标文件规定的时间、地点和程序以公开方式进行。开标由招标人或者招标代理机构主持,邀请评标委员会成员、投标人代表和有关单位代表参加。投标人检查投标文件的密封情况,确认无误后,由有关工作人员当众拆封、验证投标资格,并宣读投标人名称、投标价格以及其他主要内容。

4. 评标与定标

评标应当按照招标文件的规定由评标委员会进行。招标人应当从评标委员会推荐的中标候选人中确定中标人。招标人或者招标代理机构应当将中标结果书面通知所有投标人。招标人与中标人应当按照招标文件的规定和中标结果签订书面合同。

(八)评标委员会的组建及评标的方法

招标人或者招标代理机构负责组建评标委员会。评标委员会由招标人的代表及其聘请的技术、经济、法律等方面的专家组成,总人数一般为 5 人以上单数,其中受聘的专家不得少于三分之二。与投标人有利害关系的人员不得进入评标委员会。

评标委员会负责评标。在初步评审中,评标委员会对所有投标文件进行审查,对与招标文件规定有实质性不符的投标文件,应当决定其无效。详细评审中,评标委员会应当按照招标文件的规定,采用经评审最低投标价法或综合评估法或其他方法对投标文件进行评审和比较,并向招标人推荐一至三个中标候选人。

(九)中标的法律规定

招标人应当从评标委员会推荐的中标候选人中确定中标人。另外,评标委员会经授权可直接从中标候选人中确定中标人。招标人或者招标代理机构应当将中标结果书面通知所有投标人。中标通知书对招标人和投标人具有法律效力。中标通知书发出后,招标人改变中标结果的,或者中标人放弃中标项目的,应当承担相应的民事法律责任。招标人与中标人应当按照招标文件的规定和中标结果签订书面合同。

三 精选案例

案 例 1

运用综合评估法进行评标[1]

---

[1]何红峰. 工程建设中的合同法与招标投标法[M]. 北京:中国计划出版社,2002.

有一工程施工项目采用邀请招标方式,经研究考察确定邀请五家具备资质等级的施工企业参加投标,各投标人按照技术、经济分为两个标书,分别装定报送,经招标领导小组研究确定评标原则为:

(1)技术标占总分30%。

(2)经济标占总分70%,其中报价占30%,工期占20%,企业信誉占10%,施工经验占10%。

(3)各单项评分满分均为100分,计算中小数点后取一位。

(4)报价评分原则为:以标底的正负3%为合理报价,超过认为是不合理报价,计分以合理报价的下限为100分,标价上升1%扣10分。

(5)工期评分原则为:以定额工期为准提前15%为100分,每延后5%扣10分,超过定额工期者被淘汰。

(6)企业信誉评分原则为:企业近三年工程优良率为准,100%为满分,如有国家级获奖工程,每项加20%,如有省市优良工程奖每项加10%。

(7)施工经验的评分原则为:企业近三年承建的类似工程与承建总工程百分比计算,100%为100分。

下面是五家投标单位投标报表及技术标的评标情况:

技术方案标:经专家对各投标单位所报方案比较,针对总平面布置、施工组织网络、施工方法及工期、质量、安全、文明施工措施、机具设备配置、新技术、新工艺、新材料推广应用等项综合评定打分为:A单位为95分、B单位为87分、C单位为93分、D单位为85分、E单位为80分。

经济标汇总表如下:

投标单位	报价(万元)	工期(月)	企业信誉	施工经验
A	5970	36	50%,获省优工程一项	30%
B	5880	37	40%	30%
C	5850	34	55%,获鲁班奖工程一项	40%
D	6150	38	40%	50%
E	6090	35	50%	20%
标底	6000	40		

要求按照评标原则进行评标,以获得最高分的单位为中标单位。

评标得分为:

(1)各投标单位相对报价及得分

投标单位	A	B	C	D	E
标底(万元)	6000	6000	6000	6000	6000
报价(万元)	5970	5880	5850	6150	6090
相对报价(万元)	99.5%	98%	97.5%	102.5%	101.5%
得分	75	90	95	45	55

（2）各投标单位工期提前率及得分

投标单位	A	B	C	D	E
定额工期(月)	40	40	40	40	40
投标工期(月)	36	37	34	38	35
工期提前率	10%	7.5%	15%	5%	12.5%
得分	90	85	100	80	95

（3）各投标单位企业信誉及得分

投标单位	A	B	C	D	E
	50%+10%	40%	55%+20%	40%	50%
得分	60	40	75	40	50

（4）各投标单位各项得分及总分

投标单位	A	B	C	D	E
技术标综合得分	28.5	26.1	27.9	25.5	24
报价综合得分	22.5	27	28.5	13.5	16.5
工期综合得分	18	17	20	16	19
企业信誉综合得分	6	4	7.5	4	5
施工经验综合得分	3	3	4	5	2
总得分	78	77.1	87.9	64	66.5

54

评标结果：C 单位中标。

关联教材：第三章　第二节　建筑工程招标与投标

思考讨论：

1. 各投标单位的各项得分如何得出的？

2. 综合评估法是如何运用的？

【案例点评】

本案例通过招标评标实例详细介绍了综合评估法的运用过程。学生认真研究后会发现，该方法运用的关键在于读懂评标规则。根据评标规则各个投标单位会获得相应的分数，得分最高者中标。本案例的目的在于使学生学会运用综合评估法。

案　例　2

某工程项目，建设单位通过招标选择了一具有相应资质的造价事务所承担施工招标代理和施工阶段造价控制工作，并在中标通知书发出后第 45 天，与该事务所签订了委托合同。之后双方又另行签订了一份酬金比中标价降低 10%的协议。

在施工公开招标中，有 A、B、C、D、E、F、C、H 等施工单位报名投标，经事务所资格预审均符合要求，但建设单位以 A 施工单位是外地企业为由不同意其参加投标，而事务所坚持认为

A施工单位有资格参加投标。

评标委员会由5人组成,其中当地建设行政管理部门的招投标管理办公室主任1人、建设单位代表1人、政府提供的专家库中抽取的技术经济专家3人。

评标时发现,B施工单位投标报价明显低于其他投标单位报价且未能合理说明理由;D施工单位投标报价大写金额小于小写金额;F施工单位投标文件提供的检验标准和方法不符合招标文件的要求;H施工单位投标文件中某分项工程的报价有个别漏项;其他施工单位的投标文件均符合招标文件要求。

建设单位最终确定G施工单位中标,并按照《建设工程施工合同(示范文本)》与该施工单位签订了施工合同。

关联教材:第三章　第二节　建筑工程招标与投标

思考讨论:

1.指出建设单位在造价事务所招标和委托合同签订过程中的不妥之处,并说明理由。

2.在施工招标资格预审中,造价事务所认为A施工单位有资格参加投标是否正确?说明理由。

3.指出施工招标评标委员会组成的不妥之处,说明理由,并写出正确做法。

4.判别B、D、F、H四家施工单位的投标是否为有效标?说明理由。

【案例点评】

1.在中标通知书发出后第45天签订委托合同不妥,依照招投标法,应于30天内签订合同。在签订委托合同后双方又另行签订了一份酬金比中标价降低10%的协议不妥。依照招投标法,招标人和中标人不得再行订立背离合同实质性内容的其他协议。

2.造价事务所认为A施工单位有资格参加投标是正确的。以所处地区作为确定投标资格的依据是一种歧视性的依据,这是招投标法明确禁止的。

3.评标委员会组成不妥,不应包括当地建设行政管理部门的招投标管理办公室主任。正确组成应为:评标委员会由招标人或其委托的招标代理机构熟悉相关业务的代表以及有关技术、经济等方面的专家组成,成员人数为五人以上单数。其中。技术、经济等方面的专家不得少于成员总数的三分之二。

4.B、F两家施工单位的投标不是有效标。D单位的情况可以认定为低于成本,F单位的情况可以认定为是明显不符合技术规格和技术标准的要求,属重大偏差。D、H两家单位的投标是有效标,他们的情况不属于重大偏差。

(四) 练习题

(一)单项选择题

1.建设工程承包与发包可以采用两种方式,即(　　)与直接发包方式。

　　A.公开招标方式　　　　　　　　　B.邀请招标方式

　　C.招标投标方式　　　　　　　　　D.议标方式

2.下列招标方式中,最符合招标宗旨的,应当尽量采用的是(　　)。

    A. 公开招标   B. 邀请招标
    C. 两信封招标   D. 两阶段招标

3. 强制招标的设计项目,单项金额应在(   )万元以上。
    A. 50   B. 100   C. 200   D. 3000

4. 招标人收到投标文件后,应当(   ),不得开启。在招标文件要求提交投标文件的截止。时间后送达的投标文件,招标人应当拒收。
    A. 登记备案   B. 签收送审   C. 集中上报   D. 签收保存

5. 开标是指(   )。
    A. 给所有投标者打分   B. 当众宣布中标者名单额
    C. 把投标文件当众启封揭晓   D. 打开投标文件

6. 下列不属于投标人提供的担保的有(   )。
    A. 投标保证金   B. 履约保证金   C. 预付款   D. 预付款担保

7. 招标人要求投标人缴纳的投标保证金一般具有担保的作用。其效力始于(   )。
    A. 投标截止日期   B. 投标文件送达
    C. 评标结束   D. 合同开始履行

8. 我国的《招标投标法》自(   )起颁布施行。
    A. 1999 年 10 月 1 日   B. 1999 年 1 月 1 日
    C. 2000 年 10 月 1 日   D. 2000 年 1 月 1 日

9. 招标人不得以任何方式限制或排斥本地区、本系统以外的法人或其他组织参加投标体现(   )原则。
    A. 公平   B. 保密   C. 及时   D. 公开

10. 联合体投标的,联合体的资质应当以其中资质(   )来确定。
    A. 较低的   B. 居中的   C. 较高的   D. 视具体情况而定

11. 根据我国招标投标法的有关规定,下列不符合开标程序的是(   )。
    A. 开标应当在招标文件确定的提交投标文件截止时间的同一时间公开进行
    B. 开标地点应当为招标文件中预先确定的地点
    C. 开标由招标人主持,邀请部分投标人参加
    D. 开标时都应当当众予以拆封、宣读

12. 招标信息公开是相对的,对于一些需要保密的事项是不可以公开的。如(   )在确定中标结果之前就不可以公开。
    A. 评标委员会成员名单   B. 投标邀请书
    C. 资格预审公告   D. 招标活动的信息

13. 根据我国招标投标法的规定,两个以上法人或者其他组织可组成一个联合体,该联合体是以(   )投标人的身份进行投标。
    A. 一个   B. 两个   C. 多个   D. 不确定

14. 招标投标的最终目的是签订合同,而合同的订立需要经过要约和承诺两个阶段,则正确的表述是(   )。
    A. 招标是要约,投标是承诺   B. 招标是要约邀请,投标是要约

C. 投标是要约邀请,中标通知是要约　　D. 招标是要约,中标通知是承诺

15. 在我国境内进行的大型基础施工工程建设项目,可以不进行招标的环节是(　　)。

　　A. 可行性研究　　　B. 勘察设计　　　　C. 施工　　　　　　D. 监理

(二)多项选择题

1. 常见的评标办法,主要有(　　)。

　　A. 百分制打分　　　　　　　　　　B. 最低价中标法

　　C. 经评审的最低价中标法　　　　　D. 两阶段评标法

2. 下列关于评标专家的说法正确的是(　　)。

　　A. 应具有 8 年以上专业经验　　　　B. 应具有高级职称

　　C. 应为 5 人以上单数　　　　　　　D. 技术、经济专家应占三分之二以上

3. 招投标活动的基本原则包括(　　)。

　　A. 公平原则　　　　B. 公正原则　　　　C. 公开原则　　　　D. 诚实信用原则

4. 某自来水工程项目招标时,由招标人依法组建评标委员会,则下列关于该委员会的组建不符合规定的是(　　)。

　　A. 委员会成员人数 7 人,其中招标人的代表 3 人,经济专家、技术专家各 2 人

　　B. 委员会成员人数 5 人,其中招标人的代表 3 人,经济专家、技术专家各 1 人

　　C. 委员会成员人数 4 人,其中招标人的代表 2 人,经济专家、技术专家各 1 人

　　D. 委员会成员人数 9 人,其中招标人的代表 1 人,经济专家、技术专家各 4 人

5. 下列有关招标投标签订合同的说明,正确的是(　　)。

　　A. 应当在中标通知书发出之日起 30 天内签订合同

　　B. 招标人和中标人不得再订立背离合同实质性内容的其他协议

　　C. 招标人和中标人可以通过合同谈判对原招标文件、投标文件的实质性内容作出修改

　　D. 中标人不与招标人订立合同的,应取消其中标资格,但投标保证金应予退还

6. 下列选项中关于投标的禁止性规定有(　　)。

　　A. 投标人之间串通投标

　　B. 投标人与招标人之间串通投标

　　C. 投标人以行贿手段谋取中标

　　D. 投标人以高于成本的报价竞标

7. 《工程建设项目施工招标投标管理办法》中规定的无效投标文件包括(　　)。

　　A. 未按规定的格式填写

　　B. 在一份投标文件中对同一招标项目报有多个报价的

　　C. 投标人名称与资格预审时不一致的

　　D. 无法定代表人盖章,只有单位盖章和法定代表人授权的代理人签字的

8. 承包单位超越本单位资质等级承揽工程的,可以进行下列处罚(　　)。

　　A. 责令停止违法行为,处以罚款　　　B. 可以责令停业整顿,降低资质等级

　　C. 情节严重的吊销资质证书　　　　　D. 有非法所得,予以没收

9. 《招标投标法》第 66 条规定:(　　)等特殊情况,不适宜进行招标的项目,按国家规定可

以不进行招标。

    A. 涉及国家安全、国家秘密

    B. 使用国际组织或者外国政府资金的项目

    C. 抢险救灾

    D. 利用扶贫资金实行以工代赈需要使用农民工

10. 下列属于投标邀请书应载明的事项有（   ）。

    A. 标项目的性质、数量   B. 招标人的名称和地址

    C. 招标项目的实施地点和时间   D. 获取招标文件的办法

（三）案例分析

1. 某市越江隧道工程全部由政府投资。该项目为该市建设规划的重要项目之一，且已列入地方年度固定资产投资计划，概算已经主管部门批准，征地工作尚未全部完成，施工图及有关技术资料齐全。现决定对该项目进行施工招标。因估计除本市施工企业参加投标外，还可能有外省市施工企业参加投标，故业主委托咨询单位编制了两个标底，准备分别用于对本市和外省市施工企业投标价的评定。业主对投标单位就招标文件所提出的所有问题统一作了书面答复，并组织各投标单位进行了施工现场踏勘。在投标截止日期前 10 日，业主书面通知各投标单位，由于某种原因，决定将收费站工程从原招标范围内删除。

问题：

该项目施工招标在哪些方面存在问题或不当之处？请逐一说明。

2. 某国家全额投资的工程项目招标，为抢工期，建设方邀请了 2 家承包商前来投标。开标时，由公证处人员对各投标者的资质和投标文件进行审查，在确立了所有投标文件均为有效标后，由招标办的人员会同招标单位的人员进行了评标，最后确定高于标底者为废标，余下者中标。请分析，上述背景资料的不对之处并加以改正。

附：参考答案

（一）单项选择题

1. C   2. A   3. A   4. D   5. C   6. C   7. A   8. D   9. A   10. A
11. C   12. A   13. A   14. B   15. A

（二）多项选择题

1. AC   2. ABCD   3. ABCD   4. ABC   5. AB
6. ABC   7. ABC   8. ABCD   9. ACD   10. ABCD

（三）案例分析

1. 不当之处

（1）国家全额投资的项目，征地尚未完成不得招标；

（2）同一项目只能制定一个标底，不得针对不同投标人制定不同标底；

（3）至少应在截止日期前 15 日修改招标文件，10 日过短。

2.（1）国家全额投资的项目,应公开招标,且投标者应不少于 6 家,而不能因抢工期采用邀请招标,就算邀请招标也不能 2 家,至少 3 家;

（2）对各投标者的资质和投标文件进行审查不是公证处人员的职责,而应是招标单位的职责,公证处的人员只是对程序进行公证;

（3）招标办的人员不能参与评标,评标由评标专家及招标单位的人员进行;

（4）高于标底者为废标不妥,应改为按评标办法确定中标单位。

第四章
建设工程合同

一 学习目的与基本要求

通过本章学习,了解合同基本概念,熟悉与合同相关的法律知识,理解和掌握工程建设领域涉及的合同种类及其法律特征和主要内容,掌握合同订立程序、形式及内容的法律规定,掌握合同的效力、履行、变更、终止及违约责任的相关法律规定能够运用基础理论分析问题和解决问题;在理解的基础上准确掌握合同法基本概念和含义基本知识基础理论以及法条的运用,具备在工程建设实践中依法签订合同、审查合同和正确履行合同的基本能力。

二 重点与难点解析

(一)建设工程合同的种类

建筑工程合同可以从不同的角度进行分类。

(1)从承发包的工程范围进行划分,可分为建设工程总承包合同、建设工程承包合同和分包合同。

(2)从完成承包的内容进行划分,可分为建设工程勘察合同、建设工程设计合同和建设工程施工合同。

(3)从付款方式进行划分,可分为总价合同、单价合同和成本加酬金合同。

(二)建设工程合同的订立与成立

1. 建设工程合同的订立分为要约与承诺两个阶段

要约是希望和他人订立合同的意思表示。要约有效要件:①内容具体确定;②表明经受要约人承诺,要约人即受该意思表示约束。

承诺是受要约人做出的同意要约的意思表示。承诺的有效要件:①承诺必须由受要约人作出;②承诺只能向要约人做出;③承诺的内容应当与要约的实质内容一致;④承诺必须在承诺期限内发出。

2. 合同的成立应具备以下主要条款

①当事人的名称或者姓名和住所;②标的,包括有形财产、无形财产、劳务和工作成果;

③数量；④质量；⑤价款或者报酬；⑥履行期限、履行地点和方式；⑦违约责任；⑧解决争议的方法。

(三)可撤销合同、效力待定合同的法律规定

1. 可变更、可撤销的合同

是指基于法定原因，当事人有权诉请法院或仲裁机构予以变更、撤销的合同。此类合同主要有：因重大误解订立的合同；订立合同时显失公平的；一方以欺诈、胁迫的手段或乘人之危，使对方在违背真实意思的情况下订立的合同，受损害方有权请求人民法院或仲裁机构变更或撤销。

2. 效力待定合同

是指合同虽然已经成立，但因其不完全符合有关生效要件的规定，因此其效力能否发生，尚未确定，一般须经有权人表示承认才能生效。此类合同主要有：限制民事行为能力人订立的合同、无权代理订立的合同、无处分权的人处分他人财产的合同。法定代理人、被代理人、权利人没有依法追认，善意的相对人也没有依法撤销的，合同无效。

(四)有效合同的成立要件及无效建设工程合同的认定与处理

1. 合同生效应当具备以下要件

合同当事人具有相应的民事权利能力和民事行为能力；合同当事人意思表示真实；合同不违反法律或者社会公共利益；具备法律、行政法规规定的合同生效必须具备的形式要件。

2. 无效建设工程合同种类

①承包人未取得建筑施工企业资质或者超越资质等级的；②没有资质的实际施工人借用有资质的建筑施工企业名义的；③建设工程必须进行招标而未招标或者中标无效的；④承包人非法转包、违反分包而签订的建设工程施工合同。此外，《民法通则》和《合同法》等基本法律规定的合同无效之情形，也应当适用于建设工程施工合同。合同无效视为自始无效，应当根据当事人的过错大小，合理划分缔约过错责任。

(五)合同履行中的抗辩权、代位权、撤销权

1. 抗辩权的规定

《合同法》规定了同时履行抗辩权、先履行抗辩权和不安抗辩权。

同时履行抗辩权，是指在没有规定履行顺序的双务合同中，当事人一方在当事人另一方未为对待给付以前，有权拒绝先为给付的权利。

先履行抗辩权，是指在有履行顺序的双务合同中，后履行合同的一方有权要求应当履行的一方履行其义务，如果应当履行的一方未履行债务或者履行债务不符合约定，后履行的一方当事人有权拒绝应当先履行一方的履行请求。此时，后履行的一方当事人有权行使其异时履行抗辩权。

不安抗辩权，是指在双务合同中，当事人互负债务，合同约定有先后履行顺序的，先履行债务的当事人一方应当先履行其债务。但是，在应当履行债务的当事人一方，有确切证据证明对方有丧失或者可能丧失履行债务能力的情况下可以中止履行其债务。此时，先履行的一方当

事人有权行使其异时履行抗辩权。

2.代位权的规定

(1)债权人代位权的概念

债权人代位权,是指债权人为了保障其债权不受损害,而以自己的名义代替债务人行使债权的权利。

(2)债权人行使代位权的要件

法律规定代位权的成立应具备的法定要件:一是债务人怠于行使其债权;二是债务人怠于行使权利的行为对债权人造成危害;三是债权人有保全债权的必要。不具备上述要件,代位权不成立。

(3)债权人行使代位权的效力

代位权的行使对债权人和债务人都会产生一定的法律效力。对于债权人的代位权的效力表现在以下两个方面:

①债权人行使代位权的必要费用,有权要求债务人予以返还。

②原债务人拒绝受领其债务人履行债务,债权人有权代原债务人受领。但在受偿之后,应当将剩余财产交还给原债务人。

3.撤销权的规定

(1)债权人撤销权的概念

债权人撤销权,是指债权人对于债务人危害其债权实现的不当行使,有请求人民法院予以撤销的权利。

(2)债权人行使撤销权的法律规定

《合同法》第74条规定:"因债务人放弃其到期债权或者无偿转让财产,对债权人造成损害的,债权人可以请求人民法院撤销债务人的行为。债务人以明显不合理的低价转让财产,对债权人造成损害,并且受让人知道该情形的,债权人也可以请求人民法院撤销债务人的行为。撤销权的行使范围以债权人的债权为限。债权人行使撤销权的必要费用,由债务人负担。"

(3)债权人撤销权的行使

债权人撤销权的行使必须由享有撤销权的人以自己的名义,向人民法院提出诉讼,请求法院撤销债务人危害其债权的行为。因行使撤销权而取得的财产价值应与债权人的债权价值相当。债权人行使撤销权发生的必要费用由债务人承担。

(4)债权人行使撤销权的期限

《合同法》第75条规定:"撤销权自债权人知道或者应当知道撤销事由之日起1年内行使。自债务人的行为发生之日起5年内没有行使撤销权的,该撤销权消灭。"

(六)合同转让、变更与解除的条件及法律后果

(1)合同转让,分为债权转让、债务转让和权利义务同时转让。

(2)合同变更必须针对有效合同,协商一致是变更的必要条件。变更内容应明确具体。

(3)合同解除的条件及法律后果。

合同解除分为约定解除与法定解除。法定解除条件包括:因不可抗力致使不能实现合同目的;在履行期限届满之前,当事人一方明确表示或者以自己的行为表明不履行主要债务;当

事人一方迟延履行主要债务,经催告后在合理期限内仍未履行;当事人一方迟延履行债务或者有其他违约行为致使不能实现合同目的;法律规定的其他情形。合同解除后,尚未履行的,终止履行;已经履行的,根据履行情况和合同性质,当事人可以要求恢复原状、采取其他补救措施,并有权要求赔偿损失。

(七)违约责任构成条件及承担违约责任的形式与免责规定

1. 违约责任构成条件
①违约行为客观存在;②抗辩事由不成立。
2. 承担违约责任的方式
①继续履行;②采取补救措施;③赔偿损失;④支付违约金;⑤定金罚则。
3. 免责规定
根据《合同法》第 118 条规定,当事人一方因不可抗力不能履行合同的,在履行了及时通知对方、合理期限内提供证明的义务后可免责。

三 精选案例

案 例 1

原告:甲电讯公司
第一被告:丙建筑设计院
第二被告:乙建筑承包公司
甲电讯公司因建办公楼与乙建筑承包公司签订了工程总承包合同。其后,经甲同意,乙分别与丙建筑设计院和丁建筑工程公司签订了工程勘察设计合同和工程施工合同。勘察设计合同约定由丙对甲的办公楼及其附属工程提供设计服务,并按勘察设计合同的约定交付有关的设计文件和资料。施工合同约定由丁根据丙提供的设计图纸进行施工,工程竣工时依据国家有关验收规定及设计图纸进行质量验收。合同签订后,丙按时将设计文件和有关资料交付给丁,丁依据设计图纸进行施工。工程竣工后,甲会同有关质量监督部门对工程进行验收,发现工程存在严重质量问题,是由于设计不符合规范所致。原来丙未对现场进行仔细勘察即自行进行设计导致设计不合理,给甲带来了重大损失。丙以与甲没有合同关系为由拒绝承担责任,乙又以自己不是设计人为由推卸责任,甲遂以丙为被告向法院起诉。
关联教材:第四章　第三节　建筑工程合同的效力
思考讨论:
1. 乙与丙、丁签订的合同是否有效? 为什么?
2. 运用《建筑法》的知识分析上述纠纷应如何解决。
【案例点评】
本案例通过建筑工程的承发包实例介绍了发包方与总承包方的关系,总承包方与发包人、分包商之间的责任关系等。学生经过认真学习,仔细分析后对于各方之间的法律关系,各方之

Jianzhu Fagui Xuexi Zhidao

间责任的承担会有更深刻的认识。本案例的目的在于,使学生学会运用合同法基本知识分析问题、解决问题。

答案:1. 如果丁和丙都有相应的资质,合同有效。因为乙在与丙丁签订合同时,征得甲的同意,合同有效。如果丙丁无相应的资质,则合同主体不符合,合同无效。

2. 根据契约相对原则,甲向乙要求承担责任,乙向丙要求承当责任,丁因为是严格按照合同的约定和丙的图纸进行的施工,所以丁无过错,不承担责任(除非是恶意)。

案 例 2

某施工单位根据领取的某 2000 平方米两层厂房工程项目招标文件和全套施工图纸,采用低报价策略编制了投标文件,并获得中标。该施工单位(乙方)于某年某月某日与建设单位(甲方)签订了该工程项目的固定价格施工合同。合同工期为 8 个月。甲方在乙方进入施工现场后,因资金紧缺,口头要求乙方暂停施工一个月。乙方亦口头答应。工程按合同规定期限验收时,甲方发现工程质量有问题,要求返工。两个月后,返工完毕。结算时甲方认为乙方迟延交付工程,应按合同约定偿付逾期违约金。乙方认为临时停工是甲方要求的。乙方为抢工期,加快施工进度才出现了质量问题,因此迟延交付的责任不在乙方。甲方则认为临时停工和不顺延工期是当时乙方答应的。乙方应履行承诺,承担违约责任。

关联教材:第四章　第五节　建筑工程合同的变更

思考讨论:

1. 该工程采用固定价格合同是否合适?

2. 该施工合同的变更形式是否妥当? 此合同争议依据合同法律规范应如何处理?

【案例点评】

本案例主要考核建设工程施工合同的类型及其适用性,解决合同争议的法律依据。建设工程施工合同以付款方式不同可分为:固定价格合同、可调价格合同和成本加酬金合同。根据各类合同的适用范围,分析该工程采用固定价格合同是否合适。解决合同争议的法律依据主要是《中华人民共和国合同法》与《建设工程施工合同(示范文本)》的有关规定。

答案:1. 因为固定价格合同适用于工程量不大且能够较准确计算、工期较短、技术不太复杂、风险不大的项目。该工程基本符合这些条件,故采用固定价格合同是合适的。

2. 根据《中华人民共和国合同法》和《建设工程施工合同(示范文本)》的有关规定,建设工程合同应当采取书面形式,合同变更亦应当采取书面形式。若在应急情况下,可采取口头形式,但必须事后予以书面确认。否则,在合同双方对合同变更内容有争议时,只能以书面协议的内容为准。本案例中甲方要求临时停工,乙方亦答应,是甲、乙方的口头协议,且事后并未以书面的形式确认,所以该合同变更形式不妥,在竣工结算时双方发生了争议,对此只能以原合同规定为准。施工期间,甲方未能及时支付工程款,应对停工承担责任,故应当赔偿乙方停工一个月的实际经济损失,工期顺延一个月。工程因质量问题返工,造成逾期交付,责任在乙方,故乙方应当支付逾期交工一个月的违约金,因质量问题引起的返工费用由乙方承担。

第一节 建设工程合同概述

(一)单项选择题

1. 建筑市场中的各方主体,如建设单位、施工单位等,主要依靠(   )确立相互之间的权利义务关系。
   A. 口头约定　　　B. 书面合同　　　C. 第三方见证　　　D. 主管机关的备案

2. 《中华人民共和国合同法》颁布实施的时间是(   )。
   A. 1999 年 3 月 15 日　　　B. 1999 年 5 月 1 日
   C. 1999 年 10 月 1 日　　　D. 2000 年 1 月 1 日

3. 下列属于合同法调整范围的是(   )。
   A. 行政合同　　　B. 施工合同　　　C. 劳动合同　　　D. 婚约

4. 下列法律关系不属于合同法所调整的是(   )。
   A. 张三和李四之间的借款协议　　　B. 甲单位与乙公司之间的勘察合同
   C. 政府对建设工程合同的管理和监督　　　D. 王某与甲企业之间的买卖关系

5. 建设工程合同是承包人进行(   ),发包人支付价款的合同。
   A. 勘察　　　B. 设计　　　C. 施工　　　D. 工程建设

6. 建设工程施工合同的标的物是(   )
   A. 建设单位　　　B. 施工单位　　　C. 建筑工程　　　D. 承发包关系

7. 建设工程合同是(   )。
   A. 要式合同　　　B. 不要式合同
   C. 可以口头约定　　　D. 双方可自由选择是否采用书面形式

8. 按照建设工程承包方式标准分类,可分为建设工程总承包合同和(   )。
   A. 分包合同　　　B. 转包合同　　　C. 设计合同　　　D. 承包合同

9. 建设工程合同属于合同法中规定的(   )。
   A. 有名合同　　　B. 无名合同　　　C. 实践合同　　　D. 单务合同

10. 下列绝对不能成为合同主体的是(   )。
    A. 某 8 岁儿童　　　B. 某国家机关　　　C. 某合伙企业　　　D. 某高校法律系

(二)多项选择题

1. 下列不属于合同法所调整的合同有(   )。
   A. 收养合同　　　B. 监护协议　　　C. 劳动合同　　　D. 勘察合同

2. 合同法的基本原则包括(   )。
   A. 平等原则　　　B. 自愿、公平原则　　C. 诚信原则　　　D. 公序良俗原则

3. 建设工程合同,按照建设工程不同阶段标准分类,可分为(   )。

    A. 勘察合同　　　　　　　　　　　　B. 设计合同

    C. 施工合同　　　　　　　　　　　　D. 建设工程总承包合同

4. 建设工程合同,按照合同价款计价方式标准分类,可分为(　　)。

    A. 固定价格合同　　　　　　　　　　B. 可调价格合同

    C. 成本加酬金合同　　　　　　　　　D. 建设工程总承包合同

5. 建设工程合同属于(　　)。

    A. 双务合同　　　　B. 诺成合同　　　　C. 有偿合同　　　　D. 要式合同

6. 下列属于建设工程合同的有(　　)。

    A. 施工合同　　　　　　　　　　　　B. 设计合同

    C. 勘察合同　　　　　　　　　　　　D. 建筑材料采购合同

(三)简答题

简述合同的法律特征。

附:参考答案

(一)单项选择题

1. B　　　2. C　　　3. B　　　4. C　　　5. D　　　6. C　　　7. A　　　8. A　　　9. A　　　10. D

(二)多项选择题

1. ABC　　　　　2. ABCD　　　　　3. ABC　　　　　4. ABC　　　　　5. ABCD

6. ABC

(三)简答题

(1)合同是平等主体之间的民事法律关系;

(2)合同是双方当事人意思表示一致的法律行为;

(3)合同是以发生法律关系为目的的协议;

(4)合同是当事人的合法行为。

第二节　建设工程合同的订立

(一)单项选择题

1. 合同的书面形式主要表现为合同书、信件和(　　)。

    A. 电报　　　　　　B. 传真　　　　　　C. 电子邮件　　　　　　D. 数据电文

2. 建设工程合同订立的程序包括(　　)。

    A. 要约与要约邀请　　　　　　　　　B. 要约与承诺

    C. 要约邀请与承诺　　　　　　　　　D. 以上均错

3. 下列选项中,属于要约的是( )。

    A. 招标公告   B. 投标书   C. 中标通知书   D. 招标文件

4. 某开发商通过信函的方式向另一城市某承包商提出双方订立某项合同的意思表示及合同的具体条件,但当承包商还未接到信函时,开发商就打电话通知对方取消该合同事宜,则开发商的行为属于( )。

    A. 要约的撤回   B. 要约的失效

    C. 要约的撤销   D. 要约的消灭

5. 甲公司 7 月 1 日通过报纸发布广告,称其有某型号的电脑出售,每台售价 8000 元,随到随购,数量不限,广告有效期至 7 月 30 日。乙公司委托王某携带金额 16 万元的支票于 7 月 28 日到甲公司购买电脑,但甲公司称广告所述电脑已全部售完。乙公司为此受到一定的经济损失。根据合同法律制度的规定,下列表述正确的是( )。

    A. 甲公司的广告构成要约,乙公司的行为构成承诺,甲公司不承担违约责任

    B. 甲公司的广告构成要约,乙公司的行为构成承诺,甲公司应当补偿乙实际支出的费用损失

    C. 甲公司的广告不构成要约,乙公司的行为不构成承诺,甲公司不承担民事责任

    D. 甲公司的广告构成要约,乙公司的行为不构成承诺,甲公司不承担民事责任

6. 要约从( )开始生效。

    A. 要约人发出要约   B. 要约被投进邮筒

    C. 受要约人收到要约   D. 受要约人看到要约内容

7. 张某向小王发出欲以 100 元价格出售其自行车的要约,小王随后将该要约转告小李,小李做出同意购买的意思表示,则该意思表示的性质是( )。

    A. 要约邀请   B. 要约   C. 承诺   D. 以上都不对

8. 承诺的生效采用( )。

    A. 发出主义   B. 投邮主义   C. 到达主义   D. 了解主义

9. 2007 年 4 月 30 日,甲以手机短信形式向乙发出购买一台笔记本电脑的要约,乙于当日回短信同意要约。但由于"五一"期间短信系统繁忙,甲于 5 月 3 日才收到乙的短信,并因个人原因于 5 月 8 日才阅读乙的短信,后于 9 日回复乙"短信收到"。甲乙之间买卖合同的成立时间是( )。

    A. 2007 年 4 月 30 日   B. 2007 年 5 月 3 日

    C. 2007 年 5 月 8 日   D. 2007 年 5 月 9 日

10. 甲乙两公司拟订立一份书面合同,甲公司在承诺时提出:"本合同自双方签字并盖章时成立"。甲公司签字盖章后邮寄给乙公司签字盖章。该合同成立的时间是( )。

    A. 甲乙两公司口头协商一致时

    B. 甲公司承诺时

    C. 甲公司将签字盖章的合同交付邮寄时

    D. 乙公司签字盖章时

11. 采用数据电文形式订立合同,收件人指定计算机系统接收数据电文的,何时视为要约到达受要约人的时间?( )

A. 该数据电文进入该特定系统的时间

B. 该数据电文为收件人第一次阅读的时间

C. 该数据电文为发件人发送完毕的时间

D. 该数据电文为收件人接收的首次时间

12. 要约以非对话方式作出的,承诺应当( )。

    A. 即时作出   B. 合理期限内到达

    C. 可以随时作出   D. 永久有效

13. 某施工单位分别对两个建设单位的工程项目投标,但是,在提交标书时,不慎将两个项目的投标文件互相错投。则此施工单位的两个投标文件均不构成要约,其原因是( )。

    A. 要约内容不明确   B. 要约人不特定

    C. 受要约人错误   D. 无订立合同的意思表示

14. 某建设工程采用招标方式选择承包人,则关于该建设工程招投标过程中的各行为,下列说法中,正确的是( )。

    A. 虽然投标邀请书的对象是明确的,但仍属要约邀请

    B. 投标人购买招标文件,属要约行为

    C. 投标人参加现场考察,属要约行为

    D. 评标委员会推荐中标候选人,属承诺行为

15. 承诺应当以通知的方式作出,但根据( )除外。

    A. 要约人拒绝履行的

    B. 承诺人撤销承诺的

    C. 要约人撤销要约的

    D. 交易习惯或者要约表明可以通过行为作出承诺的

(二)多项选择题

1. 建设工程合同的成立,存在( )两种具体的方式。

    A. 直接发包   B. 招标发包   C. 间接发包   D. 公开发包

2. 下列属于要约邀请的有( )。

    A. 招标公告   B. 招股说明书   C. 悬赏广告   D. 拍卖公告

3. 合同争议的解决方法包括( )。

    A. 协商   B. 调解   C. 仲裁   D. 诉讼

4. 勘察、设计合同除了具备一般合同应当具备的条款外,应当具备如下条款( )。

    A. 提交合同文件的期限   B. 勘察、设计的质量要求

    C. 勘察、设计的费用   D. 其他协作条款

5. 根据我国合同法的有关规定,下列哪些情形下的要约不得撤销?( )

    A. 要约已经到达受要约人

    B. 要约人确定了承诺期限

    C. 要约人明示要约不可撤销

    D. 受要约人有理由认为要约是不可撤销的,并已经为履行合同做了准备工作

6. 受要约人变更下列哪些选项的内容,被视为对要约的实质性变更,该受要约人的承诺通

知为新要约？（　　）

    A. 合同标的、数量、质量   B. 合同价款或者报酬

    C. 合同履行期限、履行地点和方式   D. 违约责任和解决争议方法

7. 关于合同的书面形式，下列说法准确的是哪几项？（　　）。

    A. 法律法规规定应采用书面形式的，从其规定

    B. 当事人约定采用书面形式的，从其约定

    C. 以书面形式订立的合同，自双方当事人签字或盖章时合同成立

    D. 应采用书面形式订立的合同，当事人未采用书面形式但一方已履行主要义务，对方
       接受的，该合同成立

8. 下列情况不属于承诺的是（　　）。

    A. 受要约人向要约人以外的第三人作出的接受要约的意思表示

    B. 拍卖人的拍定

    C. 受要约人在承诺期限届满后作出的与要约内容完全一致的答复

    D. 甲给乙去函，提出以单价 580 元出售自行车 200 辆，乙提出，如单价 510 元，购买 200
       辆的答复

9. 下列文件中，不属于要约邀请文件的是（　　）。

    A. 投标书   B. 中标通知书

    C. 招标公告   D. 现场踏勘答疑会议纪要

10. 根据《合同法》的规定，下列关于要约和承诺的表述中不正确的是（　　）。

    A. 承诺在承诺通知发出时生效

    B. 要约邀请是合同成立过程中的必经过程

    C. 承诺可以在承诺通知到达要约人后撤回

    D. 要约人确定了承诺期限时要约不得撤销

（三）案例分析

    甲企业向乙企业发出传真订货，该传真列明了货物的种类、数量、质量、供货时间、交货方式等，并要求乙企业在 10 日内报价。乙企业接受甲企业传真列明的条件，并按期报价，亦要求甲企业在 10 日内回复；甲按期复电同意其价格，并要求签订书面合同。乙在未签订书面合同的情况下，按甲提出的条件发货甲收货后未提出异议，也未付货款。后因市场发生变化，该货物价格下降，甲于是向乙提出：由于双方未签订书面合同，买卖关系不能成立。乙应尽快取回货物。乙不同意甲的意见，遂向人民法院起诉，要求甲按原价偿付货款。问：

    1. 试述甲传真订货、乙报价、甲回复报价行为的法律性质。

    2. 买卖合同能否成立？说明理由。

    3. 法院能否支持乙的诉讼请求？说明理由。

附：参考答案

（一）单项选择题

1. D   2. B   3. B   4. A   5. B   6. C   7. B   8. C   9. B   10. D

11. A   12. B   13. A   14. A   15. D

(二)多项选择题

1. AB   2. ABD   3. ABCD   4. ABCD   5. BCD
6. ABCD   7. ABCD   8. ACD   9. ABD   10. ABC

(三)案例分析

1.性质分别为：要约邀请、要约和承诺。

2.合同成立。理由：合同虽然没有签字盖章，但合同一方当事人履行了主要债务而对方接受的，视为合同成立。

3.应该支持。理由：由上分析而知，合同成立。而作为合同双方当事人应当严格按照合同约定履行。故应按合同约定的原价履行。

第三节　建设工程合同的效力

(一)单项选择题

1.甲公司(供方)与乙公司(需方)于 1999 年 11 月 2 日签订了一份建筑材料购销合同。在合同履行一部分后,乙公司于 1999 年 12 月 5 日发现甲公司尚未注册登记、领取营业执照,于是在 1999 年 12 月 25 日向法院提起诉讼,法院于 2000 年 3 月 4 日作出判决,确认该合同为无效合同。根据我国合同法的规定,该合同从(　　　)起没有法律效力。

A. 1999 年 11 月 2 日　　　　　　　B. 1999 年 12 月 5 日
C. 2000 年 3 月 4 日　　　　　　　　D. 1999 年 12 月 25 日

2.某施工企业超越资质等级与建设单位订立合同,该合同属(　　　)。

A. 无效合同　　　　　　　　　　　　B. 有效合同
C. 可撤销合同　　　　　　　　　　　D. 可变更合同

3.张某是某企业的销售人员,随身携带盖有该企业公章的空白合同书,便于对外签约。后张某因收取回扣被企业除名,但空白合同书未被该企业收回。张某以此合同书与他人签订购销协议,该购销协议的性质应定(　　　)。

A. 不成立　　　　　　　　　　　　　B. 无效
C. 可撤销　　　　　　　　　　　　　D. 成立并生效

4.某手表厂为纪念千禧年特制纪念手表 2000 只,每只售价 2 万元。其广告主要内容为:①纪念表为金表;②纪念表镶有进口钻石。后经证实,该纪念表为镀金表;进口钻石为进口人造钻石,每粒价格为 1 元。手表成本约 1000 元。为此,购买者与该手表厂发生纠纷。该纠纷应如何处理?(　　　)

A. 按无效合同处理,理由为欺诈

B. 按可撤销合同处理,理由为欺诈

C. 按可撤销合同处理,理由为重大误解

D. 按有效合同处理

5.甲向首饰店购买钻石戒指一枚,标签标明该钻石为"天然钻石",买回后被人告知实是人造钻石。甲遂多次与首饰店交涉,历时1年零6个月,未果。现甲欲诉请法院撤销该买卖关系,其主张能否得到支持?(　　)

　　A.不可以,已超过行使撤销权的1年除斥期间

　　B.可以,首饰店主观上存在欺诈故意

　　C.可以,未过2年诉讼时效

　　D.可以,双方系因重大误解订立合同

6.甲公司向乙公司订购一批奶粉,乙公司在订立合同时,将国产奶粉谎称为进口奶粉。甲公司事后得知实情,适逢国产奶粉畅销。甲公司有意履行合同,乙公司则希望将这批货物以更高的价格售与他人。下列说法不正确的是(　　)。

　　A.甲公司向乙公司催告交货,则合同成为确定有效

　　B.甲公司向乙公司预付货款,则合同成为确定有效

　　C.甲公司向乙公司送交确认合同有效的通知,则合同成为确定有效

　　D.乙公司以合同订立存在欺诈情事为由主张撤销,则合同失去约束力

7.撤销权自债权人知道或应当知道撤销事由之日起(　　)内行使。

　　A.1年　　　　　　　B.2年　　　　　　　C.3年　　　　　　　D.4年

8.根据《合同法》的规定,具有撤销权的当事人知道撤销事由后以自己的行为表示放弃撤销权,则(　　)。

　　A.撤销权归于消灭　　　　　　　　B.撤销权依然存在

　　C.合同效力灭失　　　　　　　　　D.合同效力待定

9.对于可撤销的建设工程施工合同,当事人有权请求(　　)撤销该合同。

　　A.建设行政主管部门　　　　　　　B.工商行政管理部门

　　C.合同管理部门　　　　　　　　　D.人民法院

10.根据我国《合同法》的规定,对于无效合同或者被撤销的合同,其中仍具有法律效力的是独立存在的有关(　　)的条款。

　　A.违约责任　　　　　　　　　　　B.履行期限和地点

　　C.解决争议方式　　　　　　　　　D.质量保修范围

11.无处分权人处分他人财产,在订立合同后又取得处分权的,该合同效力上属于(　　)。

　　A.有效合同　　　B.无效合同　　　C.可撤销合同　　　D.效力待定合同

12.某建筑公司从本市租赁若干工程模板到外地施工,施工完毕后,因觉得模板运回来费用很高,建筑公司就擅自将该批模板处理了,后租赁公司同意将该批模板卖给该建筑公司,则建筑公司处理该批模板的行为(　　)。

　　A.无效　　　　　　B.有效　　　　　　C.效力特定　　　　　D.失效

(二)多项选择题

1.下列合同中,属于无效合同的有(　　)。

　　A.一方以欺诈、胁迫手段订立的合同

　　B.恶意串通,损害国家、集体或者第三人利益的合同

　　C.以合法形式掩盖非法目的的合同

D. 损害社会公共利益的合同

2. 合同生效的条件包括(　　)。

　　A. 主体具备法定资格

　　B. 意思表示真实

　　C. 不违反法律法规或者损害社会公共利益

　　D. 形式符合法定要求

3. 下列可能导致建设工程合同无效的有(　　)。

　　A. 违反国家计划的建设工程合同

　　B. 违反基本建设程序的建设工程合同

　　C. 违反招标投标法律规定订立的建设工程合同

　　D. 违反分包、转包规定的建设工程合同

4. 依据《合同法》的规定,属于可撤销合同的情形有(　　)。

　　A. 一方以胁迫手段订立的合同,损害对方当事人的利益

　　B. 一方以欺诈手段订立的合同,损害对方当事人的利益

　　C. 当事人双方恶意串通,订立的合同损害第三人的合法权益

　　D. 一方当事人因重大误解而订立的合同

5. 根据我国《合同法》,效力待定的合同包括(　　)。

　　A. 无行为能力人订立的合同

　　B. 不能完全辨认自己行为的精神病人订立的合同

　　C. 无处分权人处分他人财产的合同

　　D. 因发生不可抗力导致其无法履行的合同

6. 下列合同中自始没有法律约束力的是(　　)。

　　A. 无效的合同　　　　　　　　　　B. 可变更的合同

　　C. 可撤销的合同　　　　　　　　　D. 被撤销的合同

7. 根据我国《合同法》的规定,在使用格式条款合同时,由提供格式条款合同的一方当事人在合同中设定,但不具备法律效力的条款有(　　)的条款。

　　A. 免除对方责任　　　　　　　　　B. 免除自己责任

　　C. 加重对方责任　　　　　　　　　D. 排除对方主要权利

8. 根据合同中的规定,建筑施工合同中约定出现因(　　)时免除自己责任的条款,该免责条款无效。

　　A. 合同履行结果只有对方受益　　　B. 不可抗力造成对方财产损失

　　C. 履行合同造成对方人身伤害　　　D. 故意或重大过失造成对方财产损失

(三)案例分析

某甲和某工厂订立一份买卖汽车的合同,约定由工厂在 6 月底将一辆行驶 5 万公里的卡车交付给甲,价款 3 万元,交车后 15 日内款付清。合同订立后,该卡车因外出运货耽误,未能在 6 月底以前返回。7 月 1 日,卡车在途经山路时,因遇暴雨,被一块落下的石头砸中,车头受损,工厂对卡车进行了修理,于 7 月 10 日交付给甲。10 天后,甲在运货中发现卡车发动机有毛病,经检查,该发动机经过大修理,遂请求退还卡车,并要求工厂承担违约责任。工厂意识到

对自己不利,即提出汽车没有办理过户手续,合同无效,双方只需返还财产。

问题:

1. 汽车买卖合同是否有效?

2. 甲能否要求退车?

附:参考答案

(一)单项选择题

1. A　　 2. A　　 3. D　　 4. B　　 5. A　　 6. D　　 7. A　　 8. A　　 9. D　　 10. C

11. A　　 12. B

(二)多项选择题

1. BCD　　　 2. ABCD　　　 3. ABCD　　　 4. ABD　　　 5. BC

6. AD　　　 7. BCD　　　 8. CD

(三)案例分析

1. 汽车买卖合同合法有效。符合合同有效的四个要件。

2. 甲能够要求退车,解除合同。符合合同解除的条件:一方违约导致合同目的无法实现的,对方可解除合同。

第四节　建设工程合同的履行

(一)单项选择题

1. 甲与乙订有一货物买卖合同。甲如约向乙交付了货物,但乙尚未付款。乙与丙另有一借款协议,乙借给丙一笔款项,还款期限已到,现乙免除了丙的债务。由于乙一直未向甲支付货款,乙以无钱支付为由一直拖欠,此时,甲可以行使(　　),保护其债权利益。

A. 代位权　　　　　 B. 撤销权　　　　　 C. 抗辩权　　　　　 D. 求偿权

2. 甲公司与乙公司签订买卖合同中约定甲公司先交货。交货前夕,甲公司有确切材料证明乙公司负债累累,根本不能按时支付货款。甲公司遂暂时不向乙公司交货。甲公司的行为是(　　)。

A. 违约行为　　　　　　　　　 B. 行使同时履行抗辩权

C. 行使先诉抗辩权　　　　　　 D. 行使不安抗辩权

3. 甲与乙订立买卖合同,合同到期,甲按约定交付了货物,但乙以资金紧张为由迟迟不支付货款。之后,甲了解到,乙借给丙的一笔款项已到期,但乙一直不向丙催讨欠款,于是,甲向人民法院请求以甲的名义向丙催讨欠款。甲请求人民法院以自己的名义向丙催讨欠款的权利在法律上称为(　　)。

A. 代位权　　　　　　　　　 B. 撤销权

C. 不安抗辩权　　　　　　　 D. 后履行抗辩权

4.甲与乙订立合同,规定甲应于1997年8月1日交货,乙应于同年8月7日付款。7月底,甲发现乙财产状况恶化,没有付贷款之能力,并有确切证据,遂提出终止合同,但乙未允。基于上述因素甲于8月1日未按约定交货。依据合同法原理,有关该案的正确表述是(   )。

    A.甲无权不按合同约定交货,但可以要求乙提供相应的担保

    B.甲无权不按合同约定交货,但可以仅先交付部分货物

    C.甲有权不按合同约定交货,除非乙提供了相应的担保

    D.甲应按合同约定交货,如乙不支付货款可追究其违约责任

5.《合同法》规定,先履行一方行使抗辩权的做法是(   )。

    A.有权中止合同的履行   B.有权终止合同的履行

    C.无权中止履行合同   D.有权变更合同的履行

6.《合同法》规定,因债务人怠于行使到期债权,对债权人造成损害的,债权人(   )。

    A.可以向人民法院请求以自己的名义代位行使债务人的债权

    B.可以向人民法院请求以债务人的名义行使债务人的债权

    C.可以向仲裁机构以债务人的名义行使债务人的债权

    D.行使代位权的必要费用,由债权人负担

7.甲施工单位向乙预制件厂订制非标购件,合同约定乙收到支票之日三日内发货,后甲顾虑乙经营状况严重恶化,遂要求其先行发货,乙表示拒绝。则乙的行为(   )。

    A.违约行为   B.行使同时履行抗辩权

    C.行使先履行抗辩权   D.行使不安抗辩权

8.在某建设单位与供应商之间的建筑材料采购合同中约定,工程竣工验收后1个月内支付材料款,期间,建设单位经营状况严重恶化,供应商遂暂停供应建筑材料,要求先付款,否则终止供货,则供应商的行为属于行使(   )。

    A.同时履行抗辩权   B.先履行抗辩权

    C.不安抗辩权   D.先诉抗辩权

9.甲在乙经营的酒店进餐时饮酒过度,离去时拒付餐费,乙不知甲的身份和去向。甲酒醒后回酒店欲取回遗忘的外衣,乙以甲未付餐费为由拒绝交还。对乙的行为应如何定性?(   )。

    A.是行使同时履行抗辩权   B.是行使不安抗辩权

    C.是自助行为   D.是侵权行为

10.甲向乙借款5万元,约定1年后还款。结果1年后甲做生意亏本,根本无力还款。这时乙了解到,甲的亲戚丙拖欠甲一笔装修费6万元,到期半年多仍未交付,甲不好意思向丙催要。则下列说法正确的是(   )。

    A.乙可以以甲的名义向丙要回6万元,其中5万元用于偿还自己的债务

    B.丙在外地居住,乙前往丙住处的路费由丙承担

    C.乙可以自己名义向丙要回6万元及延迟交付的违约金,其中5万元用于偿还自己的债务

    D.乙可以自己名义向丙要回5万元,用于偿还自己的债务

(二)多项选择题

1.下列的合同担保方式中属于物保的有(   )。

A. 保证　　　　　　　B. 质押　　　　　　　C. 留置　　　　　　　D. 抵押

2. 建设工程总承包合同的履行包括(　　)。

　　A. 合同应明确双方责任

　　B. 建设工程总承包合同订立后,双方都应按合同的规定严格履行

　　C. 总承包单位可以按合同规定对工程项目进行分包,但不得倒手转包

　　D. 建设工程总承包单位可以将承包工程中的部分工程发包给具有相应资质条件的分包单位,但是除总承包合同中约定的工程分包外,必须经发包人认可

3. 在双务合同中,当事人双方约定了履行的先后顺序,则他可能享有(　　)抗辩权。

　　A. 同时履行　　　　　B. 先履行　　　　　　C. 不安　　　　　　　D. 不履行

4. 甲乙两人签订一份钢材买卖合同,约定甲应于 2003 年 10 月 20 日交货,乙应于同年 10 月 30 日付款。乙在 10 月 20 日前发生的下列情况(　　),甲可以依法中止履行合同。

　　A. 经营状况不理想

　　B. 转移财产以逃避债务

　　C. 在其他合同的履行中丧失商业信誉

　　D. 丧失履行能力

5. 合同的履行应遵循诚实信用原则,诚信内容包括(　　)。

　　A. 通知　　　　　　　B. 协助　　　　　　　C. 保密　　　　　　　D. 全面履行

(三)简答题

简述合同的保全措施。

附:参考答案

(一)单项选择题

1. B　　2. D　　3. A　　4. C　　5. A　　6. A　　7. C　　8. C　　9. C　　10. D

(二)多项选择题

1. BCD　　　　2. BCD　　　　3. BCD　　　　4. BCD　　　　5. ABC

(三)简答题

1. 代位权。①含义;②构成要件;③代位权的行使。
2. 撤销权。①含义;②构成要件;③撤销权的行使;④撤销权的除斥期间。

第五节　建设工程合同的变更、转让

(一)单项选择题

1. 工程分包是针对(　　)而言。

　　A. 总承包　　　　　　　　　　　　　　　　B. 专业工程分包

C. 劳务作业分包   D. 转包

2. 下列由第三人向债权人履行债务的说法,错误的是( )。

A. 必须征得债权人同意   B. 第三人并不因此成为合同当事人

C. 不得损害债权人的利益   D. 第三人应向债权人承担违约责任

3. 下面说法正确的是( )。

A. 变更合同必须办理批准登记

B. 债权人转让权利的应当征得债务人的同意

C. 所有的合同都可以转让权利

D. 债权人转让权利的,应当通知债务人

4. 甲乙两个建筑公司签订合同后合并成公司法人丙,则原合同中的权利和义务由( )承担。

A. 甲公司   B. 乙公司   C. 丙公司   D. 以上都不对

5. 建设工程合同的发包人和承包人订立合同后分立的,除另有约定,由分立的法人或组织对合同权利义务承担( )责任。

A. 连带   B. 一般   C. 同等   D. 一定比例

6. 甲建筑单位和乙施工单位签订了一份建筑工程合同,在施工过程中,设计单位对设计进行变更,并造成工程量的大量增加,这种合同法律关系的变更属于( )。

A. 主体变更   B. 客体变更   C. 合同转让   D. 内容变更

7. 甲施工单位向乙钢铁厂订购了一批钢筋,合同约期满后,乙钢铁厂并未履行送货义务,甲施工单位给乙厂一周的宽限期,一周后,乙仍然未履行合同,此时施工单位甲( )。

A. 只能申请解除合同   B. 只能协商解除合同

C. 可以单方解除合同   D. 只能申请变更合同履行期限

8. ( )是指在不改变合同权利义务内容基础上,享有合同权利的当事人将其权利转给第三者享有。

A. 债务转让   B. 债权转让   C. 合同转让   D. 合同变更

9. 根据《合同法》的规定,关于合同变更,下列表述不正确的是( )。

A. 当事人协商一致,可以变更合同

B. 原有合同无效

C. 原合同内容发生变化

D. 符合法律行政法规要求方式

10. 甲对乙享有10万元的合同债权,该债权具有可转让性,甲将其债权转让给丙。根据合同法律制度的规定,下列表述中,正确的是( )。

A. 如果甲未取得乙的同意,甲与丙之间的债权转让协议无效

B. 如果甲未通知乙,甲与丙之间的债权转让协议无效

C. 如果甲未通知乙,甲与丙之间的债权转让协议有效,但对乙不发生效力

D. 如果甲未通知乙,甲与丙之间的债权转让协议有效,该协议对甲乙丙均发生效力

(二)多项选择题

1. 关于合同变更的表述中正确的为( )。

A. 当事人协商一致　　　　　　　　B. 原合同合法有效

C. 原合同内容发生变化　　　　　　D. 原合同主体发生变化

2. 关于分包的法律禁止性规定中,违法分包的内容有(　　)。

A. 总承包单位将建设工程分包给不具备相应资质条件的单位

B. 建设工程合同中未有约定,又未经建设单位认可,承包单位将其承包的部分建设工程交由其他单位完成的

C. 施工总承包单位将建设工程主体结构的施工分包给其他单位的

D. 分包单位将其承包的建设工程再分包的

3. 按照合同法的规定,债权人转让权利应当通知债务人,债权人转让权利的通知(　　)。

A. 不得自行撤销　　　　　　　　B. 有权自行撤销

C. 经受让人同意可以撤销　　　　D. 经债务人同意可以撤销

4. 合同权利转让的限制条件包括(　　)。

A. 依合同性质不得转让　　　　　B. 依当事人约定不得转让

C. 依法律规定不得转让　　　　　D. 合同一旦签字盖章则不得转让

5. 建筑工程合同的转让包括(　　)。

A. 建筑工程合同义务的转让　　　B. 建筑工程合同权利的转让

C. 建筑工程合同权利义务全部转让　　D. 建筑工程合同主体的变化

(三)案例分析

乙公司欠甲公司 30 万元的到期货款,同时甲公司又欠乙公司 20 万元的到期货款。甲公司在 2009 年 9 月 18 日与丙公司签订书面 协议,转让其对乙公司的 30 万元债权。2009 年 9 月 24 日,乙公司接到甲公司关于转让债权的通知后,便主张 20 万元的抵销权。根据合同法律制度的规定,请回答:

1. 甲公司与丙公司签订的转让债权协议对乙公司是否有效?

2. 乙公司的抵销权是否成立?

附:参考答案

(一)单项选择题

1. A　　2. D　　3. D　　4. C　　5. A　　6. D　　7. C　　8. B　　9. B　　10. C

(二)多项选择题

1. ABC　　　2. ABCD　　　3. AC　　　4. ABC　　　5. ABC

(三)案例分析

1. 有效。符合债权转让的要件,性质上可转让,且已通知乙公司。

2. 成立。债务人对债权人享有的抵销权,不受债权转让的影响。

第六节 建设工程合同权利义务的终止

(一)单项选择题

1. 债权人吴某下落不明,债务人王某难以履行债务,遂将标的物提存,王某将标的物提存后,该标的物如果意外毁损灭失,其损失应由(   )。
   A. 吴某承担   B. 王某承担
   C. 吴某和王某共同承担   D. 提存机关承担

2. 甲乙两企业之间具有债权债务关系,现两企业合并,则他们之间的债权债务关系消灭,合同终止。终止的原因为(   )。
   A. 解除   B. 抵消   C. 混同   D. 免除

3. 甲单位负有向乙单位支付50万元工程款的义务,乙单位负有向甲单位交付50万元建材的义务,且双方债务均已到期,则下列关于双方债务抵销的说法,正确的是(   )。
   A. 双方的债务法定抵销   B. 双方债务基于一方主张而抵销
   C. 双方债务性质不同不得抵销   D. 双方债务只有约定方可抵销

4. 对于合同解除,下列表述错误的是(   )。
   A. 不影响合同仲裁条款的效力
   B. 不影响合同结算条款的效力
   C. 不影响合同清理条款的效力
   D. 不影响当事人要求强制执行的效力

5. 甲方难以向乙方履行,即将债的标的物(一枚钻戒)提存,在提存期间因提存机关忘关仓库门提存物被盗,其后果由(   )。
   A. 债权人承担   B. 债务人承担
   C. 提存人承担   D. 提存机关承担

6. 当事人互负债务,标的物种类、品质不相同的(   )。
   A. 法定抵销   B. 可约定抵销
   C. 不可抵销   D. 以上都不对

7. 债权人领取提存物的权利,自提存之日起(   )内不行使而消灭。
   A. 1年   B. 3年   C. 5年   D. 10年

8. 小王因买彩票中大奖,高兴之余告知小张:欠小王的1000元钱不必偿还了。则小王与小张之间权利义务终止的原因为(   )。
   A. 解除   B. 抵销   C. 混同   D. 免除

9. 合同终止,又称为合同的消灭,是指合同关系不再存在,合同当事人之间的债权债务关系终止,当事人不再受(   )的约束。
   A. 法律关系   B. 合同关系   C. 民事关系   D. 合作关系

10. 依据合同法,享有解除权的当事人主张解除合同的,应当通知对方。对方当事人有异议的,可以请求人民法院或(   )确认解除合同的效力。
    A. 人民检察院   B. 人民政府   C. 行政主管部门   D. 仲裁机构

(二)多项选择题

1. 下列属于合同终止的原因的有( )。

    A. 清偿   B. 解除   C. 抵销   D. 免除

2. 依据合同法,出现了下列哪种情况,一方当事人有权解除合同?( )

    A. 对方当事人有违约行为

    B. 发生不可抗力事件,致使合同不能履行

    C. 对方当事人在合同约定的期限内没有履行合同,经催告仍未履行

    D. 预期非根本性违约

3. 建筑工程合同可因下列原因而解除( )。

    A. 事后协商解除

    B. 约定的解除条件成就

    C. 因不可抗力致使不能实现合同目的而解除

    D. 发包人未按约定支付工程价款的

4. 下列对于合同终止的说法不正确的是( )。

    A. 合同终止会引起合同权利义务客观上不复存在

    B. 合同终止是合同责任的终止

    C. 合同终止也就终止了合同的经济往来结算条款的效力

    D. 合同终止后合同的遗留问题就没有必要处理了

5. 关于建筑工程合同解除后的说法,正确的有( )。

    A. 已经完成的建设工程质量合格的,发包人应按约定支付相应工程价款

    B. 已经完成的建设工程质量不合格的,修复后经竣工验收合格,承包人承担修复费用

    C. 修复后经竣工验收不合格,承包人无权请求支付工程价款

    D. 修复后经竣工验收不合格,应向承包人支付部分工程价款

(三)案例分析

    甲建筑公司承包了乙工厂厂房建筑工程,为了准备施工物资,甲建筑公司与丙水泥厂签订了一份水泥购销合同。该合同规定:从当年9月起至次年4月止,由丙水泥厂供应水泥160吨,每月交货20吨。合同订立后,双方都严格执行合同。但次年3月,当建筑工程进展到最后阶段时,丙水泥厂不能按期供货,建筑公司几次催货,丙水泥厂均以铁路运输问题不能解决为由,不能如期交货。3月中旬,甲建筑公司为了按时完成厂房建设任务,在丙水泥厂不能交货的情况下,向其他单位高价购买水泥20吨,同时电告丙水泥厂解除合同,并要求对方赔偿因高价购买水泥20吨多支付的价款,丙水泥厂置之不理。5月中旬,丙水泥厂电告建筑公司将继续发货,甲建筑公司不同意,双方发生纠纷,诉至法院。

    问题:

    1. 甲建筑公司是否有权解除合同?其法律依据是什么?

    2. 如果解除合同,甲建筑公司能否请求对方赔偿损失?

附:参考答案

(一)单项选择题

1. A   2. C   3. D   4. D   5. D   6. B   7. C   8. D   9. B   10. D

(二)多项选择题

1. ABCD   2. BC   3. ABCD   4. BCD   5. ABC

(三)案例分析

1. 有权解除合同。

其法律依据是《合同法》第94条第3款之规定:"当事人一方迟延履行主要债务,经催告后在合同期限内仍未履行",因此甲有权解除合同。

2. 如果解除合同,甲建筑公司有权请求对方赔偿损失。

第七节　建设工程合同的违约责任

(一)单项选择题

1. 违约行为给对方当事人造成实际损失是(　　　)的先决条件。
  A. 支付违约金　　　　　　　　　　　B. 支付赔偿金
  C. 继续履行　　　　　　　　　　　　D. 解除合同

2. 甲公司要运送一批货物给收货人乙公司,甲公司的法定代表人丙电话联系并委托某汽车运输公司运输。在运输过程中,发生交通事故,致货物受损。乙公司因未能及时收到货物而发生的损失由(　　　)承担。
  A. 甲公司　　　　　B. 丙　　　　　C. 甲和丙　　　　　D. 汽车运输公司

3. 在双方当事人分别违反了合同义务的情况下,双方违约责任(　　　)。
  A. 不能相互抵销　　　　　　　　　　B. 能够相互抵销
  C. 应当免除　　　　　　　　　　　　D. 可以免除

4. 《合同法》规定,违约责任除另有规定外,实行(　　　)原则。
  A. 过错责任　　　　B. 严格责任　　　　C. 损害赔偿　　　　D. 公平合理

5. 甲、乙两单位签订了建设工程合同,但甲单位因丙单位的原因使合同延迟履行,则(　　　)。
  A. 甲单位应向乙单位承担违约责任
  B. 丙单位应向乙单位承担违约责任
  C. 甲、乙两单位均可向丙单位提出索赔
  D. 乙单位无权解除合同

6. 当事人双方既约定违约金,又约定定金的合同,一方当事人违约时,对违约行为的赔偿处理原则是(　　　)。

A. 只能采用违约金

B. 由违约一方选择采用违约金或定金

C. 由非违约方选择采用违约金或定金

D. 同时采用违约金和定金

7. 一方当事人的违约行为导致工程受到 5 万元的损失时,对方及时地采取了减损措施,支出的费用为 1 万元,但仍未能终止损害,工程实际损害费用为 7 万元。依据《合同法》的违约责任规定,违约方应承担的赔偿额为( )万元。

A. 5 　　　　　　 B. 6 　　　　　　 C. 7 　　　　　　 D. 8

8. 不可抗力发生后,如果由于当事人通知不及时,而给对方造成损失的扩大,则对( )不应当免除责任。

A. 所有损失 　　　 B. 扩大的损失 　　　 C. 原有损失 　　　 D. 任向损失

9. 不可抗力事件发生后,当事人一方应当( ),这是当事人的首要义务。

A. 采取措施,减少损失 　　　　　 B. 及时通知对方

C. 搜集免责的证据 　　　　　　　 D. 向对方提出索赔

10. 在工程施工中由于( )原因导致工期延误,承包方应该承担违约责任。

A. 承包方的设备损坏 　　　　　 B. 不可抗力

C. 工程量变化 　　　　　　　　　 D. 设计变更

(二)多项选择题

1. 违约责任是违反合同的民事责任的简称,它应在( )的情况下承担民事责任。

A. 合同当事人一方不履行合同义务

B. 履行合同义务不符合合同约定

C. 合同当事人因不可抗力,无法履行合同义务

D. 合同当事人一方延迟履行合同义务

2. 下列违约责任承担方式可以并用的有( )。

A. 赔偿损失与继续履行

B. 实际发行与解除合同

C. 定金与支付违约金

D. 赔偿损失与修理、重作、更换

3. 施工合同履行中,总包单位将土方开挖分包给了甲分包商,将基础部分分包给了乙分包商,但是甲分包商工期延误,现场又有监理单位,乙分包商欲追究违约责任,说法错误的是( )。

A. 应向发包方追究责任 　　　　　 B. 应向总包方追究责任

C. 应向甲分包商追究责任 　　　　 D. 应向监理单位追究责任

4. ( )属于不可抗力事件。

A. 战争、动乱 　　　　　　　　　 B. 乙方责任造成的爆炸

C. 正常的阴雨天气 　　　　　　　 D. 雨天积水

5. 下列属于承担违约责任的基本形式的有( )。

A. 继续履行 　　 B. 采取补救措施 　　 C. 赔偿损失 　　 D. 接受罚款

(三)案例分析

甲、乙公司于 2001 年 4 月 1 日签订买卖合同,合同标的额为 100 万元。根据合同约定,甲公司应于 4 月 10 日前交付 20 万元的定金。4 月 15 日,乙公司在甲公司未交付定金的情况下发出全部货物,甲公司接受了该批货物。4 月 20 日,乙公司要求甲公司支付 100 万元的货款,遭到拒绝。经查明:甲公司怠于行使对丙公司的到期债权 100 万元,此外甲公司欠丁银行贷款本息 100 万元。4 月 30 日,乙公司向丙公司提起代位权诉讼,向人民法院请求以自己的名义代位行使甲公司对丙公司的到期债权。人民法院经审理后,认定乙公司的代位权成立,由丙公司向乙公司履行清偿义务。丁银行得知后,向乙公司主张平均分配丙公司偿还的 100 万元,遭到乙公司的拒绝。

问题:
(1)甲、乙公司签订的买卖合同是否生效? 说明理由。
(2)简述乙公司向丙公司提起代位权诉讼时应当符合的条件。
(3)丁银行的主张是否成立? 并说明理由。
(4)若乙公司要求违约方甲公司适用定金罚则能否得到支持? 说明理由。

附:参考答案

(一)单项选择题

1. B   2. A   3. A   4. B   5. A   6. C   7. D   8. B   9. B   10. A

(二)多项选择题

1. ABD   2. ABD   3. ACD   4. AB   5. ABC

(三)案例分析

(1)买卖合同生效。主合同已经履行或者已经履行主要部分的,不影响主合同的成立或者生效。在本题中,甲公司虽未按照合同约定交付定金,但乙公司已经交付全部货物并且甲公司接受了货物,视为主合同已经履行。

(2)根据《合同法解释》的规定,债权人提起代位权诉讼时,应当符合下列条件:
①债权人对债务人的债权合法;
②债务人怠于行使其到期债权,对债权人造成损害;
③债务人的债权已经到期;
④必须通过人民法院行使权力。

(3)丁银行的主张不成立。根据《合同法解释》的规定,债权人行使代位权,其债权就代位权行使的结果有优先受偿权利。在本题中,债权人乙公司就其代位权行使的结果享有优先受偿的权利,因此丁银行的主张不成立。

(4)请求不合法。定金合同自交付之日起生效。本案例中,甲方并未交付定金,因此没有生效,乙方也不能要求双倍支付。

第五章
建筑工程监理法规

一 学习目的与基本要求

通过本章学习，了解建设监理单位的资质与管理，项目监理组织的建立和规划；掌握工程建设监理的基本概念，监理的主要工作内容、工作程序和实际运作方法；熟悉工程建设监理的组织与规划。

二 重点与难点解析

(一)建筑工程监理的依据

建筑工程监理的主要依据分以下几个层面：

1. 有关法律、法规

全国人民代表大会及其常务委员会、国务院制定颁布的法律和行政法规。如《建筑法》、《招标投标法》、《合同法》、《建设工程质量管理条例》和《建设工程监理范围和规模标准规定》等。

2. 技术标准、技术规范

国家行政主管部门制定的建筑工程及其监理相关的技术标准和技术规范等，如国家现行的《建设工程监理规范》(GB 50319—2000)等。

3. 工程项目建设文件

工程项目建设必须报批，通过政府有关部门审查后才可进行建设，工程项目建设文件包括有工程项目建设计划、建设规划、设计文件和设计图纸等。

4. 建设工程合同和委托监理合同

工程建设合同是监理单位对工程投资、进度和质量进行监督和管理的法律依据，监理单位必须严格执行工程建设合同。监理单位必须签订委托监理合同，获得建设单位授权，才能够依法对工程项目建设进行监督和管理。

(二)建筑工程监理的范围

《建筑法》第 30 条规定："国务院可以规定实行强制监理的建筑工程的范围。"为了加强对

83

Jianzhu Fagui Xuexi Zhidao

第五章　建筑工程监理法规

建设工程质量的监督和管理,保证建设工程质量,保护人民生命和财产安全,根据《建筑法》制定《建筑工程质量管理条例》,该条例第12款对必须实现监理的建设工程做出了原则性规定。必须实行监理的建筑工程项目主要有:

1. 国家重点建设工程

国家重点建设工程,是指依据《国家重点建设项目管理办法》所确定的对国民经济和社会发展有重大影响的骨干项目。

2. 大中型公用事业工程

大中型公用事业工程,是指项目总投资额在3000万元以上的下列工程项目:

(1)供水、供电、供气、供热等市政工程项目;

(2)科技、教育、文化等项目;

(3)体育、旅游、商业等项目;

(4)卫生、社会福利等项目;

(5)其他公用事业项目。

3. 成片开发建设的住宅小区工程

成片开发建设的住宅小区工程,建筑面积在5万平方米以上的住宅建设工程必须实行监理;5万平方米以下的住宅建设工程,可以实行监理,具体范围和规模标准,由省、自治区、直辖市人民政府建设行政主管部门规定。

为了保证住宅质量,对高层住宅及地基、结构复杂的多层住宅应当实行监理。

4. 利用外国政府或者国际组织贷款、援助资金的工程

利用外国政府或者国际组织贷款、援助资金的工程范围包括:

(1)使用世界银行、亚洲开发银行等国际组织贷款资金的项目;

(2)使用国外政府及其机构贷款资金的项目;

(3)使用国际组织或者国外政府援助资金的项目。

5. 国家规定必须实行监理的其他工程

国家规定必须实行监理的其他工程包括以下工程项目:

(1)项目总投资额在3000万元以上关系社会公共利益、公众安全的下列基础设施项目:

①煤炭、石油、化工、天然气、电力、新能源等项目;

②铁路、公路、管道、水运、民航以及其他交通运输业等项目;

③邮政、电信枢纽、通信、信息网络等项目;

④防洪、灌溉、排涝、发电、引(供)水、滩涂治理、水资源保护、水土保持等水利建设项目;

⑤道路、桥梁、地铁和轻轨交通、污水排放及处理、垃圾处理、地下管道、公共停车场等城市基础设施项目;

⑥生态环境保护项目;

⑦其他基础设施项目。

(2)学校、影剧院、体育场馆项目。

国务院建设行政主管部门商同国务院有关部门后,可以对本规定确定的必须实行监理的建设工程具体范围和规模标准进行调整。

(三)监理单位的权利和义务

监理单位是承担监理业务和监理责任的一方及其合法继承人。监理机构是监理单位派驻工程建设现场实施监理业务的组织。

1.监理单位的权利

在业主委托的工程范围内,监理单位享有以下监理权利:

(1)在业主委托工程范围内的监理权。监理权涉及工程建设的勘察、设计、施工和保修阶段,包括有:建议权、确定权、否定权、检验权以及检查监督权等。

(2)在业主授权下对承包商合同规定的义务提出变更的权利。当发生工程建设质量问题时,监理单位有权提出变更有关工作人员的建议。

(3)在业主委托工程范围内的调解和作证权。监理单位应注意保持自身的独立身份,坚持公平、公正的原则,协调业主与承包商之间的纠纷,公正提供有关证据。

(4)对已完工的工程有确认或拒收的权利。在工程验收时,发现施工不合格情况,监理工程师有权要求承包商如期修复缺陷或拒绝验收工程,直到工程质量达标为止。

(5)遇到紧急情况时,监理工程师有权要求承包商采取紧急措施进行处置。

(6)有权拒绝承包商的代表;有权要求承包商撤走不称职的工作人员。

(7)有权下达开工令、停工令、复工令;发布工程变更令。

(8)当工程进度和计划进度不一致时,监理工程师有权责令承包商修改进度计划。

(9)有权决定工程量的增减、决定相关费用和费率;有权决定工程延长工期或增加投资。

(10)批准承包商的付款。监理工程师负责审核批准承包商的工程报表,负责开出付款证书。

(11)解释合同中有关文件。

(12)在委托的工程范围内,建设单位或承包人对对方的任何意见和要求(包含索赔要求),均必须首先向监理机构提出,由监理机构研究处置意见,再同双方协商确定。当建设单位和承包人发生争议时,监理机构应根据自己的职能,以独立的身份判断,公正地进行调解。当其双方的争议由政府建议行政主管部门或仲裁机关进行调解和仲裁时,应当提供作证的事实材料。

2.监理单位的义务

根据《建筑法》、《建设工程委托监理合同(示范文本)》(GF-2000—0202)和其他法律法规的规定,监理单位必须承担的义务,主要包括:

(1)监理单位应在资质等级许可范围内,承揽监理业务;监理单位与承包商之间不能有隶属关系和其他利害关系,监理工程师也不能在承包商单位兼任职务,更不能从事损害业主的经济活动。

(2)根据合同约定向建设单位报送委派的总监理工程师及其监理机构主要成员名单、监理规划,完成监理合同专用条件中约定的监理工程范围内的监理业务;监理单位不得转让委托监理合同的权利和义务。

(3)在履行合同的义务期间,监理机构应运用合理的技能,为建设单位提供与其监理机构水平相适应的咨询意见,认真、勤奋地工作;注意协调和处理工程管理、工程质量及技术、合同管理以及工程款项等事务。帮助建设单位实现合同预定的目标,公正地维护各方的合法权益。

（4）坚持以书面形式发出有关指示，如果遇到紧急情况来不及发出书面指示时，就应该在发出口头指示之后再以书面形式进行确认。

（5）考虑到监理机构使用建设单位提供的设施和物品，因此，在监理工作完成或中止之时，应当将其设施和剩余的物品库存清单提交给业主，并按合同约定的时间和方式移交此类设施和物品。

（6）在合同期内或终止后，未征得有关方同意，不得泄露与本工程、本合同业务活动相关的保密资料。

（四）建筑工程监理的内容

建筑工程监理的主要工作内是"三控制、三管理、一协调"。"三控制"是指建筑工程监理对建设工程的质量控制、进度控制和投资控制，"三管理"是指建筑工程监理对建设工程进行合同管理、安全管理和信息管理，"一协调"是指建筑工程监理要协调好参与工程建设的各方的工作关系。建筑工程监理可分为：前期阶段、设计阶段、施工招标阶段、施工阶段和保修阶段的监理。

三 精选案例

案　例　1

监理工程师检查了承包商的管材并签证了合格可以使用，事后发现承包商在施工中使用的管材不是送检的管材，重新检验后不合格，马上向承包商下达停工令，随后下达了监理通知书，指令承包商返工，把不合格的管材立即撤出工地，按第一次检验样品进货，并报监理工程师重新检验合格后才可用于工程。为此停工2天，承包商损失5万元。承包商向监理工程师提出工期费用索赔报告。业主代表认为监理工程师对工程质量监理不力，提出要扣监理费1000元。

关联教材：第二节　建设工程委托监理合同

思考讨论：

1. 监理工程师怎样处理索赔报告？

2. 监理工程师承担什么责任？承包商承担什么责任？业主承担什么责任？

【案例点评】

1. 监理工程师不批准工期费用索赔，管材不合格是承包商的责任。是承包商偷换了管材，违反了合同的约定。

2. 监理工程师应当承担失职责任，监理工程师履行了检验职责，但是没有发现钢管被偷换。但是钢管被偷换不是监理工程师造成的。监理工程师及时地纠正了承包商错误。设计院没有责任，是承包商的原因。

承包商有责任，是承包商自己的原因。业主没有责任，是承包商的原因。业主扣监理费不对，监理工程师的失误没有给业主造成直接经济损失，不应赔偿。

案　例　2

监理单位承担了某工程的施工阶段监理任务,该工程由甲施工单位总承包。甲施工单位选择了经建设单位同意并经监理单位进行资质审查合格的乙施工单位作为分包。施工过程中发生了以下事件:

事件1.专业监理工程师在熟悉图纸时发现,基础工程部分设计内容不符合国家有关工程质量标准和规范。总监理工程师随即致函设计单位要求改正并提出更改建议方案。设计单位研究后,口头同意了总监理工程师的更改方案,总监理工程师随即将更改的内容写成监理指令通知甲施工单位执行。

事件2.施工过程中,专业监理工程师发现乙施工单位施工的分包工程部分存在质量隐患,为此,总监理工程师同时向甲、乙两施工单位发出了整改通知。甲施工单位回函称:乙施工单位施工的工程是经建设单位同意进行分包的,所以本单位不承担该部分工程的质量责任。

事件3.专业监理工程师在巡视时发现,甲施工单位在施工中使用未经报验的建筑材料,若继续施工,该部位将被隐蔽。因此,立即向甲施工单位下达了暂停施工的指令(因甲施工单位的工作对乙施工单位有影响,乙施工单位也被迫停工)。同时,指示甲施工单位将该材料进行检验,并报告了总监理工程师。总监理工程师对该工序停工予以确认,并在合同约定的时间内报告了建设单位。检验报告出来后,证实材料合格,可以使用,总监理工程师随即指令施工单位恢复了正常施工。

事件4.乙施工单位就上述停工自身遭受的损失向甲施工单位提出补偿要求,而甲施工单位称:此次停工系执行监理工程师的指令,乙施工单位应向建设单位提出索赔。

事件5.对上述施工单位的索赔建设单位称:本次停工系监理工程师失职造成,且事先未征得建设单位同意。因此,建设单位不承担任何责任,由于停工造成施工单位的损失应由监理单位承担。

关联教材:第二节　建设工程委托监理合同

思考讨论:

1.请指出总监理工程师上述行为的不妥之处并说明理由。总监理工程师应如何正确处理问题?

2.甲施工单位的答复是否妥当?为什么?总监理工程师签发的整改通知是否妥当?为什么?

3.专业监理工程师是否有权签发本次暂停令?为什么?下达工程暂停令的程序有无不妥之处?请说明理由。

4.甲施工单位的说法是否正确?为什么?乙施工单位的损失应由谁承担?

5.建设单位的说法是否正确?为什么?

【案例点评】

1.不应直接致函设计单位。

理由:无权进行设计变更。

正确处理:发现问题应向建设单位报告,由建设单位向设计单位提出变更要求。

2. (1)不妥。

理由:分包单位的任何违约行为导致工程损害或给建设单位造成的损失,总承包单位承担连带责任。

(2)不妥。

理由:整改通知单应签发给甲施工单位,因乙施工单位和建设单位没有合同关系。

3. (1)无权签发《工程暂停令》。

理由:这是总监理工程师的权力。

(2)程序有不妥之处。

理由:专业监理工程师应报告总监理工程师,由总监理工程师签发工程暂停令。

4. 不正确。

理由:乙施工单位与建设单位没有合同关系(或答"甲、乙施工单位有合同关系"),乙施工单位的损失应由甲施工单位承担。

5. 不正确。

理由:因监理工程师是在合同授权内履行职责,施工单位所受的损失不应由监理单位承担。

案 例 3

某建设工程项目,建设单位委托某监理公司负责施工阶段的监理工作,目前该工程正在施工。

在工程施工中发生如下事件:

事件1:监理工程师在施工准备阶段组织了施工图纸的会审,施工过程中发现由于施工图的错误,造成承包商停工2天,承包商提出工期费用索赔报告。业主代表认为监理工程师对图纸会审监理不力,提出要扣监理费1000元。

事件2:监理工程师在施工准备阶段,审核了承包商的施工组织设计并批准实施,施工过程中发现施工组织设计有错误,造成停工一天,承包商认为:施工组织设计监理工程师已审核批准,现在出现错误是监理工程师的责任。承包商向监理工程师提出工期费用索赔。业主代表认为监理工程师监理不力,提出要扣监理费1000元。

事件3:由于承包商的错误造成了返工。承包商向监理工程师提出工期费用索赔,业主代表认为监理工程师对工程质量监理不力。提出要扣监理费1000元。

事件4:监理工程师检查了承包商的隐蔽工程,并按合格签证验收。但是事后再检查发现不合格。承包商认为:隐蔽工程监理工程师已按合格签证验收,现在却断为不合格,是监理工程师的责任造成的。承包商向监理工程师提出工期费用索赔报告。业主代表认为监理工程师对工程质量监理不力,提出要扣监理费1000元。

事件5:监理工程师检查了承包商的管材并签证了合格可以使用,事后发现承包商在施工中使用的管材不是送检的管材,重新检验后不合格,马上向承包商下达停工令,随后下达了监理通知书,指令承包商返工,把不合格的管材立即撤出工地,按第一次检验样品进货,并报监理工程师重新检验合格后才可用于工程。为此停工2天,承包商损失5万元。承包商向监理工程师提出工期费用索赔报告。业主代表认为监理工程师对工程质量监理不力,提出要扣监理费 1000 元。

关联教材:第二节　建设工程委托监理合同

思考讨论:

1. 监理工程师怎样处理索赔报告?监理工程师承担什么责任?设计院承担什么责任?承包商承担什么责任?业主承担什么责任?业主扣监理费对吗?

2. 监理工程师怎样处理索赔报告?设计院承担什么责任?监理工程师承担什么责任?承包商承担什么责任?业主承担什么责任?业主扣监理费对吗?

3. 监理工程师怎样处理索赔报告?监理工程师承担什么责任?设计院承担什么责任?承包商承担什么责任?业主承担什么责任。业主扣监理费对吗?

4. 监理工程师怎样处理索赔报告?监理工程师承担什么责任?承包商承担什么责任?业主承担什么责任?

5. 监理工程师怎样处理索赔报告?监理工程师承担什么责任?承包商承担什么责任?业主承担什么责任?

【案例点评】

1. ①监理工程师批准工期费用索赔,图纸出问题是业主的责任。②监理工程师不承担责任,监理工程师履行了图纸会审的职责,图纸的错误不是监理工程师造成的。监理工程师对施工图纸的会审,不免除设计院对施工图纸的质量责任。③设计院应当承担设计图纸的质量责任。④承包商没有责任,是业主的原因。⑤业主应当承担补偿承包商工期费用的责任。⑥业主扣监理费不对,监理工程师对图纸的质量没有责任。

2. ①监理工程师不批准工期费用索赔,施工组织设计有错误是承包商的责任。②监理工程师不承担责任,监理工程师履行施工组织设计审核的职责,施工组织设计有错误不是监理工程师造成的。监理工程师对施工组织设计的审核批准,不免除承包商对施工组织设计的质量责任。③设计院没有责任,是承包商的原因。④承包商有责任,是承包商自己的原因。⑤业主没有责任,是承包商的原因。⑥业主扣监理费不对,监理工程师对施工组织设计的质量没有责任。

3. ①监理工程师不批准工期费用索赔,返工是承包商的责任。②监理工程师不承担责任,监理工程师履行了检验职责,没有错误的决定。返工的原因不是监理工程师造成的。③设计院没有责任,是承包商的原因。④承包商有责任,是承包商自己的原因。⑤业主没有责任,是承包商的原因。⑥业主扣监理费不对,监理工程师对返工没有责任。

4. ①监理工程师不批准工期费用索赔,隐蔽工程不合格是承包商的责任。监理工程师即使已检查合格,事后检查又发现不合格,仍然是承包商的责任,承包商应当按照监理工程师的指令返工修复,直到合格。②监理工程师应当承担监理责任,监理工程师履行了检验职责,但是有错误的决定。但是返工的原因不是监理工程师造成的。是承包商的工程质量本身就不合格,监理工程师误判为合格,但是监理工程师及时地纠正了错误。③设计院没有责任,是承包商的原因。④承包商有责任,是承包商自己的原因。⑤业主没有责任,是承包商的原因。⑥业主扣监理费不对,监理工程师的失误不是故意的,监理工程师及时地纠正了错误,没有给业主造成直接经济,不应赔偿。

5.①监理工程师不批准工期费用索赔,管材不合格是承包商的责任。是承包商偷换了管材,违反了合同的约定。②监理工程师应当承担失职责任,监理工程师履行了检验职责,但是没有发现钢管被偷换。但是钢管被偷换不是监理工程师造成的。监理工程师及时地纠正了承包商错误。③设计院没有责任,是承包商的原因。④承包商有责任,是承包商自己的原因。⑤业主没有责任,是承包商的原因。⑥业主扣监理费不对,监理工程师的失误没有给业主造成直接经济损失,不应赔偿。

四 练习题

(一)单项选择题

1.下列各项,符合《建筑法》建设工程监理规定的是(　　)。

　　A. 工程监理单位代表建设单位实施监督

　　B. 工程监理人员发现工程不符合规定的,不能直接要求施工单位整改

　　C. 工程监理人员发现工程设计不符合规定的,有权要求设计单位整改

　　D. 工程监理单位可以转让工程监理业务

2.根据《建筑法》规定,工程监理单位与承包单位串通,为承包单位谋取非法利益,给建设单位造成损失的(　　)。

　　A. 由工程监理单位承担赔偿责任

　　B. 由承包单位承担赔偿责任

　　C. 由工程监理单位自行承担损失

　　D. 由工程监理单位和承包单位承担连带责任

3.监理工程师李某在对某工程施工的监理过程中,发现该工程设计存在瑕疵,则李某(　　)。

　　A. 要求施工单位修改设计

　　B. 应当报告建设单位要求施工单位修改设计

　　C. 应当报告建设单位要求设计单位修改设计

　　D. 应当要求设计单位修改设计

4.依据《建设工程质量管理条例》的规定,以下工作中,应由总监理工程师签字认可的是(　　)。

　　A. 建设单位拨付工程款

　　B. 施工单位实施隐蔽工程

　　C. 商品混凝土用于基础工程

　　D. 大型非标构件进行吊装

5.某工程施工过程中,监理工程师以施工质量不符合施工合同约定为由要求施工单位返工,但是施工单位认为施工合同是由建设单位与施工单位签订的,监理单位不是合同当事人,不属于监理的依据。对此,正确的说法是(　　)。

A. 监理工程师应当根据国家标准监理,而不能以施工合同为依据监理

B. 施工合同是监理工程师实施监理的依据

C. 施工合同是否作为监理依据,要根据建设单位的授权

D. 施工合同是否作为监理依据,要根据上级建设行政主管部门的意见确定

6. 建设单位与监理单位的关系是( )关系。

    A. 聘用　　　　　　　B. 合作　　　　　　　C. 委托代理　　　　　　　D. 指挥

7. 对监理依据的看法正确的是( )。

    A. 施工单位执行《建筑法》等法律法规情况,应由政府建设行政管理部门监督,故法律法规不是工程监理依据

    B. 监理施工单位"照图施工"是自己的权利和义务,施工图设计文件应作为监理依据

    C. 工程进度应由施工承包单位监督检查,工程承包合同中约定的进度条款不属于监理依据

    D. 工程款支付是建设单位的权利,工程承包合同中的工程款支付条款不属于监理依据

8. 工程监理做到客观公正的前提是( )。

    A. 公正监理　　　　　　　　　　　　B. 不超越资质承揽工程

    C. 独立监理　　　　　　　　　　　　D. 独立承担责任

9. 建筑工程监理应当依照法律、行政法规及有关的技术标准、设计文件和( ),对承包单位在施工质量、建设工期和建设资金使用等方面,代表建设单位实施监督。

    A. 授权书　　　　　　B. 许可证书　　　　　　C. 建筑法　　　　　　D. 承包合同

10. 建设工程委托监理在本质上是( )。

    A. 监督管理　　　　　　B. 项目管理　　　　　　C. 进度管理　　　　　　D. 质量管理

11. 按照国家有关规定,下列工程必须实行监理的是( )。

    A. 一座总投资 2300 万元的桥梁

    B. 一个建筑面积 4.6 万 m² 的住宅楼

    C. 一座 6500 万元的污水处理厂

    D. 一个总投资 2800 万元的体育场

12. 某工程的监理工程师发现业主与承包方签订的《施工合同》专用条款中就钢材生产厂家所作的约定为:承包方负责采购,业主方指定生产厂商。监理工程师应当( )。

    A. 建议发包方取消该约定　　　　　　B. 建议变更钢材生产厂

    C. 监督承包方严格履约　　　　　　　D. 推荐施工方钢材供应商

13. 某工程施工段钢筋绑扎完毕后,监理工程单位接到通知但因故没有到场检验,施工方即观摩浇注。如果因此给建设方造成损失,监理公司应承担的是( )。

    A. 全部的赔偿责任　　　　　　　　　B. 主要的赔偿责任

    C. 相应的赔偿责任　　　　　　　　　D. 次要的赔偿责任

14. 工程监理的内容与业主方同一建设阶段项目管理的内容是一致的,一般包括"三控制、三管理、一协调",而具体工程的监理内容及权限取决于( )的授权。

    A. 施工合同　　　　　　B. 设计合同　　　　　　C. 监理合同　　　　　　D. 法律法规

15. 包括监理规划、监理实施细则和监理部总控制计划在内的监理文件是( )。

A. 监理月报　　　　B. 监理大纲　　　　C. 监理规划　　　　D. 监理报告

16. 某建筑公司的试验人员已经就进场的钢筋进行了检验,则下面说法正确的是(　　)。

    A. 监理单位就不需要检验了

    B. 监理单位要进行平行检验

    C. 监理单位是否需要进行检验,要根据合同中对此是否有约定

    D. 监理单位是否需要进行检验,要根据建设单位是否有此要求

17. 学校、影剧院、体育场馆项目属于必须实行监理的(　　)。

    A. 大中型公用事业工程项目

    B. 总投资额在 3000 万元以上关系社会公共利益的项目

    C. 国家规定必须实行监理的其他工程

    D. 国家重点建设项目

18. 工程监理单位在实施监理过程中,发现存在安全事故隐患的,应当要求施工单位整改;情况严重的,应当要求施工单位暂时停止施工,并及时报告(　　)。

    A. 建设单位　　　　　　　　　　　　B. 监督单位

    C. 建设行政主管部门　　　　　　　　D. 安全监督管理部门

19. 由于监理工程师指令有误而导致施工现场停止施工,产生的费用由(　　)承担。

    A. 监理单位　　　　　　　　　　　　B. 监理工程师

    C. 施工单位　　　　　　　　　　　　D. 建设单位

20. 工程监理单位不得与(　　)有隶属关系或者其他利害关系。

    A. 施工单位　　　　　　　　　　　　B. 建设单位

    C. 设计单位　　　　　　　　　　　　D. 勘察单位

21. 工程监理企业的资质等级分为甲级、乙级和丙级,并按照(　　)划分为若干工程类别。

    A. 投资规模和建设周期　　　　　　　B. 工程性质和技术特点

    C. 工程性质和建设周期　　　　　　　D. 投资规模和技术特点

22. 工程监理单位超越本单位资质等级承担工程的,可以给予如下处罚(　　)。

    A. 责令停止违法行为,处合同约定的监理酬金 1 倍以上 2 倍以下的罚款;情节严重的,吊销资质证书;有违法所得的,予以没收

    B. 责令停止违法行为,没收违法所得,处合同约定的监理酬金 50% 以上 80% 以下的罚款;可以责令停业整顿,降低资质等级;情节严重的,吊销资质证书

    C. 责令改正,处 20 万元以上 50 万元以下的罚款,降低资质等级或者吊销资质证,有违法所得的,予以没收;造成损失的,承担连带赔偿责任

    D. 责令改正,处 5 万元以上 10 万元以下的罚款,降低资质等级或者吊销资质证书;有违法所得的,予以没收

23. 王某是科正监理公司承担某公路项目的总监理工程师,在工程计量中,王某与施工单位项目负责人李某合谋多计工程量,然后二人平分,由此给建设单位造成了 10 万元损失。对此损失,应由(　　)承担连带责任。

    A. 王某与李某

    B. 科正监理公司与施工单位项目部

C. 王某、李某、科正监理公司与施工单位项目部

D. 科正监理公司与施工单位

24. 按照国家有关规定,下列工程必须实行监理的是(　　)。

A. 一座总投资 1800 万元的养老院

B. 一个建筑面积 2.6 万 m² 的住宅楼

C. 一座总投资 6100 万元的污水处理厂

D. 一个总投资 2300 万元的公共停车场

25. 某工程监理咨询公司中标获得某市长途汽车中心站工程的监理业务,在熟悉施工图时,监理工程师发现站房候车区部分大梁的配筋不符合建筑工程质量标准,不能满足结构安全性要求。对此,工程监理人员根据自己的权限和义务,应当(　　)。

A. 要求施工方改正

B. 通知设计方改正

C. 通知建设方修改设计

D. 报告建设方要求设计方改正

(二)多项选择题

1. 工程监理单位应当依照(　　),代表建设单位对施工质量实施监理,并对施工质量承担监理责任。

A. 法律、法规　　　　　　　　　　B. 有关技术标准

C. 有关设计文件　　　　　　　　　D. 建设工程承包合同

E. 建设工程监理合同

2. 按照《建筑法》的规定,建设单位应当在实施建筑工程监理前,将(　　)书面通知被监理的建筑施工企业。

A. 监理的内容　　　　　　　　　　B. 监理规划

C. 监理的费用　　　　　　　　　　D. 委托的工程监理单位

E. 监理权限

3. 下列各项必须实行监理的建筑工程有(　　)。

A. 邮政、电信枢纽、通信、信息网络等项目

B. 使用世界银行、亚洲开发银行等国际组织贷款资金的项目

C. 项目总投资额为 2500 万元的养老院

D. 项目总投资额在 3000 万元以上的学校项目

E. 建筑面积在 5 万 m² 以上的住宅建设工程

4. 工程监理人员认为(　　)有权要求建筑施工企业改正。

A. 工程施工不符合工程设计要求　　　B. 工程承包合同存在矛盾时

C. 工程施工不符合施工技术标准　　　D. 工程施工不符合合同约定

E. 工程存在质量隐患时

5. 监理工程师应当按照工程监理规范的要求进行监理,采取形式有(　　)。

A. 巡视　　　　　B. 送检　　　　　C. 平行检验　　　　　D. 旁站

E. 抽验

6.某工程监理公司是施工项目的监理单位,其监理的依据包括( )。

A. 该项目施工单位与建设单位签订的施工承包合同

B.《建设工程质量管理条例》

C.《建设工程安全生产管理条例》

D. 该项目设计单位与建设单位签订的设计承包合同

E.《工程建设标准强制性条文》

7.项目监理机构在实施工程监理时,其主要的监理依据有( )。

A. ISO 质量管理体系

B. 工程建设国家强制性标准

C. 工程设计文件

D. 施工企业管理制度

E. 建设工程施工合同

(三)案例分析

1.某市政府计划在高新技术开发区成片开发建筑面积6万平方米的经济适用房。按照我国法律的规定,该工程涉及住房保障问题,必须实行监理。

(1)依据《建筑法》规定,哪个部门有权规定实行强制监理的建筑工程的范围?

(2)在我国必须实行监理的建设工程范围包括哪些?

2.赵某是某监理公司派出的监理人员,由于工作的需要,赵某需要长年住在施工单位。长时间的接触使得赵某与施工单位的人员建立起了很好的私人关系。

某日,施工单位的主要负责人找到了赵某,向赵某述说了目前的困难。原来,施工单位目前正在施工沥青混凝土面层,但是由于所在地区不生产碱性石料,导致进度迟缓,希望赵某能够允许施工单位以一部分酸性石料代替碱性石料使用。赵某很清楚拌制沥青混凝土不可以使用酸性石料,但是碍于双方的密切关系,赵某同意了这个要求。

后来使用酸性石料拌制的沥青混凝土出现了沥青与石料剥离现象,不得不进行大面积返工,给建设单位造成了巨大损失。为此,建设单位要求监理公司予以赔偿,这个要求是否合理?

附:参考答案

(一)单项选择题

1. A	2. D	3. C	4. A	5. B	6. C	7. B	8. C	9. D	10. B
11. C	12. A	13. C	14. C	15. C	16. B	17. C	18. A	19. D	20. A
21. B	22. A	23. D	24. C	25. D					

(二)多项选择题

1. ABCDE　　　　2. ADE　　　　3. BDE　　　　4. ACDE　　　　5. ACD

6. ABCE　　　　7. BCE

(三)案例分析

1.(1)国务院

(2)按照《建设工程监理范围和规模标准规定》,对下列工程建设项目必须强制实行监理:

①国家重点建设工程,即依据《国家重点建设项目管理办法》所确定的对国民经济和社会发展有重大影响的骨干项目。

②项目总投资额在3000万元以上的大中型公用事业工程,包括供水、供电、供气、供热等市政工程项目;科技、教育、文化等项目;体育、旅游、商业等项目;卫生、社会福利等项目;以及其他公用事业项目。

③成片开发建设的建筑面积在5万平方米以上的住宅建设工程。

④利用外国政府或者国际组织贷款、援助资金的工程,包括使用世界银行、亚洲开发银行等国际组织贷款资金的项目;使用国外政府及其机构贷款资金的项目;使用国际组织或者国外政府援助资金的项目。

⑤国家规定必须实行监理的其他工程,包括学校、影剧院、体育场馆项目和总投资额在3000万元以上关系社会公共利益、公众安全的下列基础设施项目,包括煤炭、石油、化工、天然气、电力、新能源等项目;铁路、公路、管道、水运、民航以及其他交通运输业等项目;邮政、电信枢纽、通信、信息网络等项目;防洪、灌溉、排涝、发电、引(供)水、滩涂治理、水资源保护、水土保持等水利建设项目;道路、桥梁、地铁和轻轨交通、污水排放及处理、垃圾处理、地下管道、公共停车场等城市基础设施项目;生态环境保护项目;以及其他基础设施项目。

2.要求是合理的。工程监理单位接受建设单位的委托,代表建设单位进行项目管理。工程监理单位就是建设单位的代理人。赵某是监理公司派出的监理人员,工程监理单位应为其行为负责。赵某与施工单位串通,为施工单位谋取非法利益,工程监理单位和施工单位要为此承担连带责任。因此,建设单位要求工程监理单位予以赔偿是合理的要求。

第六章
建筑工程安全生产管理法规

一 学习目的与基本要求

通过本章的学习,使学生们全面地掌握我国建筑工程安全生产管理的方针、原则和基本制度,以及建筑从业单位的安全生产责任的具体规定,以增强学生的安全知识,提高学生的安全意识。

二 重点与难点解析

(一)建筑安全生产的方针

建筑工程安全生产管理必须坚持安全第一、预防为主的方针。

(二)建筑安全生产管理制度的基本内容

1. 预防性的制度

(1)安全生产责任制度

安全生产责任制度是建筑生产中最基本的安全管理制度,是所有安全规章制度的核心。

安全生产责任制的主要内容包括:一是从事建筑活动主体负责人的责任制。比如,建筑施工企业的法定代表人要对本企业的安全负主要的安全责任;二是从事建筑活动主体的职能机构或职能处室负责人及其工作人员的安全生产责任制。比如,建筑企业根据需要设置的安全处室或者专职安全人员要对安全负责;三是岗位人员的安全生产责任制。岗位人员必须对安全负责。从事特种作业的安全人员必须进行培训,经过考试合格后方能上岗作业。

(2)群防群治制度

群防群治制度是职工群众进行预防和治理安全的制度。这一制度也是"安全第一、预防为主"的具体体现,同时也是群众路线在安全工作中的具体体现,是企业进行民主管理的重要内容。这一制度要求建筑企业职工在施工中应当遵守有关生产的法律、法规和建筑行业安全规章、规程,不得违章作业;对于危及生命安全和身体健康的行为有权提出批评、检举和控告。

(3)安全生产教育培训制度

安全生产教育培训制度,是对广大干部职工进行安全教育培训,提高安全意识,增加安全知识和技能的制度。

分析众多的建筑安全事故的原因,其中很重要的一条是从业人员安全意识不强,安全技能不够。《建筑法》第 46 条建筑施工企业应当建立健全劳动安全生产教育培训制度,加强对职工安全生产的教育培训;未经安全生产教育培训的人员,不得上岗作业。

(4)安全生产监督检查制度

安全生产检查制度,是上级管理部门或企业自身对安全生产状况进行定期或不定期检查的制度。通过检查可以发现问题,查出隐患,从而采取有效措施,堵塞漏洞,把事故消灭在萌芽之中,做到防患于未然,是"预防为主"的具体体现。通过检查,还可总结出好的经验加以推广,为进一步搞好安全工作打下基础。安全检查制度是安全生产的保障。

2.补救性的制度

(1)伤亡事故处理报告制度

施工中发生事故时,建筑企业应当采取紧急措施减少人员伤亡和事故损失,并按照国家有关规定及时向有关部门报告。通过对事故的严肃处理,可以总结出教训,为制定规程、规章提供第一手素材,做到亡羊补牢。

①事故等级划分:

根据国务院 2005 年 1 月 26 日印发的《国家突发公共事件总体应急预案》的规定,按照事故造成的伤亡人数或者直接经济损失,条例将事故划分为特别重大事故、重大事故、较大事故和一般事故 4 个等级。

特别重大事故,是指造成 30 人以上死亡,或者 100 人以上重伤,或者 1 亿元以上直接经济损失的事故;

重大事故,是指造成 10 人以上 30 人以下死亡,或者 50 人以上 100 人以下重伤,或者 5000万元以上 1 亿元以下直接经济损失的事故;

较大事故,是指造成 3 人以上 10 人以下死亡,或者 10 人以上 50 人以下重伤,或者 1000万元以上 5000 万元以下直接经济损失的事故;

一般事故,是指造成 3 人以下死亡,或者 10 人以下重伤,或者 1000 万元以下直接经济损失的事故。

其中,事故造成的急性工业中毒的人数,也属于重伤的范围。

②建筑工程事故报告制度。

《生产安全事故报告和调查处理条例》(以下简称条例)规定,事故发生后,事故现场有关人员应当立即向本单位负责人报告;单位负责人接到报告后,应当于 1 小时内向事故发生地县级以上人民政府安全生产监督管理部门和负有安全生产监督管理职责的有关部门报告。

情况紧急时,事故现场有关人员可以直接向事故发生地县级以上人民政府安全生产监督管理部门和负有安全生产监督管理职责的有关部门报告。

(2)安全责任追究制度

《建筑法》第七章法律责任中,规定建设单位、设计单位、施工单位、监理单位,由于没履行职责造成人员伤亡和事故损失的,视情节给予相应处理;情节严重的,责令停业整顿,降低资质等级或吊销资质证书;构成犯罪的,依法追究刑事责任。

（3）建筑安全生产意外伤害保险制度

2011年4月22日第十一届全国人民代表大会常务委员会第二十次会议通过将第48条修改为："建筑施工企业应当依法为职工参加工伤保险缴纳工伤保险费。鼓励企业为从事危险作业的职工办理意外伤害保险，支付保险费。"本决定自2011年7月1日起施行。

（三）建筑工程安全生产管理的体系

1. 纵向管理——建筑工程安全生产的监督管理体制

我国的安全生产管理体制是"企业负责、行业管理、国家监察、群众监督、劳动者遵章守纪。"

行业管理是指行业主管部门根据"管生产必须管安全的原则"，管理本行业的安全生产工作。建设行政主管部门对于建筑活动过程中安全生产的行业管理。

国家监察是指由国家安全生产监督管理部门按照国务院要求实施国家劳动安全监察。国家监察是一种执法监察。

建设行政主管部门负责建筑安全生产的管理，并依法接受安全生产监督部门对建筑安全生产的指导和监督。这属于行政法律关系。

2. 横向管理——建筑活动主体的安全生产责任

建设单位、勘察设计单位、监理单位及施工单位等应有的安全责任和义务，这属于民事法律关系，以及在其内部因建筑安全生产管理而形成的内部管理法律关系。

（1）建设单位

①建设单位应当向建筑施工企业提供与施工现场相关的地下管线资料，建筑施工企业应当采取措施加以保护。

②建设单位应当按照国家有关规定办理申请批准手续。其目的是将一些特殊作业纳入国家的控制之下，以确保工程建设活动不破坏社会良性秩序。

③装修作业的安全要求：如果涉及主体结构变动和承重结构变动的装修工程，建设单位应委托原设计单位或具有相应资质条件的设计单位提出设计方案。

④拆除特殊作业的安全要求：建设单位应当将拆除工程发包给具有相应资质的施工企业。由建筑施工单位负责人对安全负责。

（2）勘察、设计单位

①勘察单位应当按照法律、法规和工程建设强制性标准进行勘察，提供的勘察文件应当真实、准确，满足建设工程安全生产的需要。

②勘察单位在勘察作业时，应当严格执行操作规程，采取措施保证各类管线、设施和周边建筑物、构筑物的安全。

③建筑工程设计应当符合按照国家规定制定的建筑安全规程和技术规范，保证工程的安全性能。

④设计单位应当参与建设工程安全事故分析，并且因设计造成的安全事故提出相应的技术处理意见。

（3）监理单位

详见第五章建筑工程监理法规

（4）施工单位（包括施工现场的安全管理）

①建筑施工企业在编制施工组织设计时，应当根据建筑工程的特点制定相应的安全技术措施；对专业性较强的工程项目，应当编制专项安全施工组织设计，并采取安全技术措施。

②建筑施工企业应当在施工现场采取维护安全、防范危险、预防火灾等措施；有条件的，应当对施工现场实行封闭管理。

③施工现场对毗邻的建筑物、构筑物和特殊作业环境可能造成损害的，建筑施工企业应当采取安全防护措施。

④建筑施工企业应当遵守有关环境保护和安全生产的法律、法规的规定，采取控制和处理施工现场的各种粉尘、废气、废水、固体废物以及噪声、振动对环境的污染和危害的措施。

⑤施工现场安全由建筑施工企业负责。实行施工总承包的，由总承包单位负责。分包单位向总承包单位负责，服从总承包单位对施工现场的安全生产管理。

(四)法律索引

1.《中华人民共和国建筑法》(1997 年 11 月 1 日第八届全国人民代表大会常务委员会第二十八次会议通过)

2.《中华人民共和国安全生产法》(2002 年 6 月 29 日第九届全国人民代表大会常务委员会第二十八次会议通过,自 2002 年 11 月 1 日起施行)

3.《建筑工程安全生产管理条例》(2003 年 11 月 12 日国务院第 28 次常务会议通过,自 2004 年 2 月 1 日起施行。)

4.《生产安全事故报告和调查处理条例》(2007 年 4 月 1 日通过;6 月 1 日实施)

5.《国家突发公共事件总体应急预案》(国务院 2005 年 1 月 26 日印发)

三 精选案例

案例 1:《普阳钢铁公司瞒报事故追踪》❶

2010 年 1 月 4 日上午,河北普阳钢铁有限公司发生煤气泄漏中毒事故,造成多人死伤。事故发生后却没有按照规定报告,在有关部门接到举报再三督促核查的情况下,先是谎报死亡 7 人,三天后的 1 月 7 日晚上才提供"1.4"煤气中毒事故死亡 21 人、伤 9 人的人员名单。

国家规定,一次发生死亡十人以上,三十人以下的事故为重大事故,应由省一级相关部门处理。张富贵(普钢公司负责安全生产的副总经理)等人瞒报,就是为了把大事化小,逃避事故责任和法律追究。

普钢公司对中毒事故死亡人数进行瞒报不但违法,也给遇难工人的家属带来了巨大的痛苦,不仅如此,遇难工人家属还向记者反映,普钢公司的一些人为地掩盖真相,还想用多给钱的手段来封口,与他们私了。

❶参见 2010 年 1 月 16 日《焦点访谈》节目:普阳钢铁公司瞒报事故追踪。

记者在采访中还了解到，就在这起事故发生的前一天，普钢公司已经发生了一起煤气中毒事故，导致两名工人死亡。这起事故，普钢公司同样没有上报，而是采取私了的方式将此事瞒了下来。

正是因为普钢公司不认真查找事故原因，反而在第二天继续违法违规强行施工，导致第二起更大事故的发生。瞒报事件披露后国家安监总局副局长孙华山率工作组赶到现场，核查后工作组认为，这家公司，无视安全生产，管理混乱，违章指挥，这是导致事故发生的根本原因。

关联教材：

第六章　建筑安全生产管理法规

第一节　建筑工程安全生产管理概述

第三节　建筑工程事故处理

思考讨论：

1. 通过此案例请同学们谈谈生产过程中安全事故发生的根本原因。

2. 请同学们思考此案例给我们带来的警示。

【案例点评】

生命高于一切，安全生产事故中的伤亡数字让人痛心，而死亡名单背后的瞒报尤其让人痛恨。"1.4"煤气中毒事故暴露出普阳钢铁公司对安全生产极为不重视，安全生产责任不落实，生产施工组织无序，安全措施严重缺乏，且无视国家法律，视职工生命为儿戏。知情不报、谎报瞒报。据核查发现，普阳钢铁公司从2004年以来瞒报了多起死亡事故！目前有关部门正在对这些问题做进一步调查。

案例2：湖南湘西凤凰县堤溪沱江大桥"8·13"特别重大坍塌事故❶

堤溪沱江大桥工程是湖南省湘西土家族苗族自治州凤凰县至贵州省铜仁大兴机场凤大公路工程建设项目的控制性工程，大桥全长328.45m，桥面宽度13m。该工程建设单位是湘西自治州凤大公路建设有限责任公司，为国有独资公司，隶属于湘西自治州人民政府；设计和地质勘察单位是华罡设计院，具有公路行业甲级《工程设计证书》、甲级《工程咨询资格证书》和甲级《工程勘察证书》；施工单位是湖南路桥建设集团公司，湖南路桥建设集团公司所属道路七分公司具体负责堤溪沱江大桥的施工任务；监理单位为湖南省金衢交通咨询监理有限公司，具有公路工程甲级监理资质。

2007年8月13日16时45分，正在建设的堤溪沱江大桥发生特别重大坍塌事故，造成64人死亡、4人重伤、18人轻伤，直接经济损失3974.7万元。

事故发生后，8月16日，"8.13"特别重大坍塌事故调查组从项目立项、地质勘察、设计、施工、监理和工程管理六个环节入手，通过现场勘察、技术鉴定、查阅资料和询问有关当事人，查明了事故发生的经过、直接原因和间接原因。

其中施工单位方面的原因：

---

❶参见网址：http://www.scafsafety.cn/ArticleShow.aspx? id=fb19f4d6-4ec9-4707-a137-e5adlc30cce7。

施工单位严重违反工程建设质量和安全生产的法律法规及技术标准，施工质量控制不力，现场管理混乱。

一是项目经理部未经设计单位同意，擅自与业主商议变更原主拱圈施工方案，未严格按照设计要求的主拱圈砌筑方式进行施工。

二是未配备专职的质量监督员和安全员，未认真整改落实监理单位多次指出的严重工程质量和安全生产隐患；主拱圈施工质量问题突出。

三是倒排工期赶进度，连续施工主拱圈、横墙、腹拱、侧墙，在主拱圈未达到设计强度的情况下就开始落架施工作业，降低了砌体的整体性和强度。

四是技术力量薄弱，现场管理混乱。项目经理部的技术、管理人员共17人，其中专业技术人员仅6人；施工人员技术素质低，劳务分包给不具备施工基本水平的农民工队伍，且在上岗前未按规定进行技术培训和安全教育，卷扬机操作人员、试验员、测量员等均无相应资格证书；工程材料质量把关不严，未按照设计要求控制拱石规格。

五是道路七公司未按规定履行质量和安全管理职责。没有专门的安全生产管理机构，在巡查中走过场，未能发现存在的严重质量、安全生产隐患以及施工现场管理混乱问题，默认同意项目经理部招雇没有石拱桥施工经验的农民工及无证上岗等问题，违规同意项目经理部变更原主拱圈设计施工方案，盲目倒排工期赶进度。

六是湖南路桥建设集团公司对工程施工安全质量工作监管不力。湖南路桥建设集团公司对道路七公司的机构设置、人员配置、质量安全职责和控制措施监督落实不力；指导和监督道路七公司贯彻落实工程建设质量和安全生产管理的规章制度不力；对项目经理部长期存在的管理混乱、人员不到位、无证上岗、工程质量等问题和对项目经理部变更原主拱圈设计施工方案、不顾工期延误现实盲目倒排工期赶进度的问题失察。

事故性质

经调查认定，湖南凤凰县堤溪沱江大桥"8·13"特别重大坍塌事故是一起责任事故。

对事故有关单位和人员的处理

见第九章建筑法律责任的精选案例中的案例2

关联教材：

第六章　建筑安全生产管理法规

第一节　建筑工程安全生产管理概述

第二节　建筑活动主体的安全生产责任

思考讨论：

1.通过此案例结合教材相关内容请同学们分析施工单位违规操作都有哪些？

2.请同学们思考此案例给我们带来的警示。

【案例点评】

湖南凤凰县堤溪沱江大桥"8·13"特别重大坍塌事故损失重大。我们应深刻汲取教训，举一反三。严防类似事故发生。要高度重视安全生产工作.始终把安全摆在重要位置，进一步完善安全生产责任制，深入开展安全教育，切实提高安全生产意识，严格执行"政府监督、法人管理、社会监理、企业负责"的安全监管体系。

(四) 练习题

(一) 单项选择题

1. 建设工程安全生产管理条例中,(　　)是建筑生产最基本的安全管理制度,是所有安全规章制度的核心。

    A. 安全生产责任制度　　　　　　　　　　B. 安全责任追究制度

    C. 安全生产教育培训制度　　　　　　　　D. 安全生产检查制度

2. 在建设工程安全生产管理的基本制度中,"安全第一、预防为主"的具体体现是(　　),它是企业民主管理的重要内容。

    A. 安全生产教育培训制度　　　　　　　　B. 群防群治制度

    C. 安全生产检查制度　　　　　　　　　　D. 安全责任追究制度

3. 《建设工程安全生产管理条例》规定,施工单位应当为(　　)办理意外伤害保险。

    A. 本单位职工　　　　　　　　　　　　　B. 施工现场人员

    C. 施工现场从事危险作业的人员　　　　　D. 施工现场从事特种作业人员

4. 事故发生后,事故单位负责人接到报告后,应当于(　　)小时内向事故发生地县级以上人民政府安全生产监督管理部门和负有安全生产监督管理职责的有关部门报告。

    A. 1 小时　　　　　　B. 24 小时　　　　　　C. 36 小时　　　　　　D. 48 小时

5. 重大事故发生后,事故发生单位书面报告中不应有的内容是(　　)。

    A. 事故发生的时间、地点、工程项目、企业名称

    B. 事故发生的简要经过、伤亡人数和损失的初步估计

    C. 事故发生原因的初步判断

    D. 事故发生前企业的安全管理制度及安全技术措施

6. 施工单位违反施工的程序,导致一幢 13 层在建楼房倒塌,致使一名工人死亡,直接经济损失达 7000 余万元人民币,根据《生产安全事故报告和调查处理条例》规定,该事件属于(　　)事故。

    A. 特别重大　　　　　B. 重大　　　　　　　C. 较大　　　　　　　D. 一般

7. 某建设工程施工过程中发生较大事故,根据《生产安全事故报告和调查处理条例》规定,该级事故应由(　　)负责调查。

    A. 国务院　　　　　　　　　　　　　　　B. 省级人民政府

    C. 设区的市级人民政府　　　　　　　　　D. 县级人民政府

8. 根据《安全生产法》的规定,当发现直接危及人身安全的紧急情况时,从业人员停止作业或者在采取可能的应急措施后撤离作业场所的权利是(　　)。

    A. 拒绝权　　　　　　B. 建议权　　　　　　C. 紧急避险权　　　　D. 拒绝权

9. 根据《安全生产法》的规定,从业人员的知情权是指(　　)。

    A. 掌握本职工作所需的安全生产知识,增强事故预防和应急处理能力

    B. 获得符合国家标准或者行业标准的劳动防护用品的权利

    C. 了解其作业场所和工作岗位存在的危险因素、防范措施和事故应急措施

D. 熟悉有关安全生产规章制度和安全操作规程,掌握本岗位安全操作技能

10. 涉及建筑主体和承重结构变动的装修工程,建设单位应当在施工前委托原设计单位或者(　　)的设计单位提出设计方案;没有设计方案的,不得施工。
　　A. 原设计单位推荐　　　　　　　　　　B. 建设单位选定
　　C. 具有相应资质条件　　　　　　　　　D. 招投标选择

11. 实施爆破作业的,使用爆破器材的建设单位应当(　　),方准使用。
　　A. 向上级主管部门领取《爆破物品使用许可证》
　　B. 向建设行政主管部门申请领取施工许可证
　　C. 向公安机关申请领取《爆破物品使用许可证》
　　D. 向公安机关申请办理施工方案的审批手续

12. 设计单位应当考虑施工安全操作和防护的需要,对涉及(　　)在设计文件中注明,并对防范生产安全事故提出指导意见。
　　A. 施工安全的重点部位和环节　　　　　B. 特殊设计部位
　　C. 关键施工部位　　　　　　　　　　　D. 有难度的施工部分

13. 建筑设计单位对设计文件选用的建筑材料、建筑构配件和设备,不得指定(　　)。
　　A. 生产厂、供应商　　　　　　　　　　B. 运输单位、供应商
　　C. 来源地　　　　　　　　　　　　　　D. 代购单位

14. 监理工程师发现施工现场料堆偏高,有可能滑塌,存在安全事故隐患,则监理工程师应当(　　)。
　　A. 要求施工单位整改　　　　　　　　　B. 要求施工单位停止施工
　　C. 向安全生产监督行政主管部门报告　　D. 向建设工程质量监督机构报告

15.《建设工程安全生产管理条例》规定,不属于监理单位安全生产管理责任和义务的是(　　)。
　　A. 编制安全技术措施及专项施工方案
　　B. 审查安全技术措施及专项施工方案
　　C. 报告安全生产事故隐患
　　D. 承担建设工程安全生产监理责任

16. 甲公司是某项目的总承包单位,乙公司是该项目的建设单位指定的分包单位。在施工过程中,乙公司拒不服从甲公司的安全生产管理,最终造成安全生产事故,则(　　)。
　　A. 甲公司负主要责任　　　　　　　　　B. 乙公司负主要责任
　　C. 乙公司负全部责任　　　　　　　　　D. 监理公司负主要责任

17. 生产经营单位对本单位的安全生产工作全面负责的是(　　)。
　　A. 董事长　　　　　　　　　　　　　　B. 总经理
　　C. 生产单位的主要负责人　　　　　　　D. 总工程师

18. 建筑施工企业对本单位安全生产负责的是(　　)。
　　A. 法定代表人　　　　　　　　　　　　B. 施工现场项目经理
　　C. 企业安全管理部门　　　　　　　　　D. 施工现场专职安全员

19. 建设工程施工现场安全由(　　)负责。

A. 建筑业企业　　　　　　　　　　B. 现场安全员

C. 现场项目经理　　　　　　　　　D. 总承包单位

20.（　　）全面负责施工过程的现场管理,他应根据工程规模、技术复杂程度和施工现场的具体情况,建立施工现场管理责任制,并组织实施。

A. 项目经理　　　　　　　　　　B. 总监理工程师

C. 建设单位驻现场代表　　　　　D. 项目总工程师

21. 施工单位应当采取防止环境污染的措施中不包括（　　）。

A. 妥善处理泥浆水,未经处理不得直接排放城市排水设施和河流

B. 采取有效措施施工过程中的扬尘

C. 不要将含有碎石、碎砖的土用作土方回填

D. 对产生噪声、振动的施工机械,应采取有效控制措施,减轻噪声扰民

22. 建设工程施工由于受（　　）限制,对环境的污染不能控制在规定范围内的,建设单位应当会同施工单位事先报请当地人民政府建设行政主管部门和环境行政主管部门批准。

A. 工期紧张条件　　　　　　　　B. 人员配置条件

C. 技术、经济条件　　　　　　　D. 施工现场狭窄

(二)多项选择题

1. 建设工程安全生产管理的基本制度有（　　）。

A. 社会舆论监督制度　　　　　　B. 安全生产责任制度

C. 安全责任追究制度　　　　　　D. 伤亡事故处理报告制度

E. 三级安全教育制度

2. 建筑安全生产"三同时"制度是指建设项目的安全设施,必须与主体工程（　　）。

A. 同时安全培训　　　　　　　　B. 同时资金投入

C. 同时设计　　　　　　　　　　D. 同时施工

E. 同时投入生产和使用

3. 建设工程施工中需要进行爆破作业的,必须（　　）。

A. 报经监理工程师同意　　　　　B. 经上级主管部门审查同意

C. 遵守爆破安全规程　　　　　　D. 申请《爆破物品使用许可证》

E. 在不扰民的情况下进行

4. 三级安全教育制度是企业安全教育的基本教育制度。教育对象是新进厂人员,其内容是（　　）。

A. 入厂教育　　　　　　　　　　B. 车间教育

C. 班组教育　　　　　　　　　　D. 行政部门安全教育

E. 个人安全教育

5. 下列事故条件属于重大事故的是（　　）。

A. 死亡 10 人　　　　　　　　　B. 直接经济损失 100 万元

C. 重伤 51 人　　　　　　　　　D. 轻伤 20 人

E. 间接经济损失 18 万元

6. 根据《安全生产法》的规定,从业人员安全生产中的权利包括（　　　）。

A. 知情权　　　　　　B. 调查处理权　　　　C. 控告权　　　　　　D. 拒绝权

E. 紧急避险权

7. 根据《安全生产法》的规定,从业人员享有的权利有（　　　）。

A. 有权了解其作业场所和工作岗位存在的危险因素、防范措施及事故应急措施,有权对本单位的安全生产工作提出建议

B. 有权对本单位安全生产工作中存在的问题提出批评、检举、控告,有权拒绝违章指挥和强令冒险作业

C. 从业人员发现直接危及人身安全的紧急情况时,有权停止作业

D. 有权接受安全生产教育和培训,掌握本职工作所需要的安全生产知识,提高安全生产技能,增强事故预防和应急处理能力

E. 从业人员发现直接危及人身安全的紧急情况时,有权撤离作业现场

（三）案例分析

2004年6月9日上午10时30分,由开化县华盛建筑安装工程公司承建施工的开化县华盛家苑2号商品房工地,发生一起高处坠落死亡事故,死者余有德在二层室内,站在木人字梯第二步（高度0.6米）处。进行塑料套管穿线作业时,由于没有按照规范要求操作而用力过猛,使预埋电线盒拉破,塑料套管从墙体中脱落,致使人从木人字梯上后仰坠落,头先着地,经抢救无效死亡,项目经理:汪有兴（三级）,监理单位:衢州市新世纪工程咨询有限公司（乙级）,项目总监:赵庆浩。

2004年6月15日上午11时30分,由浙江贝林实业集团有限公司承建施工的衢江区望江苑一标段33号楼工地,发生一起机械伤人死亡事故。架子工班组长王成日安排本班组作业人员周日兴（普工）将井架松懈的安全网进行重新绑扎牢固,周日兴已完成其中一个工作面后,要求卷扬机工将井架的吊盘往下降,而卷扬机工何水珍误听为将吊盘往上升,致使操作失误,由于本井架是快速卷扬机,在吊盘上升过程中周日兴毫无思想准备,避闪不及,被夹在架体与吊盘之间,从而发生死亡事故。

问题:

1. 请试分析该建筑安全事故发生的原因?

2. 建筑业的五类常发事故是什么?

附:参考答案

（一）单项选择题

1. A　　2. B　　3. C　　4. A　　5. D　　6. B　　7. C　　8. C　　9. C　　10. C

11. C　　12. A　　13. A　　14. A　　15. A　　16. B　　17. C　　18. A　　19. D　　20. A

21. C　　22. C

（二）多项选择题

1. BCD　　　　2. CDE　　　　3. BCD　　　　4. ABC　　　　5. AC

6. ACDE   7. ABC

(三)案例分析

1.(1)行业行政主管部门管理力度不够,力量不足,监管不到位。

(2)施工企业责任制未落实到位,各级安全检查,安全教育流于形式。项目部安全管理人员责任心不强,安全隐患不能及时发现和有效整改消除,擅自违章操作现象时有发生。

(3)监理单位未履行安全职责,监理人员安全管理水平普遍较低,对事故隐患不能及时发现,整改督促不到位。

(4)从业人员自身素质低,自我保护意识差。擅自违章作业现象时有发生在具体操作过程中不按规范要求进行施工,作业人员不能正确使用和佩带各类安全防护用品。

2.建筑业的五类常发事故有高处坠落、触电、物体打击、机械伤害、坍塌。

第七章
建筑工程质量管理法规

一 学习目的与基本要求

通过本章的学习使同学们掌握我国现行的建筑工程质量管理的体系及基本制度,培养学生在将来实际工作中的工程质量的意识——"百年大计,质量第一",提高其工程质量管理水平。

二 重点与难点解析

(一)工程建设标准化管理

工程建设标准是工程建设活动中需要共同遵守、重复使用的、统一的技术、经济和管理规定,是确保工程质量安全、规范市场秩序的重要的技术依据。

1.标准的分类

《中华人民共和国标准化法》将标准分为国家标准、行业标准、企业标准、地方标准。其中国家标准、行业标准分为强制性标准和推荐性标准。保障人体健康,人身、财产安全的标准和法律、行政法规规定强制执行的标准是强制性标准,其他标准是推荐性标准。即我国现行的工程建设标准体制是强制性与推荐性相结合的标准体制。

2.改革发展的趋势

推荐性标准所占比重逐渐增大;强制性标准所占比重减少。

(二)建筑企业质量认证制度

《中华人民共和国产品质量法》把质量体系认证制度分为两类:一是企业质量体系认证制度;二是产品质量认证制度。我国建筑行业推行的是企业质量体系认证制度。建筑从业单位(勘察单位、设计单位、施工单位、监理单位)根据自愿原则可以向国务院产品质量监督管理部门或者国务院产品质量监督管理部门授权的部门认可的认证机构申请质量体系认证。经认证合格的,由认证机构颁发质量体系认证证书。

国际标准化组织 ISO(International Organization for Standardization)于 1987 年 3 月正式发布 ISO9000《质量管理和质量保证》系列标准。我国 1992 年颁布了采用等同国际标准

GB/T 19000—ISO9000系列标准。我国建筑行业在建立企业内部质量管理体系时,一般应当选择 GB/T 19004—ISO9004 标准。

(三)我国建筑工程质量管理的体系

1.纵向管理——建筑工程质量监督制度

我国工程质量监督管理的主要方式是由政府认可的第三方强制实施监督,即由各省级建设主管部门委托的质量监督站进行具体监督。

2.横向管理

(1)建设工程质量主体的共同责任

建设工程质量的各方主体欲控制工程质量的前提条件,是共同遵守市场经济的共同规则。

①必须按建设工程从业单位资质管理的规则发包承包业务。

②工程项目依法必须通过招投标方式发包的,建设工程质量的各方主体应共同遵守。

③不得将建设工程肢解发包,转包和违法分包。

④必须严格遵守基本建设程序,坚持先勘察,后设计,再施工的原则。

(2)建设单位的责任

①必须向勘察、设计、施工、监理单位,提供与工程有关的原始资料,原始资料必须真实,准确,齐全。

②不得迫使承包方以低于成本价竞标,不得任意压缩合理工期,不得明示或暗示设计、施工单位违反工程建设强制性标准,降低工程质量。

③应将施工图设计文件报县级以上政府建设主管部门或其他部门审查,未经审查批准的,不得使用。

④实行监理的工程,应委托具有资质等级的监理单位或有相应资质等级并与施工单位设有隶属关系或利害关系的该工程的设计单位监理。

⑤在领取施工许可证或开工报告前,办理工程质量监督手续。

⑥应按合同约定,保证供料、构配件和设备,符合设计文件和合同要求。不得明示或暗示施工单位使用不合格材料,构配件和设备。

⑦涉及建筑主体和承重结构变动的装修工程,应在施工前委托原设计单位或有相应资质等级的设计单位提出设计方案。没有设计方案的,不得施工。

⑧收到建设工程竣工报告后,应组织设计、施工、工程监理等有关单位进行竣工验收。经验收合格的,方可交付使用。

⑨应严格按规定建立健全建设项目各环节文件资料的档案,在竣工验收后,及时向建设主管部门或其他有关部门移交建设项目档案。

(3)勘察设计单位责任

①勘测设计的共同要求。必须按工程强制性标准进行勘察设计,并对其质量负责。注册建筑师,注册结构工程师应当在文件上签字,对设计负责。

②勘测要求。勘察单位提供的地质、测量、水文等勘察成果必须真实、准确。

③对设计的要求:

a.设计单位应当根据勘察成果文件进行建设工程设计。

b. 设计文件应当符合国家规定的设计深度要求,注明工程合理使用年限。

c. 设计单位在设计文件中选用的建筑材料、建筑构配件和设备,应当注明规格、型号、性能等技术指标,其质量要求必须符合国家规定的标准。

除有特殊要求的建筑材料、专用设备、工艺生产线等外,设计单位不得指定生产厂、供应商。

d. 设计单位应当就审查合格的施工图设计文件向施工单位作出详细说明。

e. 设计单位应当参与建设工程质量事故分析,并对因设计造成的质量事故,提出相应的技术处理方案。

(4)监理单位的责任

①工程监理单位与被监理工程的施工承包单位以及建筑材料、建筑构配件和设备供应单位有隶属关系或者其他利害关系的,不得承担该项建设工程的监理业务。

②工程监理单位应当依照法律、法规以及有关技术标准、设计文件和建设工程承包合同,代表建设单位对施工质量实施监理,并对施工质量承担监理责任。

③工程监理单位应当选派具备相应资格的总监理工程师和监理工程师进行进驻施工现场。

未经监理工程师签字,建筑材料、建筑构配件和设备不得在工程上使用或者安装,施工单位不得进行下一道工序的施工。未经总监理工程师签字,建设单位不拨付工程款,不进行竣工验收。

④监理工程师应当按照工程监理规范的要求,采取旁站、巡视和平等检验等形式,对建设工程实施监理。

(5)施工单位责任——按图施工、不得偷工减料

①施工单位对建设工程的施工质量负责。施工单位应当建立质量责任制,确定工程项目的项目经理、技术负责人和施工管理负责人。

a. 建设工程实行总承包的,总承包单位应当对全部建设工程质量负责;

b. 建设工程勘察、设计、施工、设备采购的一项或者多项实行总承包的,总承包单位应当对其承包的建设工程或者采购的设备的质量负责。

c. 总承包单位依法将建设工程分包给其他单位的,分包单位应当按照分包合同的约定对其分包工程的质量向总承包单位负责,总承包单位与分包单位对分包工程的质量承担连责任。

②施工单位必须按照工程设计图纸和施工技术标准施工,不得擅自修改工程设计,不得偷工减料。施工单位在施工过程中发现设计文件和图纸有差错的,应当及时提出意见和建议。

③施工单位必须按照工程设计要求、施工技术标准和合同约定,对建筑材料、建筑构配件、设备和商品混凝土进行检验,检验应当有书面记录和专人签字;未经检验或者检验不合格的,不得使用。

④施工单位必须建立、健全施工质量的检验制度,严格工序管理,做好隐蔽工程的质量检查和记录。隐蔽工程在隐蔽前,施工单位应当通知建设单位和建设工程质量监督机构。

⑤施工人员对涉及结构安全的试块、试件以及有关材料,应当在建设单位或者工程监理单位监督下现场取样,并送具有相应资质等级的质量检测单位进行检测。

⑥施工单位对施工中出现质量问题的建设工程或者竣工验收不合格的建设工程,应当负责返修。

⑦施工单位应当建立、健全教育培训制度,加强对职工的教育培训;未经教育培训或者考核不合格的人员,不得上岗作业。

(四)竣工验收制度

1. 未竣工验收责任的划分

《建筑法》规定：建筑工程竣工经验收合格后，方可交付使用；未经验收或者验收不合格的，不得交付使用。《最高人民法院关于审理建设工程施工合同纠纷案件适用法律问题的解释》第13条规定："建设工程未经竣工验收，发包人擅自使用后，又以使用部分质量不符合约定为由主张权利的，不予支持；但是承包人应当在建设工程的合理使用寿命内对地基基础工程和主体结构质量承担民事责任。"

2. 竣工验收的备案制度

建设单位应当自建设工程竣工验收合格之日起15日内，将建设工程竣工验收报告和规划、公安消防、环保等部门出具的认可文件或者准许使用文件报建设行政主管部门或者其他有关部门备案。

(五)建筑工程质量保修制度

建设工程实行质量保修制度。建设工程承包单位在向建设单位提交工程竣工验收报告时，应当向建设单位出具质量保修书。质量保修书中应当明确建设工程的保修范围、保修期限和保修责任等。

1. 建筑工程质量保修期规定

供热与供冷系统最低保修期限：为2个采暖期、供冷期（确切地说小于两年，因为采暖和供冷不是连续的，到第二个采暖或供冷结束就截止。）

2. 质量保修期的起算点

建设工程的保修期，自竣工验收合格之日起计算。

(六)法律索引

《建设工程质量管理条例》（2000年1月10日国务院第25次常务会议通过）。

《房屋建筑工程质量保修办法》（2000年6月2日原建设部经第24次常务会议通过）。

《建设部关于修改〈城市建设档案管理规定〉的决定》（2001年6月29日建设部第44次常务会议通过，自发布之日起施行）。

《最高人民法院关于审理建设工程施工合同纠纷案件适用法律问题的解释》（2004年9月29日由最高人民法院审判委员会第1327次会议通过，自2005年1月1日起施行）。

三 精选案例

案例1："谁该为'楼垮垮'负责"[1]

楼垮垮应该是重庆的方言。由于不断出现的豆腐渣工程而生，"楼垮垮"一词风靡网络。央视焦点访谈2009年11月13日播出"谁该为'楼垮垮'负责"：

---

[1] 参见2009年11月13日央视焦点访谈节目。

不久前,烟台市汽车东站的大楼上挂出了一个醒目的条幅,上面写着:"大楼随时垮塌!请勿靠近!"。而据记者了解,这个建筑面积约两万平方米的汽车站是 2001 年底开工建设,2004 年 6 月才竣工的。但是人们怎么也没有想到,仅仅 5 年左右的时间,汽车东站就成了一座危楼。

据工作人员介绍,车站大楼共 5 层,在 2005 年建成后,一至三楼投入使用,"第三层有装潢材料的掩盖,情况不算太严重。"四楼的毛胚房情况尤为糟糕,楼板很多地方已经鼓出来,用脚随便踩踩都可能出现裂痕,用钥匙就能撬起大块大块的水泥砂浆,下面露出的钢筋已经有锈迹。

《中华人民共和国招标投标法》明确规定:"大型基础设施、公用事业等关系社会公共利益、公众安全的项目必须进行招标,而且招标、投标活动应当遵循公开、公平、公正和诚实信用的原则"。记者了解到,汽车东站项目的承包人是烟台市清泉建筑建材有限公司,这是车站所在地的一家村办企业,当初与之竞争的还有烟台市最大的国有建筑公司——烟台市建设集团。

按我国相关法律规定,大中型公共事业等必须实行监理,而监理如果到位,施工过程中出现质量问题是随时可以被发现的。这份监理中标通知书中显示:烟台市工程建设第一监理公司负责对烟台汽车东站工程,以及保修阶段全过程进行工程监理,费用为 42.3 万元。

除了招投标和工程监理这两个环节,在工程竣工后,还有最后一个关口可以让质量问题浮出水面,那就是工程验收。我们国家关于各种工程的验收标准都有详细的规定,不经过验收的工程根本就不可能被允许投入使用。烟台市建设工程质量监督站出具的验收证明中这样写道:汽车东站主体工程,我站已按规定进行检查,结构基本符合设计要求,施工质量基本达到相应验收规范的规定。

耗资将近 4000 万元的建筑竟然在如此短的时间内就成了一座危楼,问题究竟出在哪里呢?

关联教材:第七章　建筑工程质量管理法规
　　　　　第二节　建筑工程质量监督检测制度
　　　　　第三节　建筑工程质量责任制度

思考讨论:
1. 请结合我国的建筑工程质量管理制度分析烟台汽车东站建设的过程中违规之处。
2. 请谈谈此案例对我们的启发。

【案例点评】
在烟台汽车东站建设的过程当中,招标、承建、监理、验收,只要有一个环节发挥了作用,"楼垮垮"都不至于出现。在烟台汽车东站建设的过程当中,招标、承建、监理、验收,只要有一个环节发挥了作用,"楼垮垮"都不至于出现。那么这四个环节到底出了什么问题,谁来对此负责呢?"楼垮垮"垮掉的不是钢筋大楼,是"制度大厦"。

案例 2:上海的"楼倒倒"、成都的"楼歪歪"和南京的"桥糊糊"

上海的"楼倒倒"❶:

2009 年 6 月 27 日凌晨 5 时许,"莲花河畔景苑"7 号楼整体倒覆,正在 7 号楼内作业的工人肖某来不及躲避,被轰然倒塌的 13 层大楼压住,窒息而亡。经济损失 1900 万余元。

---

❶参见网址:http://news.sina.com.cn/c/2010—02—12/022317084448s.shtml.

原因:压力差导致房屋倾倒。事故专家组认定,该楼倾倒的主要原因是紧贴 7 号楼北侧,在短期内堆土过高,最高处达 10m 左右;与此同时,紧邻大楼南侧的地下车库,基坑正在开挖,开挖深度 4.6m,大楼两侧压力差使土体发生水平位移,过大的水平力超过桩基的抗侧能力,导致房屋倾倒。

成都的"楼歪歪"❶:

2009 年 7 月中旬的一场大雨后,成都市校园春天小区 6 号楼和 7 号楼的一些住户忽然发现,他们两栋楼之间的距离比以往近了很多,两栋斜靠在一起,楼越向上贴的越近;靠的最近的地方,相邻的阳台窗户已经无法打开。经测量,两栋楼相邻的墙壁已经呈 20°夹角。校园春天的业主把楼房倾斜的原因归结于在小区旁正在施工的"德馨苑"小区,业主们认为,德馨苑小区开挖地基后,楼房才发生了问题。而德馨苑小区开发商委托的鉴定机构给出的鉴定报告却认为,楼房倾斜主要是没有按照设计和规范设置排水沟,加上暴雨导致地面积水,引起地基土软化,最后导致建筑物基础沉降。网友们给了这两栋本不该亲密接触的大楼一个响亮的名字:楼歪歪

南京的"桥糊糊":

"桥糊糊"事件的主角是南京耗资 5000 万新建一年的汉中门大桥。2009 年 12 月,在接到市民发现该桥有三十多根栏杆裂开了口子的投诉后,施工单位竟连夜用胶水将裂口糊上,欲盖弥彰的"伤疤"。这一做法,为即将过去的 2009 年度增加了一个热门词——"桥糊糊"

关联教材:第七章　建筑工程质量管理法规
　　　　　第二节　建筑工程质量监督检测制度
　　　　　第三节　建筑工程质量责任制度

思考讨论:

如何看待上海的"楼倒倒"、成都的"楼歪歪"和南京的"桥糊糊"事件?

【案例点评】

杜甫曾言"安得广厦千万间,大庇天下寒士俱欢颜"。然而,在"楼歪歪"和"楼倒倒"面前,现在的这广厦千万间又如何让人安心居住,这天下的寒士又何来欢颜? 楼房质量如今已经成为一个普遍的社会问题。如何让天下每一个心怀安居梦想的人心里踏实、脸上快乐,目前最现实的途径还是要加强对质量监管环节腐败的打击力度,修改相关法律加重对违规者的处罚力度。

同样的教训一而再再而三地出现。在以后的工程建设中,我们是否能够吸取相应的教训呢?

(四) 练习题

(一)单项选择题

1. 建筑业企业应根据(　　)向国务院产品质量监督管理部门或者国务院产品质量监督管理部门授权的部门认可的认证机构申请质量体系认证。经认证合格的,由认证机构颁发质量体系认证证书。

A. 认证管理原则　　　　　　　　　B. 自愿认证原则

C. 必须认证原则　　　　　　　　　D. 分期分批原则

2. 根据《建设工程质量管理条例》的规定,我国工程质量监督管理部门不包括下列机构中的(　　)。

A. 建设行政主管部门　　　　　　　B. 国家发展与改革委员会

C. 工程监理单位　　　　　　　　　D. 工程质量监督机构

3. 我国工程质量监督管理的主要方式是(　　)。

A. 由行业协会进行的强制监督

B. 政府主管部门直接进行强制监督

C. 政府认可的第三方强制实施监督

D. 依建设单位申请,再委托第三方进行监督

4. 设计单位应当根据勘察成果文件进行建设工程设计。设计文件应当符合国家规定的设计深度要求,注明(　　)。

A. 工程合理使用年限　　　　　　　B. 工程保修年限

C. 主体工程安全使用年限　　　　　D. 承重结构的安全使用年限

5. 根据《建设工程质量管理条例》的规定,设计单位应当参与建设工程(　　)分析,并提出相应的技术处理方案。

A. 工期延误　　　　　　　　　　　B. 投资失控

C. 施工组织　　　　　　　　　　　D. 质量事故

6. 工程监理人员发现工程设计不符合合同约定的质量标准的,应(　　)。

A. 指示施工单位修改设计文件　　　B. 要求设计单位改正

C. 将修改文件后发给施工单位实施　D. 报告建设单位要求设计单位改正

7. 承担施工总承包的企业可以对所承接的工程(　　)。

A. 全部进行分包　　　　　　　　　B. 可以将主体工程转包

C. 全部自行施工　　　　　　　　　D. 可以将全部工程转包

8. 建设单位不得以任何理由,要求建筑业企业降低工程质量。建筑业企业对建设单位提出的在工程施工作业中,违反法律、行政法规和建筑工程质量、安全标准,降低工程质量的要求,有权且应当(　　)。

A. 予以论证　　　　　　　　　　　B. 予以上报

C. 予以拒绝　　　　　　　　　　　D. 予以举报

9. 《建设工程质量管理条例》规定:(　　)必须按照工程设计要求、施工技术标准和合同约定,对建筑材料、建筑构配件、设备和商品混凝土进行检验,未经检验或检验不合格的,不得使用。

A. 建设单位　　　　　　　　　　　B. 监理单位

C. 施工单位　　　　　　　　　　　D. 总承包单位

10. 建筑业企业必须按照工程设计图纸和施工技术标准施工,不得偷工减料。工程设计的修改由(　　)负责。

A. 建设单位　　　　　　　　　　　B. 原设计单位

C. 施工技术管理人员   D. 监理单位

11. 总承包单位将建筑工程分包给其他单位的,应当对分包工程的质量与分包单位承担( )的责任。分包单位应当接受总承包单位的质量管理。

    A. 检查   B. 管理   C. 连带   D. 监督

12. 某高校的图书馆工程,甲是总承包单位,甲经过业主同意将该图书馆的玻璃幕墙的安装分包给乙施工单位,乙在施工过程中出现了质量事故。则该高校可要求( )。

    A. 甲承担责任   B. 乙承担责任

    C. 甲和乙承担连带责任   D. 甲和乙与自己分担责任

13. 建筑工程竣工经验收合格后,方可交付使用;未经验收或者验收不合格的,( )。

    A. 不能正式使用   B. 不得进行销售

    C. 不能进行结算   D. 不得交付使用

14. 下列情况中,哪一条不是建设工程竣工验收应当具备的条件:( )。

    A. 完成建设工程设计和合同约定的各项内容

    B. 有房地产商出具的质量保证书

    C. 有工程使用的主要建筑材料、建筑构配件和设备的进场试验报告

    D. 有施工单位签署的工程保修书

15. 根据《建设工程质量管理条例》,建设工程承包单位在向建设单位提交竣工验收报告时,应向建设单位出具( )。

    A. 质量保修书   B. 质量保证书

    C. 质量维修书   D. 质量保函

16. 2006 年 1 月 15 日,某住宅工程竣工验收合格,则办理竣工验收备案的截止时间是( )。

    A. 2006 年 1 月 22 日   B. 2006 年 1 月 25 日

    C. 2006 年 1 月 30 日   D. 2006 年 2 月 15 日

17. 建设单位应当在工程竣工验收后( )内,向城建档案报送一套符合规定的建设工程档案。凡建设工程档案不齐全的,应当限期补充。

    A. 3 个月   B. 2 个月   C. 1 个月   D. 半个月

18. 依据《建设工程质量管理条例》的规定( )在建设工程竣工验收后,应及时向建设行政主管部门或者其他有关部门移交建设项目档案。

    A. 施工单位   B. 监理单位   C. 建设单位   D. 设计单位

19. 建设单位和施工单位应当在工程质量保修书中约定保修范围、保修期限和保修责任等,必须符合( )。

    A. 国家有关规定   B. 合同有关规定

    C. 建设单位要求   D. 工程验收规定

20. ( )的最低保修期限为设计文件规定的该工程的合理使用年限。

    A. 基础防水工程和基础结构工程   B. 地基基础工程和维护结构工程

    C. 基础防水工程和主体结构工程   D. 地基基础工程和主体结构工程

21. 以下正常使用条件下的最低保修期限不正确的是( )。

A. 屋面防水工程为 5 年

B. 电气管线、给排水管道和设备安装为 2 年

C. 供热供冷系统为 2 个采暖期、供冷期

D. 装修工程为 1 年

22.《建设工程质量管理条例》规定,装修工程和主体结构工程的最低保修期限为( )。

  A. 2 年和 3 年   B. 5 年和合理使用年限

  C. 2 年和 5 年   D. 2 年和合理使用年限

23. 房屋建筑工程保修期从( )计算。

  A. 签订工程保修书之日起   B. 工程保修书中约定之日起

  C. 工程竣工验收合格之日起   D. 工程验收合格交付使用之日起

24. 保修工程发生涉及及结构安全的质量缺陷,( )应当立即向当地建设行政主管部门报告,采取安全防范措施。

  A. 房屋建筑所有人   B. 房屋原施工单位

  C. 房屋建筑居住人   D. 房屋原设计单位

25. 在保修期限内,因工程质量缺陷造成房屋所有人、使用人或者第三方人身、财产损害的,房屋所有人、使用人或者第三方可以向( )提出赔偿要求。

  A. 建设单位   B. 施工单位

  C. 工程质量责任单位   D. 设计单位

(二)多项选择题

1. 我国政府对建设工程质量的监督管理,主要是通过( )实现的。

  A. 备案制度   B. 施工许可制度

  C. 竣工验收备案制度   D. 群防群治制度

  E. 安全生产检查制度

2. ( )必须对建设工程质量负责。

  A. 施工单位   B. 建设单位   C. 勘查单位   D. 设计单位

  E. 监理单位

3. 某企业在其新厂房建设工程中出现了下述行为,其中必须承担相应法律责任的行为有( )。

  A. 暗示承包人违反工程建设强制性标准,降低建设工程质量

  B. 迫使承包方以低于成本的价格竞标

  C. 任意压缩合理工期

  D. 施工图设计文件未经审查就擅自施工

  E. 未对涉及结构安全的试件取样检测

4. 根据《建设工程质量管理条例》,下列符合建设单位质量责任和义务的有( )。

  A. 建设单位应当将工程发包给具有相应资质等级的单位

  B. 建设单位不得将工程肢解发包

  C. 建设单位有权改变主体和承重结构进行装修

D. 施工图设计文件未经审查批准的,建设单位不得使用

E. 对必须实施监理的工程,建设单位应委托具有相应资质等级的工程监理单位进行监理

5. 根据《建设工程质量管理条例》,以下内容属于设计单位质量责任和义务的有( )。

A. 依法取得相应资质等级的证书,并在其资质等级许可的范围内承揽工程

B. 参与工程质量事故分析

C. 注册执业人员应当在设计文件上签字,对设计文件负责

D. 任何情况下设计单位不得指定材料的生产厂、供应商

E. 建设工程竣工验收时应出具完整的技术档案

6. 某设计院在其承担的一项设计工程中出现了下述行为,其中,该设计院必须承担相应的法律责任的有( )。

A. 将该工程委托给不具有相应资质等级的工程监理单位

B. 未按照工程建设强制性标准进行勘察

C. 未根据勘察成果文件进行工程设计

D. 指定了建筑材料、建筑构配件的生产厂、供应商

E. 未向建设行政主管部门或者其他有关部门移交建设项目档案

7. 某监理公司在其承担的二项监理工程中出现了下述行为,其中,该监理公司必须承担相应的法律责任的有( )。

A. 该工程超越了本公司资质等级

B. 与施工单位串通,弄虚作假、降低工程质量

C. 将不合格的建设工程、建筑材料、建筑构配件和设备按照合格签字

D. 未对建筑材料、建筑构配件、设备和商品混凝土进行检验

E. 未按照工程建设强制性标准进行设计

8. 建筑业企业必须按照( ),对建筑材料、建筑构配件和设备进行检查,不合格的不得使用。

A. 工程设计要求   B. 合同的约定

C. 建设单位要求   D. 监理单位的要求

E. 施工技术标准

9. 施工单位必须建立、健全施工质量的检验制度,严格工序管理,做好隐蔽工程的质量检查和记录。隐蔽工程在隐蔽前,施工单位应当通知( )。

A. 建设单位   B. 建设工程质量监督机构

C. 安全生产监督管理部门   D. 勘察单位

E. 设计单位

10. 建筑物在合理使用寿命内,必须确保( )的质量。

A. 地基基础工程   B. 屋面防水工程

C. 地下防水工程   D. 主体结构工程

E. 地下人防工程

11. 按照规定不属于房屋建筑工程保修范围有( )。

A. 因使用不当造成的质量缺陷   B. 不可抗力造成的质量缺陷

C. 不包括设备的电气管线   D. 保修期内保修之后又出现的质量缺陷

E. 保修期第 5 年出现的屋面漏水

12. 房屋建筑工程在保修范围内,保修期限为 2 年的工程内容为(   )。

A. 供热与供冷系统   B. 电气管线、设备安装

C. 装修工程   D. 人防工程

E. 房间和外墙面的防漏

(三)案例分析

2000 年 11 月 19 日,原告山东省某建筑公司与被告山东省某宾馆订立宾馆主体楼工程施工合同。双方约定项目与 2001 年 12 月竣工,预算造价为 263 万元;工程完工后由原告提出验收,被告应在 10 天内组织验收;在合同履行期内,被告应按工程进度拨付工程款。

合同签订后,被告应付的工程款每月均未足额到位,截止到 2001 年 9 月 6 日,应付 327.1 万元,实付 207 万元。

2001 年 12 月 30 日,工程按时完工,因被告急需,在工程未竣工验收的情况下,于 2002 年 1 月 3 日剪彩营业。在使用的过程中,发现工程质量虽主体合格但仍存在一系列的问题。

原告遂向法院起诉要求被告支付拖欠款项,被告答辩称由于工程质量存在问题,未达到法定的竣工条件,故扣下了工程款。

问题:

1. 原告是否构成违约? 为什么?

2. 被告是否构成违约? 为什么?

附:参考答案

(一)单项选择题

1. B   2. C   3. C   4. A   5. D   6. D   7. C   8. C   9. C   10. B

11. C   12. C   13. D   14. B   15. A   16. C   17. A   18. C   19. A   20. D

21. D   22. D   23. C   24. A   25. A

(二)多项选择题

1. BD   2. ABCDE   3. ABCD   4. ABDE   5. ABC

6. CD   7. ABC   8. AB   9. AB   10. AD

11. AB   12. BC

(三)案例分析

1. 否。原告,不承担违约责任。

2. 是。被告,按期支付工程款。

第八章
建筑工程纠纷的处理

一 学习目的与基本要求

通过本章学习,了解工程建设纠纷的基本处理方式,掌握仲裁机构、仲裁协议的法律规定;掌握民事诉讼中案件的管辖原则、诉讼参加人的含义、证据的种类,掌握行政复议和行政诉讼的法律规定;熟悉仲裁、民事诉讼、行政复议和行政诉讼的程序。

二 重点与难点解析

(一)仲裁的基本原则

我国仲裁的基本原则主要有以下三个方面:

1. 自愿原则

这是仲裁制度基本原则中的根本,是仲裁制度赖以存在和发展的基石。没有当事人意思自治的仲裁不是真正意义上的仲裁。

2. 仲裁独立原则

指的是从仲裁机构的设置到仲裁纠纷解决的整个过程,都具有依法的独立性。

3. 根据事实,符合法律规定,公平合理解决纠纷原则

这是公正处理民事经济纠纷的根本保障,是解决当事人之间的争议所应当依据的基本原则。

(二)仲裁协议的内容与效力

仲裁协议,是指双方当事人在争议发生之前或者争议发生之后,自愿达成的将特定争议事项提请约定的仲裁委员会进行仲裁审理并作出仲裁裁决的书面意思表示。

1. 仲裁协议的内容通常可以分为法定内容与约定内容

根据我国《仲裁法》第16条的规定,仲裁协议应当具备以下法定内容:请求仲裁的意思表示、仲裁事项和选定的仲裁委员会。

2. 仲裁协议的法律效力可以体现在以下三个方面

(1)对当事人的效力——约束当事人对纠纷解决方式的选择权;

(2)对法院的效力——排斥司法管辖权;

(3)对仲裁机构的效力——授权并限定仲裁的范围。

(三)民事诉讼的级别管辖与地域管辖

民事诉讼的管辖可分为级别管辖和地域管辖。

1. 级别管辖

基层人民法院管辖第一审民事案件,但法律另有规定的除外。高级人民法院管辖在本辖区有重大影响的案件。最高人民法院管辖在全国有重大影响的案件及它认为应当由自己审判的案件。中级法院的管辖:①重大的涉外案件;②在本辖区内(超过了基层法院的辖区)有重大影响的案件;③最高人民法院确定由中级法院管辖的案件。

2. 地域管辖又分为

①一般地域管辖:指以当事人所在地与法院辖区的关系来确定管辖法院。以原告就被告为原则;②特殊地域管辖:是以被告住所地及诉讼标的或者引起法律关系发生、变更、消灭的法律事实所在地为标准确定管辖法院。

(四)诉讼中证据的种类与效力

1. 证据种类

物证、书证;证人证言;被害人陈述;犯罪嫌疑人、被告人供述和辩解;鉴定结论;勘验、检查笔录;视听资料。以上证据必须经过查证属实,才能作为定案的根据。

2. 证据的效力

①证据要具有合法性;②证据要具有客观性;③证据要具有关联性。

(五)仲裁程序、民事诉讼一审普通程序、行政复议与行政诉讼程序

1. 仲裁程序

①提出仲裁申请;②组织仲裁庭;③审理案件;④作出裁决。

2. 民事诉讼一审普通程序

①起诉与受理;②开庭准备和开庭宣布;③法庭调查,包括当庭举证、质证、证人出庭作证等;④法庭辩论,包括对等辩论和互相辩论;⑤当事人最后陈述;⑥合议庭评议和宣判。

3. 行政诉讼第一审程序

根据《行政诉讼法》的规定,行政诉讼第一审程序必须进行开庭审理。庭审程序主要分为六个阶段:开庭准备、开庭审理、法庭调查、法庭辩论、合议庭评议、宣读判决。人民法院审理第一审行政案件,应当自立案之日起 3 个月内做出判决。

三 精选案例

案 例

位于某市甲区的天南公司与位于乙区的海北公司签订合同,约定海北公司承建天南公司位于丙区的新办公楼,合同中未约定仲裁条款。新办公楼施工过程中,天南公司与海北公司因工程增加工作量、工程进度款等问题发生争议。双方在交涉过程中通过电子邮件约定将争议

提交某仲裁委员会进行仲裁。其后天南公司考虑到多种因素,向人民法院提起诉讼,请求判决解除合同。

法院在不知道双方曾约定仲裁的情况下受理了本案,海北公司进行了答辩,表示不同意解除合同。在一审法院审理过程中,原告申请法院裁定被告停止施工,法院未予准许。开庭审理过程中,原告提交了双方在履行合同过程中的会谈录音带和会议纪要,主张原合同已经变更。被告质证时表示,对方在会谈时进行录音未征得本方同意,被告事先不知道原告进行了录音,而会议纪要则无被告方人员的签字,故均不予认可。一审法院经过审理,判决驳回原告的诉讼请求。原告不服,认为一审判决错误,提出上诉,并称双方当事人之间存在仲裁协议,法院对本案无诉讼管辖权。

二审法院对本案进行了审理。在二审过程中,海北公司见一审法院判决支持了本公司的主张,又向二审法院提出反诉,请求天南公司支付拖欠的工程款。天南公司考虑到二审可能败诉,故提请调解,为了达成协议,表示认可部分工程新增加的工作量。后因调解不成,天南公司又表示对已认可增加的工作量不予认可。二审法院经过审理,判决驳回上诉,维持原判。

关联教材:

第八章　第一节　建筑民事纠纷的仲裁
　　　　第二节　建筑民事纠纷的诉讼

思考讨论:

1. 何地法院对本案具有诉讼管辖权?

2. 假设本案起诉前双方当事人对仲裁协议的效力有争议,可以通过何种途径加以解决?

3. 一审法院未依原告请求裁定被告停工是否正确? 为什么?

4. 双方的会谈录音带和会议纪要可否作为法院认定案件事实的根据? 为什么?

5. 原告关于管辖权的上诉理由是否成立? 为什么?

6. 假设二审法院认为本案不应由人民法院受理,可以如何处理?

7. 对于海北公司提出的反诉,人民法院的正确处理方式是什么?

8. 天南公司已经认可增加的工作量,法院在判决中能否作为认定事实的根据?

【案例点评】

本案例从仲裁与诉讼程序的角度介绍了建筑工程纠纷的解决过程。学生经过认真思考及相互讨论找到正确答案,该案例中纠纷解决的关键点在于对仲裁协议及民事诉讼管辖及证据等相关知识的把握与理解。本案例的目的在于使学生学会运用所学理论知识去分析及解决建筑领域的实际纠纷问题。

1. 乙区法院和丙区法院。

2. 请求仲裁委员会作出决定或者请求人民法院作出裁定。一方请求仲裁委员会作出决定,另一方请求人民法院作出裁定的,由人民法院裁定。

3. 正确,原告请求不符合先予执行的条件,因本案尚在审理中,合同是否解除尚无定论,当事人之间的权利义务关系尚不明确。

4. 录音带可以作为认定案件事实的根据,该证据即使是秘密录音,其取得方式也是合法的,只有以侵害他人合法权益或者违反法律禁止性规定的方法获得的证据,才不能作为认定案件事实的依据;会议纪要不能作为认定案件事实的根据,其形式有欠缺,应当双方签字。

5. 不成立。当事人一方向人民法院起诉时未声明有仲裁协议，人民法院受理后，对方当事人又应诉答辩的，视为该人民法院有管辖权。

6. 裁定撤销原判，驳回起诉。

7. 可以根据自愿原则进行调解，调解不成的，告知当事人另行起诉。

8. 不能，在诉讼中，当事人为了达成调解协议或者和解的目的作出妥协所涉及的对案件事实的认可，不得在其后的诉讼中作为对其不利的证据。

（案例来源：2004年司法考试题卷四）

（四）练习题

（一）单项选择题

1. 根据《民事诉讼法》的规定，人民法院审理案件，原告经传票传唤，无正当理由拒不到庭的，可以（   ）。
    A. 裁定驳回起诉   B. 缺席判决   C. 按撤诉处理   D. 拘传到庭

2. 人民法院受理案件后，当事人对管辖权有异议的，应当在（   ）提出。
    A. 递交起诉状时   B. 提交答辩状期间
    C. 法院开庭审理期间   D. 判决宣告之前

3. 根据《中华人民共和国民事诉讼法》的规定，下列管辖的表述中，正确的是（   ）。
    A. 民事案件地域管辖的一般原则是"原告就被告"
    B. 合同纠纷案件不可以实行协议管辖
    C. 重大涉外案件的一审法院是基层人民法院
    D. 高级人民法院管辖的案件实行一审终审

4. 根据《中华人民共和国民事诉讼法》的规定，不可上诉的判决是（   ）。
    A. 地方各级人民法院适用普通程序审理后作出的第一审判决
    B. 重审案件的判决
    C. 第二审法院的判决
    D. 按照第一审程序对案件再审的判决

5. 根据《仲裁法》的规定，下列各项中，不正确的是（   ）。
    A. 仲裁实行自愿原则
    B. 当事人不履行仲裁裁定的，对方当事人可以依照民事诉讼法的有关规定向人民法院申请执行
    C. 仲裁实行地域管辖
    D. 仲裁不实行级别管辖

6. 下列（   ）纠纷可以仲裁。
    A. 平等主体之间的公民、法人和其他组织之间发生的合同纠纷和其他财产权益纠纷
    B. 婚姻纠纷
    C. 继承纠纷
    D. 抚养纠纷

7. 仲裁委员会的组成人员中,法律、经济、贸易专家不得少于( )。

A. 1/2   B. 2/3   C. 1/4   D. 1/3

8. ( )属于专属管辖。

A. 因不动产纠纷提起的诉讼   B. 婚姻、家庭、继承纠纷

C. 合同纠纷   D. 侵权纠纷

9. 下列有关行政复议的表述,哪一项是正确的?( )。

A. 公民、法人或其他组织认为行政机关的行政行为侵犯其合法权益,可以向该行政机关申请复议

B. 复议机构依法复议后不得再提起行政诉讼

C. 行政复议只审查具体行政行为是否合法

D. 复议机关审理复议案件,不适用调解

10. 行政诉讼法的受案范围与行政复议法的受案范围相比( )。

A. 前者要广泛些   B. 后者要广泛些

C. 二者相同   D. 二者无共同之处

11. 某市化工厂排放污染物,致当地一养鱼专业户王某的鱼大部分死亡,某市环保局对化工厂作出行政处罚,王某要求化工厂赔偿损失,环保局在处理王某与化工厂赔偿责任纠纷时,作出了调解,但化工厂不服,下列哪些选项是化工厂不能做的?( )

A. 依法申请仲裁   B. 向人民法院提起诉讼

C. 向环保局申请复议   D. 可以和王某协商

12. 王某为甲县人,经常居住地为乙县。一日王某到丙县某钢厂去拉货,后丙县某钢厂怀疑王某在拉货的同时,将该钢厂的钢材偷拉走,遂向丙县公安局报案,丙县公安局对王某作出扣押王某的车辆同时拘留 15 天的决定。王某对此不服,提起行政诉讼,下列哪些说法是正确的?( )

A. 王某只能向甲县法院提起诉讼

B. 王某只能向乙县提起诉讼

C. 王某只能向丙县法院提起诉讼

D. 王可以选择向甲县、乙县、丙县三县任一人民法院提起诉讼

13. 某市为了加大执法力度,正式行文成立由公安、税务、工商,环保、城管、卫生等部门组成"综合执法队",该队集上述部门的职能于一身。该队到百货批发市场检查时,发现个体户甲经营证货不符,便以超越经营范围为由罚款 500 元,并把甲的营业执照暂扣、令其写出认错悔过书后发还,在处罚通知书上加盖的是工商局的公章。甲不服欲起诉,应以谁为被告( )。

A. 以设立综合执法队的市政府为被告,因为该队受市政府委托

B. 以综合执法队为被告,因为市政府有授权

C. 以工商局为被告,因为处罚通知书上加盖的是工商局的公章

D. 该综合执法队能否作被告,应取决于具体从事的行为

14. 某工厂为扩大经营规模想新建一厂房,看中了市中心一块土地,想在那儿动工修建。恰巧附近一幢居民楼离那片土地很近,如果厂房修建起来,势必给居民楼中几十户居民的通风和采光带来不利影响。因此几十户居民联合起来,要求该工厂另择地址修建厂房,同时要求有

关建设部门和城市规划部门不要批准工厂厂房修建。但有关部门认为待修建的厂房和居民楼之间距离适当,于是批准了修建申请,颁发了相关许可证。对于所有起诉居民的诉讼地位,下列哪种说法是错误的?(　　)

    A. 他们是必要共同诉讼中的共同原告

    B. 他们是非必要共同诉讼中的共同原告

    C. 他们应推选代表人参加诉讼

    D. 法院对他们的起诉应当一并审理

15. 根据《国家赔偿法》的规定,行政赔偿义务机关逾期不予赔偿的,赔偿请求人可以在下列哪项所列时间内向人民法院起诉?(　　)

    A. 自期间届满之日起 2 个月内　　　　B. 自期间届满之日起 3 个月内

    C. 自提出申请之日起 3 个月内　　　　D. 自提出申请之日起 4 个月内

(二)多项选择题

1. 位于 A 区的甲公司与位于 B 区的乙公司签订一份建筑工程施工合同,由甲公司为乙公司在 C 区建筑一栋 20 层的写字楼。因乙公司拖欠工程尾款 80 万元,甲公司决定向人民法院起诉。下列关于本案的哪些说法是正确的?(　　)

    A. B 区与 C 区人民法院均有管辖权

    B. 双方当事人可以以书面形式约定本案的管辖法院

    C. 本案应属于不动产专属管辖,由工程所在地的 C 区人民法院管辖

    D. 双方当事人不得协议选择仲裁方式解决争议,因为本案属于专属管辖

2. 根据我国民事诉讼理论,下列哪些人可以作为民事诉讼当事人?(　　)

    A. 著作权受到侵害的死者的近亲属

    B. 下落不明人的财产管理人

    C. 合法权益受到损害的 10 周岁的儿童

    D. 经过著作人授权的著作权集体管理组织

3. 丙公司与丁公司钢材买卖合同纠纷一案,丙公司诉至法院要求丁公司按照合同约定供应 1 000 吨钢材,而丁公司则提出双方补充协议改为自己向丙公司供应 700 吨钢材,而且自己已履行了供应 700 吨钢材的义务。下列关于举证责任分配的说法哪些是正确的?(　　)

    A. 丙公司应对自己有权要求丁公司供应 1 000 吨钢材的事实负举证责任

    B. 丙公司应对丁公司未向其供应 700 吨钢材的事实负举证责任

    C. 丁公司应对合同将自己供应钢材的义务变更为 700 吨的事实负举证责任

    D. 丁公司应对自己已向丙公司供应 700 吨钢材的事实负举证责任

4. 中坤开发公司与市建筑公司建筑工程施工合同纠纷一案,市建筑公司诉至法院要求中坤公司支付拖欠的工程款 200 万元,双方在法院的主持下经过协商达成调解协议。下列说法哪些是正确的?(　　)

    A. 如果双方达成由市建筑公司支付中坤公司律师代理费的协议,法院可以许可

    B. 如果双方达成调解协议后,请求法院制作判决书,则法院经审查认为理由正当的,可以制作并送达判决书

C. 如果双方达成由中坤公司支付 190 万元工程款,并由飞鸿公司提供担保的调解协议,法院制作并送达调解书时,飞鸿公司拒绝签收,此时,不影响调解协议的效力

D. 如果双方达成的调解协议违反社会公共利益,则法院不予以认可

5. 关于仲裁协议的效力,下列说法正确的是(　　)。

A. 合同的变更、解除、终止或无效,将影响到仲裁协议的效力

B. 仲裁协议中为当事人设定的一定义务,不能任意更改、终止或撤销

C. 在当事人双方发生协议约定的争议时,任何一方都可以向法院起诉

D. 对于仲裁组织来说,仲裁协议具有排除诉讼管辖权的作用

6. 根据《仲裁法》的规定,下列情形中的仲裁协议,属于无效的有(　　)。

A. 甲、乙两公司在建设工程合同中依法约定有仲裁条款,其后,该建设工程合同被确认无效

B. 王某与李某在仲裁协议中约定,将他们之间的扶养合同纠纷交由某仲裁委员会仲裁

C. 郑某与甲企业在仲裁协议中对仲裁委员会约定不明确,且不能达成补充协议

D. 陈某在与高某发生融资租赁合同纠纷后,胁迫高某与其订立将该合同纠纷提交某仲裁委员会仲裁的协议

7. 北京的甲公司和长沙的乙公司于 2006 年 6 月 1 日在上海签订一买卖合同。合同约定,甲公司向乙公司提供一批货物,双方应于 2006 年 12 月 1 日在厦门交货付款。双方就合同纠纷管辖权未作约定。其后,甲公司依约交货,但乙公司拒绝付款。经交涉无效,甲公司准备对乙公司提起诉讼。根据民事诉讼法关于地域管辖的规定,下列各地方的人民法院中,对甲公司拟提起的诉讼有管辖权的有(　　)。

A. 北京　　　　B. 长沙　　　　C. 上海　　　　D. 厦门

8. 申请复议应当符合的条件有下列哪些选项?(　　)

A. 申请人认为具体行政行为直接侵犯其合法权益

B. 申请人是组织的,应具有法人资格

C. 有明确的被申请人

D. 有具体的复议请求和法律依据

9. 下列有关行政复议的论述,正确的是哪些?(　　)

A. 行政复议期间,除法定情形外,复议不停止执行

B. 行政复议遵循合法、公正、公开、及时、便民的原则

C. 复议机关对具体行政行为是否合法和适当进行审查

D. 复议机关审理复议案件,除法律另有规定外,不适用调解

10. 公开审判制度的向社会公开包括哪些内容?(　　)

A. 允许新闻记者对庭审进行采访　　　　B. 允许新闻记者向社会披露案件

C. 允许群众旁听　　　　D. 经法庭准许,新闻记者可以录音录像

(三)案例分析

1. 案情:太阳公司经营房地产开发,在有偿取得某幅土地的使用权之后,由于资金困难,与月亮公司签订了合作开发合同,约定由双方共同投资并分享该开发项目的利润。但双方未实

际履行。此后,环球公司就同一幅土地以更优惠的条件与太阳公司签订了一份合作开发合同并开始实际履行。三方之间由此发生纠纷。环球公司根据其与太阳公司签订的合同中的仲裁条款申请仲裁,请求裁决确认其与太阳公司签订的合同有效,并裁决太阳公司继续履行。双方在仲裁委员会受理后自行达成了继续履行合同的和解协议,请求仲裁委员会根据和解协议制作裁决书。仲裁庭三名仲裁员中一名认为应当否定和解协议,一名认为应当制作调解书,首席仲裁员认为应当制作裁决书,最后按仲裁庭首席仲裁员的意见,根据和解协议的内容作出了裁决书并送达给了双方当事人。此后月亮公司向法院起诉,请求确认本公司与太阳公司签订的合同有效并履行该合同。

问题:

(1)月亮公司在得知环球公司申请仲裁后,能否申请参加太阳公司与环球公司正在进行的仲裁程序?为什么?

(2)环球公司在仲裁裁决书生效后,能否在太阳公司与月亮公司的诉讼中成为当事人?为什么?

(3)仲裁委员会制作裁决书在程序上是否合法,为什么?

(4)在仲裁裁决已确认太阳公司与环球公司的合同有效的情况下,法院能否判决太阳公司与月亮公司之间的合同有效?为什么?

(5)月亮公司是否有权以仲裁的程序违反法定程序为由申请法院撤销仲裁裁决?为什么?

(6)对仲裁裁决中已经认定的事实,太阳公司在诉讼中能否免除举证责任?为什么?

2.甲与乙打架斗殴导致甲受伤,甲起诉到人民法院要求赔偿经济损失。人民法院开庭审理此案,在法院辩论阶段,甲向人民法院提交书面申请,要求审判员丙回避。理由为丙是乙的学生,学生当然会做出有利于老师的判决。经了解,乙曾是某中学的教师,丙是该中学的毕业生,但丙进校时,乙已经由于打架斗殴被开除公职,两人并不认识。于是该法院作出决定,驳回甲的申请。

问题:

(1)本案法院驳回甲的回避申请是否正确?为什么?

(2)本案原告在法庭辩论阶段申请回避是否恰当?

(3)在法院作出是否回避的决定前,丙应否停止参加本案的审理?

附:参考答案

(一)单选题

1. C   2. B   3. A   4. C   5. C   6. A   7. B   8. A   9. D   10. B
11. C   12. D   13. C   14. B   15. B

(二)多选题

1. AB   2. ACD   3. ACD   4. ACD   5. BD
6. BCD   7. BD   8. AC   9. ABC   10. ABCD

（三）案例分析

1.（1）不能。因为太阳公司分别与月亮公司和环球公司签订了合作开发合同,太阳公司与环球公司签订的合同其仲裁条款对月亮公司无效,月亮公司不是该仲裁协议的主体。

（2）不能。因为本案虽然存在两个有联系的合同关系,在仲裁裁决书生效后环球公司与诉讼案件的处理已无法律上的利害关系,它与太阳公司之间的法律关系已经由生效的仲裁裁决所确定。本案不能形成有独立请求权的第三人,也不能形成无独立请求权的第三人。

（3）合法。因为仲裁法规定当事人达成和解协议的,可以请求仲裁庭根据和解协议作出裁决书,也可以撤回仲裁申请;仲裁庭不能形成多数意见时,裁决应当按照首席仲裁员的意见作出。

（4）能。因为合同是否有效取决于该合同是否具备法定的有效要件,关于同一项目的两份合同只要都具备有效要件,可以同时有效,但只能履行其中一份合同。

（5）无权。因为只有仲裁案件的当事人才有权申请撤销仲裁裁决,月亮公司不是仲裁案件的当事人。法律依据:仲裁法 58 条规定。

（6）能免除。已为仲裁机构的生效裁决所确认的事实,当事人无需举证证明。法律依据:《证据规定》第 9 条第（五）项规定。

2.（1）法院驳回甲的回避申请正确,乙丙之间不存在利害关系,也不存在其他可能影响案件公正审理的关系,甲的回避申请无法律依据。

（2）回避申请可以在案件开始审理时或者法庭辩论终结前提出,但都应当说明理由。因此甲提出申请是恰当的。

（3）根据民事诉讼法第 46 条第 2 款,丙应停止参加本案的审理,但案件采取紧急措施的除外。

第九章
建筑法律责任

一 学习目的与基本要求

通过本章的学习,使学生理解法律的他律性,掌握建筑领域中三大法律责任的特点及相关法律规定,有助于提高学生的法律意识,依法参与建筑活动,主动维护法律的权威。

二 重点与难点解析

(一)建设法律责任的特点

1.建设法律责任是不履行建设法律制度规定的义务引起的后果

注意:这里的义务有作为的义务,也有不作为的义务。

2.建设法律责任是必须有法律明文规定的

为了保护公民、法人及其他组织的基本权利。不能随意设置法律责任,必须在建设法律制度中有明文规定。否则不能构成建设法律责任。

3.建设法律责任具有强制性

国家强制力是保证法律责任实施的后盾。国家追究建设法律责任,主要是通过专门机关来实现的。建设法律责任的追究机关有两类,一类是司法机关,另一类是建设行政主管部门和其他有关主管部门。

4.建设法律责任主要形式是行政法律责任

刑事法律责任和民事法律责任形式不可缺少,但日常大量的责任形式是行政处罚和行政处分。这是由建设法律制度的性质决定的。

(二)建筑法律责任的种类

1.建筑法律责任的种类(按违法行为所违反法律的性质分)

建筑行政法律责任、建筑民事法律责任、建筑刑事法律责任,其中以行政法律责任为最主要的责任形式。

2.行政法律责任

(1)行政法律责任的分类

行政法律责任一般分为行政处罚和行政处分两类。

（2）行政处罚与行政处分的区别

行政处分与行政处罚的区别主要有以下几个方面：

①作出的主体不同。行政处罚是由享有行政处罚权的主体作出，这些主体具有对外管理的职权，而且其行政处罚权已由法律、法规明确规定。如工商管理机关的工商管理处罚权、公安机关的治安管理处罚权等。而行政处分是由受处分公务员所在的行政机关，或上级行政机关或行政监察机关作出的。也就是说，一般的行政机关都具有对公务员的行政处分权。

②制裁的对象不同。行政处罚制裁的对象是违反行政法律规范的公民、法人或其他组织；而行政处分制裁的对象仅限于行政机关内部的公务员。

③采取的形式不同。行政处罚的形式、种类很多，如警告、罚款、没收财物、吊销执照、责令停产停业等；行政处分的形式只有警告、记过、记大过、降级、撤职和开除六种形式。

④行为的性质不同。行政处罚属于外部行政行为，以行政管辖关系为基础；而行政处分属于内部行政行为，以行政隶属关系为基础。

⑤依据的法律、法规不同。行政处罚所依据的是有关行政管理的法律、法规，如《行政处罚法》、《反不正当竞争法》等；而行政处分则只能依据有关行政机关工作人员或国家公务员的法律、法规的规定，如《国家公务员暂行条例》、《行政监察法》等。

⑥救济途径不同。行政处罚的救济途径是行政复议、行政诉讼及行政赔偿；行政处分的救济途径是向上一级行政机关或行政监察机关申诉。

（3）建筑行政法律责任在建筑法规中的体现

《建筑法》关于行政法律责任的规定，是建设法律责任的主要组成部分，是最普遍、最大量、经常适用的处罚方式。主要有：第68条、第77条、第79条规定了行政处分这种处罚方式；主要规定在工程发包与承包中索贿、受贿、行贿的行政处分和有关部门颁发资质证书、施工许可证、质量合格文件中玩忽职守、滥用职权、徇私舞弊的行政处分。《建筑法》第64条至第79条共有16条规定了违反本法的行政处罚。具体明确了建筑行政法律责任中行政处罚的种类，应当处罚的违法行为，以及执行行政处罚的主管机关等。

3.民事法律责任

（1）民事法律责任的分类

民事责任根据责任人违反民事义务的性质和内容不同，可分违约责任、侵权责任和不履行其他义务的责任。建设法律制度中的民事责任以侵权责任为主，但也有在违约责任和违反相邻关系等其他义务的责任。

违约责任是指公民、法人违反合同义务所应承担的民事法律后果。

侵权责任是指民事主体因实施侵权行为而应承担的民事法律后果。侵权责任包括一般侵权责任和特殊侵权责任两种。

（2）一般侵权责任和特殊侵权责任的区别

①构成要件不同。特殊侵权行为不要求行为人对其造成的损害后果具有过错，而一般侵权行为以行为人有过错为成立要件。

②抗辩理由不同。一些在一般侵权行为中适用的抗辩理由，如正当防卫，紧急避险等，不能成为特殊侵权的抗辩理由。

③承担责任的方式不同。特殊侵权民事责任的承担方式主要为赔偿损失；而一般侵权民

事责任的承担方式除赔偿损失外,还有如返还财产、排除妨碍、停止侵害等。

④适用的范围不同。为了防止特殊侵权行为民事责任被滥用,特殊侵权只被限制在法律有明文规定的范围内。而一般侵权行为的范围则没有该限制。

(3)在我国特殊侵权责任的行为有:

①高度危险作业致人损害的侵权行为。

《侵权责任法》第69条规定:"从事高度危险作业造成他人损害的,应当承担侵权责任;"

第73条:"从事高空、高压、地下挖掘活动或者使用高速轨道运输工具造成他人损害的,经营者应当承担侵权责任,但能够证明损害是因受害人故意或者不可抗力造成的,不承担责任。被侵权人对损害的发生有过失的,可以减轻经营者的责任;"

第74条:"遗失、抛弃高度危险物造成他人损害的,由所有人承担侵权责任。所有人将高度危险物交由他人管理的,由管理人承担侵权责任;所有人有过错的,与管理人承担连带责任。"

②污染环境致人损害的侵权行为。

《侵权责任法》第65条规定:"因污染环境造成损害的,污染者应当承担侵权责任。"

第66条规定:"因污染环境发生纠纷,污染者应当就法律规定的不承担责任或者减轻责任的情形及其行为与损害之间不存在因果关系承担举证责任。"

第67条规定:"两个以上污染者污染环境,污染者承担责任的大小,根据污染物的种类、排放量等因素确定。"

第68条规定:"因第三人的过错污染环境造成损害的,被侵权人可以向污染者请求赔偿,也可以向第三人请求赔偿。污染者赔偿后,有权向第三人追偿。"

③物权损害的侵权行为。

《侵权责任法》第85条:"建筑物、构筑物或者其他设施及其搁置物、悬挂物发生脱落、坠落造成他人损害,所有人、管理人或者使用人不能证明自己没有过错的,应当承担侵权责任。所有人、管理人或者使用人赔偿后,有其他责任人的,有权向其他责任人追偿。"

第86条:"建筑物、构筑物或者其他设施倒塌造成他人损害的,由建设单位与施工单位承担连带责任。建设单位、施工单位赔偿后,有其他责任人的,有权向其他责任人追偿。

因其他责任人的原因,建筑物、构筑物或者其他设施倒塌造成他人损害的,由其他责任人承担侵权责任。"

第87条:"从建筑物中抛掷物品或者从建筑物上坠落的物品造成他人损害,难以确定具体侵权人的,除能够证明自己不是侵权人的外,由可能加害的建筑物使用人给予补偿。"

第88条:"堆放物倒塌造成他人损害,堆放人不能证明自己没有过错的,应当承担侵权责任。"

第89条:"在公共道路上堆放、倾倒、遗撒妨碍通行的物品造成他人损害的,有关单位或者个人应当承担侵权责任。"

第91条:"在公共场所或者道路上挖坑、修缮安装地下设施等,没有设置明显标志和采取安全措施造成他人损害的,施工人应当承担侵权责任。

窨井等地下设施造成他人损害,管理人不能证明尽到管理职责的,应当承担侵权责任。"

④污染环境致人损害的侵权行为。

《民法通则》第 124 条规定:"违反国家保护环境防止污染的规定,污染环境造成他人损害的,应当承担民事责任。"污染环境致人损害适用无过错责任。

⑤地面施工致人损害的侵权行为。

《民法通则》第 125 条规定:"在公共场所、道旁或者通道上挖坑、修缮安装地下设施等,没有设置明显标志和采取安全措施造成他人损害的,施工人应当承担民事责任。"在公共场所、道旁或者通道上施工,对在此地通行的人会造成一定的危险,如果施工人不进行特别的标志提醒,往往会使通行人遭受伤害。因此我国法律明确规定施工人未尽警示义务,造成他人损害的应当承担民事责任。

⑥地上工作物致人损害的侵权行为。

地上工作物包括建筑物或者其他设施以及建筑物上的搁置物、悬挂物。《民法通则》第 126 条规定:"建筑物或者其他设施以及建筑物上的搁置物、悬挂物发生倒塌、脱落、坠落造成他人损害的,它的所有人或者管理人应当承担民事责任,但能够证明自己没有过错的除外。"

4.刑事法律责任

(1)刑罚的种类

刑罚分为主刑和附加刑。

主刑,也称作基本刑,是对犯罪行为适用的主要刑罚方法,以单独使用为特点,不能附加适用。主刑包括管制、拘役、有期徒刑、无期徒刑和死刑五种。

附加刑,是补充主刑的一种刑罚手段,通常是在判处犯罪分子主刑的同时附加判处。而实际上,根据我国刑法规定,附加刑包括罚金、剥夺政治权利、没收财产、驱逐出境(针对外国人)

(2)刑法分则中相应的罪名

①非国家工作人员受贿罪与受贿罪。

两罪区分的关键在于犯罪主体的不同:本罪的主体是公司、企业、其他单位人员,即非国家工作人员;受贿罪的主体是国家工作人员以及以国家工作人员论的国有公司、企业、其他单位中从事公务的人员和国有公司、企业、国有其他单位委派到非国有公司、企业、其他单位从事业务的人员。

②对非国家工作人员行贿罪与行贿罪。

本罪的行贿对象是公司、企业人员,而行贿罪的对象是国家工作人员。

③工程重大安全事故罪。

注意:

a.本罪的主体为特殊主体,即为单位犯罪。主体只能是建设单位、设计单位或者是施工单位及工程监理单位。

b.并不是任何违反与安全生产有关的国家规定的行为都构成犯罪,只有引起重大安全事故,造成严重后果,危害公共安全的行为,才构成犯罪。所谓重大安全事故是指因工程质量问题导致建筑工程坍塌,致人重伤、死亡或重大经济损失的情况。这是构成本罪的重要条件。

④重大劳动安全事故罪与重大责任事故罪的区别。

重大责任事故罪在客观方面有两种表现形式:一种是行为人在生产、作业活动中,不服管理、违反规章制度,因而发生重大伤亡事故或者造成其他严重后果的,即一般职工本人直接违反规章制度,造成严重后果的行为。重大责任事故罪在客观方面的另一种表现形式是行为人在生产、作业活动中,强令工人违章冒险作业,因而发生重大伤亡事故或者造成其他严重后果的,即有关生产、指挥、管理人员利用职权强令职工违章冒险作业。

两罪都有重大事故的发生,并且行为人对重大事故的发生都是一种过失的心理态度,但两者有明显区别:

a. 犯罪主体不同。重大劳动安全事故罪的犯罪主体是工厂、矿山、林场、建筑企业或者其他企业、事业单位负责主管与直接管理劳动安全设施的人员,一般不包括普通职工;重大责任事故罪的犯罪主体较重大劳动安全事故罪范围要厂,包括工厂、矿山、林场、建筑企业或者其他企业、事业单位中的一般职工和在生产、作业中直接从事领导、指挥的人员。

b. 客观方面的行为方式不同。重大劳动安全事故罪在客观方面则表现为对经有关部门或单位职工提出的事故隐患不采取措施,是一种不作为犯罪;重大责任事故罪在客观方面表现为厂矿企业、事业单位的职工不服从管理、违反规章制度,或者生产作业的领导、指挥人员强令工人违章冒险作业,是作为形式的犯罪。

⑤玩忽职守罪与滥用职权罪。

玩忽职守罪是指国家机关工作人员严重不负责任,不履行或者不认真履行职责,致使公共财产、国家和人民利益遭受重大损失的行为。滥用职权罪是指国家机关工作人员超越职权、违法决定、处理其无权决定处理的事项,或者违反规定职责处理公务,致使公共财产、国家和人民利益受到重大损失的行为。滥用职权罪是我国 1997 年修订刑法时从玩忽职守罪中分离出来而增设的罪名。

三 精选案例

案例 1:《上海"楼倒倒"案 6 被告获刑》❶

上海"莲花河畔景苑"倒楼案在上海市闵行区人民法院一审宣判。审判长当庭宣判,六被告重大责任事故罪成立。被告秦永林判有期徒刑 5 年,张耀杰判有期徒刑 5 年,夏建刚判有期徒刑 4 年,陆卫英判有期徒刑 3 年,张耀雄判有期徒刑 4 年,乔磊判有期徒刑 3 年。

法院经审理查明,在"莲花河畔景苑"项目工程作业中,被告人秦永林作为建设方上海梅都房地产开发有限公司的现场负责人,秉承张志琴(另案处理)的指令将属于施工方总包范围的地下车库开挖工程,直接交予没有公司机构且不具备资质的被告人张耀雄组织施工、并违规指令施工人员开挖堆土,对本案倒楼事故的发生负有现场管理责任。

被告人张耀杰身为施工方上海众欣建筑有限公司主要负责人,违规使用他人专业资质证书投标承接工程,致使工程项目的专业管理缺位,且放任建设单位违规分包土方工程给其没有专业资质的亲属,对本案倒楼事故的发生负有领导和管理责任。

被告人夏建刚作为施工方的现场负责人,施工现场的安全管理是其应负的职责,但其任由工程施工在没有项目经理实施专业管理的状态下进行,且放任建设方违规分包土方工程、违规堆土,致使工程管理脱节,对倒楼事故的发生亦负有现场管理责任。

---

❶参见新浪网 http://news. sina. com. cn/c/2010 年 02 月 12 日/022317084448s. shtml。

被告人陆卫英虽然挂名担任工程项目经理,实际未从事相应管理工作,但其任由施工方在工程招投标及施工管理中以其名义充任项目经理,默许甚至配合施工方以此应付监管部门的监督管理和检查,致使工程施工脱离专业管理,由此造成施工隐患难以通过监管被发现、制止,因而对本案倒楼事故的发生仍负有不可推卸的责任。

被告人张耀雄没有专业施工单位资质,违规承接工程项目,并盲从建设方指令违反工程安全管理规范进行土方开挖和堆土施工,最终导致倒楼事故发生,系本案事故发生的直接责任人员。

被告人乔磊作为监理方上海光启建设监理有限公司的总监理,对工程项目经理名实不符的违规情况审查不严,对建设方违规发包土方工程疏于审查,在对违规开挖、堆土提出异议未果后,未能有效制止,对本案倒楼事故发生负有未尽监理职责的责任。

法院认为,作为工程建设方、施工单位、监理方的工作人员以及土方施工的具体实施者,6名被告人在"莲花河畔景苑"工程项目的不同岗位和环节中,本应上下衔接、互相制约,却违反安全管理规定,不履行、不能正确履行或者消极履行各自的职责、义务,最终导致"莲花河畔景苑"7号楼整体倾倒、1人被压死亡和经济损失 1900 万余元的重大事故的发生。据此,认为 6 名被告人均已构成重大责任事故罪,且属情节特别恶劣。鉴于 6 名被告人均具有自首情节,故法院依法做出上述判决。

关联教材:第九章　建筑法律责任

　　　　第三节　建筑刑事法律责任

思考讨论:

1. 请思考重大责任事故罪的表现形式

2. 试比较工程重大事故罪、重大劳动安全事故罪及重大责任事故罪的区别

【案例点评】

英国君主立宪政体的理论奠基人霍布斯在《利维坦》中写道:"不带剑的契约不过是一纸空文,它毫无力量去保障一个人的安全。"但愿"楼脆脆"、"楼歪歪"事件之后,我们的职能部门在楼房安全契约上也能配上一柄利剑,以此维护和捍卫业主应得的权益。

四　练习题

(一)单项选择题

1. 在建筑法律责任的分类中,以(　　)为最主要的责任形式。

  A. 建筑行政法律责任   B. 建筑民事法律责任

  C. 建筑刑事法律责任   D. 均是

2. 罚金是属于(　　)。

  A. 刑事法律责任   B. 民事法律责任   C. 行政法律责任   D. 都是

3. 行政处罚不包括(　　)。

  A. 警告   B. 开除   C. 责令停产   D. 吊销许可证

4. 行政处分的方式是(　　)。

  A. 没收非法财产   B. 吊销营业执照

C. 行政拘留 　　　　　　　　　　D. 记过、撤职、开除等

背景材料：

某建设监理公司监理的高层住宅工程，施工单位为了保本、赶工期，安全生产管理疏漏，监理人员多次制止其违章作业但始终未能改正，于是向建设单位作了报告，而建设单位出于工期的考虑，不同意监理人员下停工令，直至有一天施工现场终于发生了安全事故，造成了农民工一死一伤的后果。对此，当地建设主管部门对该监理公司进行了行政处罚。

根据上述背景，作答 5～7 题。

5. 建设主管部门作出的行政处罚不能包括（　　　）。

　　A. 罚款 　　　　　　　　　　　　B. 吊销资质证书

　　C. 责令停工 　　　　　　　　　　D. 行政处分

6. 如果决定对该监理公司进行吊销资质证书的处罚，遵守的处罚程序应是（　　　）。

　　A. 简易程序 　　　　B. 一般程序 　　　　C. 听证程序 　　　　D. 执行程序

7. 建设主管部门对该监理公司所作的行政处罚，在下列（　　　）情况下不能成立。

　　A. 行政处罚决定前，向当事人告知了处罚决定的事实、理由和当事人依法享有的权利

　　B. 建设主管部门拒绝听取当事人的陈述、申辩，当场作出了行政处罚的决定

　　C. 建设主管部门采纳了当事人提出的确凿事实、理由或证据而作出了从轻处罚的决定

　　D. 当事人要求听证，建设主管部门组织了听证，但仍作出了行政处罚的决定

背景材料：

承包商赵某施工的楼盘的下水道与城市主管道对接，施工中开挖的管道沟未设置保护措施和警示标志。

当天黄昏，李某骑车回家途中经过该楼盘时掉入坑中，造成胳膊骨折。其后，甲在该楼盘地段开车逆行，迫使骑车人乙为躲避甲跌入坑里，造成车损人伤。

根据上述背景，作答 8～10 题。

8. 该楼盘承包商赵某应对李某承担的责任属于（　　　）。

　　A. 违约责任 　　　　B. 侵权责任 　　　　C. 行政责任 　　　　D. 刑事责任

9. 李某针对给自己带来的损害，可以向赵某要求（　　　）。

　　A. 停止侵害 　　　　B. 恢复原状 　　　　C. 返还财产 　　　　D. 赔偿损失

10. 对于乙所蒙受的损失（　　　）。

　　A. 只能由甲承担责任 　　　　　　　B. 只能由赵某承担责任

　　C. 由甲和赵某各自承担责任 　　　　D. 由甲和赵某承担连带责任

11. 某施工单位向水泥厂订购水泥 100 吨，每吨价格 300 元，总货款为 3 万元，约定 12 月 10 日前交货，逾期交货的，水泥厂应支付违约金 3 000 元，后水泥厂未能如期交货。关于本案正确的表述应是（　　　）。

　　A. 水泥厂支付违约金后，不必再承担其他民事责任

　　B. 水泥厂支付违约金后，仍应当继续履行合同

　　C. 水泥厂继续履行合同后，可不必支付违约金

　　D. 水泥厂如无过错，可不必支付违约金

12. 正在施工的某高层建筑内，工人王某为图省事，夜里将建筑施工的废料从楼上扔下，正

好砸中下夜班绕近路经过此地的赵某。王某对赵某的行为应属于(　　)。

  A. 过于自信的过失
  B. 疏忽大意的过失

  C. 直接故意
  D. 间接故意

13. 某建筑工地负责人张某为防止有人侵入工地偷钢材,在工地周围拉电网,并在电网前设置了警示标记。一日晚,王某偷钢材不慎触电,经送医院抢救无效身亡。张某对这种结果的主观心理态度是(　　)。

  A. 直接故意
  B. 间接故意

  C. 过于自信的过失
  D. 疏忽大意的过失

14. 下列行为中,构成重大责任事故罪的行为应是(　　)。

  A. 工地塔吊倒塌,造成临近小吃部房屋被砸塌

  B. 包工头单某素来与工人梁某不和,明知某行为违反安全管理的规定,可能会发生重大伤亡事故,仍然强迫梁某实施这一行为,导致梁某死亡

  C. 工地安全管理人员于某,因为怕麻烦,没有严格执行工人进工地必须戴安全帽的安全规定,结果因为砖墙倒塌,砸死施工人员数名

  D. 工地施工人员不按安全生产规定,擅自将废弃的建筑用钉子扔到周围的地上,造成15人被扎伤

15. 项某是某建筑公司司机,在一工地驾车作业时违反操作规程,不慎将一名施工工人轧死,对项某的行为应当(　　)。

  A. 按过失致人死亡罪处理
  B. 按交通肇事罪处理

  C. 按重大责任事故罪处理
  D. 按意外事件处理

16. 承包某楼盘施工的甲公司在施工中偷工减料,降低工程质量标准,结果造成3人死亡的安全事故。对甲公司的行为应当(　　)。

  A. 按重大责任事故罪论处
  B. 按重大劳动安全事故罪论处

  C. 按工程重大安全事故罪论处
  D. 按意外事件处理

17. 下列行为中,构成工程重大安全事故罪的行为应是(　　)。

  A. 一工人在施工中不慎从楼上掉下来摔死

  B. 工地在建地下隐蔽工程时,对裸露地面的钢筋,未在周围做防护措施,也没有醒目标识,造成经过这里的关某摔成重伤

  C. 某工程监理单位在进行检查过程中,发现施工单位过度追求施工进度,致使工程质量严重不符合要求,却不依法行使监理职能,造成建筑物倒塌,砸死砸伤多人的严重后果

  D. 工地工人李某在工地食堂下毒,致使工人集体中毒

(二)多项选择题

1. 甲、乙签订水泥订购合同,甲委托丙送货,并订立运输合同。丙送货途中,遭遇泥石流导致延迟送货,水泥受到部分损失。于是乙方以逾期交货和货物不符合约定为由拒收货物、拒付货款。丙多次与乙交涉未果,发现水泥受潮部分扩大,就将水泥作价卖给另一个厂家。则下列表述中正确的有(　　)。

A. 水泥价值减少的损失由甲承担   B. 水泥价值减少的损失由乙承担

C. 水泥价值减少的损失由丙承担   D. 丙为处理水泥的费用可以要求甲支付

E. 丙为处理水泥的费用可以要求乙支付

2. 甲、乙签订一份总价为 10 万元的钢材买卖合同,约定如果一方违约则向对方支付 2 万元的违约金,同时甲按约定支付给乙定金 2 000 元,后因乙未履行合同,造成甲损失 5 000 元。则下列说法中正确的有( )。

A. 违约金条款与定金条款不能重复计算

B. 乙公司向甲偿还损失 5 000 元,并退还定金 2 000 元

C. 乙公司支付 2 万元的违约金,外加损失赔偿 5 000 元

D. 乙公司支付 2 万元的违约金,并退还定金 2 000 元

E. 乙公司可向法院请求适当减少违约金,再予以支付

3. 某建设工程施工合同履行过程中,出现了发包方拖延支付工程款的违约情况,则承包方要求发包方承担违约责任的方式可以有( )。

A. 继续履行合同   B. 提高价格或报酬

C. 要求发包方提前支付所有工程款   D. 可以要求发包方支付逾期利息

E. 要求发包方降低工程质量标准

4. 若当事人约定的违约金与造成的损失不一致的,则下列说法中正确的有( )。

A. 约定违约金低于造成损失的,当事人可以请求增加

B. 约定违约金过分高于造成损失的,该违约金的约定无效

C. 约定违约金高于所造成损失的,当事人可以请求适当减少

D. 约定违约金过分高于所造成损失的,当事人可以请求适当减少

E. 约定违约金过分低于造成损失的,该违约金的约定无效

背景材料:

某建筑公司将承包的工程非法转包给一个无资质等级的包工队,工商行政管理局发现后决定,责令停业整顿,没收违法所得,并处较大数额罚款。

根据上述背景,作答 5~7 题。

5. 下列有关行政处罚决定与听证的表述中,正确的表述有( )。

A. 工商行政管理局在作出行政处罚决定前,应告知甲公司有要求举行听证的权利

B. 甲公司要求听证,行政机关应当组织听证

C. 甲公司不承担行政机关组织听证的费用

D. 组织听证的费用,由甲公司承担

E. 组织听证的费用,由工商行政管理局与甲公司共同承担

6. 在该建筑公司提出请求的情况下,可以适用听证程序的有( )。

A. 行政机关作出吊销甲建筑公司资质证书的处罚

B. 工商机关作出较大数额罚款的处罚

C. 行政机关作出的警告处罚

D. 交通管理机关作出的暂扣该公司司机驾驶执照的处罚

E. 工商机关作出责令停业整顿的处罚

7. 根据法律规定,该建筑公司在受到行政处罚时,适用简易程序的情形为(　　)。

A. 甲建筑公司违法事实确凿并有法定依据

B. 执法机关对包工头的违法行为处以 50 元罚款

C. 工商部门对甲建筑公司其他情节较轻的违法行为处以 1 000 元的罚款

D. 行政机关作出没收该楼盘的处罚

E. 行政机关作出责令在 1 年内不得承接新施工项目的处罚

8. 下列行为中,构成重大责任事故罪的有(　　)。

A. 某安全生产管理人员,误以为不挂隔离网也能够避免建筑杂物从高空脱落,结果造成 3 人死亡

B. 某包工头,强迫工人夜间施工,结果造成重大伤亡

C. 刚从技校毕业但并未获得驾驶执照的某人,在工地开吊车,结果操作失误,砸死 4 个工人

D. 某施工人员,明知楼下有工人干活,仍然从楼上扔下建筑杂物,造成一人死亡,3 人重伤

E. 该工地的夜间看护人,由于大意,忘记将取暖火盆熄灭,结果与烟头相遇形成明火,引爆作业雷管,造成工棚内多名工人死伤

9. 某工地塔吊未按安全生产规定进行按时检查加固。为了赶进度,管理者明知存在安全隐患,仍继续要求施工,结果在施工过程中倒塌,造成重大伤亡。对此应负刑事责任的有(　　)。

A. 该工地的负责人　　　　　　　　B. 负责塔吊安全的管理人

C. 塔吊的销售人员　　　　　　　　D. 该建筑公司的负责人

E. 工地上的施工人员

10. 与工程建设关系比较密切的刑事犯罪有(　　)。

A. 重大责任事故罪　　　　　　　　B. 收受贿赂罪

C. 重大劳动安全事故罪　　　　　　D. 渎职罪

E. 工程重大安全事故罪

(三)案例分析

1. 某建筑安装公司承包了某市某街 3 号楼(6 层)建筑工程项目,并将该工程项目转包给某建筑施工队。该建筑施工队在主体施工过程中不执行《建筑安装工程安全技术规程》和有关安全施工之规定,未设斜槽,工人爬架杆乘提升吊篮进行作业。某年 4 月 12 日,施工队队长王某发现提升吊篮的钢丝绳有点毛,未及时采取措施,继续安排工人施工。15 日,工人向副队长徐某反映钢丝绳"毛得厉害",徐某检查发现有约 30cm 长的毛头,便指派钟某更换钢丝绳。而钟某为了追求进度,轻信钢丝绳不可能马上断,决定先把 7 名工人送上楼干活,再换钢丝绳。当吊篮接近四楼时,钢丝绳突然中断,导致 7 人死亡的重大人员伤亡事故的发生。

问题:

(1)该事故发生的原因有哪些?

(2)属于工程建设重大事故的几级事故?

(3)施工队队长王某及钟某涉嫌什么罪名的刑事犯罪?

(4)试用所学知识谈谈你得到哪些经验教训?

2.2003年1月,长年在家务农的章某与被告黄某口头协议,将自家拟建的二层(局部三层)砖混结构,建筑面积约250平方米的房屋,以每平方米20元的价格承包给黄某施工,修建时所需材料由章某负责购买,但未对工程验收及工程质量保修等问题进行约定。

同月18日,黄某率施工队在章某拆除旧房,打好地基安好墙脚石的情况下进场施工。施工中,章某未提供设计图纸,施工队只好按章某的设计指示进行施工。该工程于2003年3月底完工,并交付章某使用。

2005年初,章某发现部分墙体开裂、倾斜,于同年3、4月间分别两次与黄某协商进行现场勘查,并提出过维修措施。今年初,双方因协商维修、赔偿发生纠纷,章某一纸诉状将黄某告上法庭,要求被告黄某赔偿损失50 000元,或者拆除后进行重建。

同年3月,章某委托四川省泸州市房屋安全鉴定部门对"危房"进行过鉴定,其结论为:该房设计不规范,施工处理不当,且在温度应力影响下使房屋墙体产生裂缝,局部墙体倾斜。该房属危险性C级(局部危险房),局部房屋应拆除,在未进行拆除和加固前不能使用。同时,泸县物价局价格认证中心也作出了该房部分拆除或加固所需19 495.67元费用的鉴定结论。

问题:

(1)该工程质量责任应由原告还是由被告承担?

(2)法院是否会支持原告章某的诉讼请求?

附:参考答案

(一)单项选择题

1. A   2. A   3. B   4. D   5. D   6. C   7. B   8. B   9. D   10. D
11. B   12. B   13. C   14. B   15. C   16. C   17. C

(二)多项选择题

1. AD   2. ADE   3. AD   4. AD   5. ABC
6. ABE   7. ABC   8. ABCE   9. ABD   10. ACE

(三)案例分析

1.(1)原因:①非法转包(前提是建筑公司将主体工程也进行了转包,而该施工队安全意识太差);②施工队未按安全施工技术规程施工;③工人爬架杆乘吊篮;④发现安全隐患(钢丝绳起毛)未及时处理;⑤为追求进度野蛮施工,施工管理人员安全意识差。

(2)这个事故属于较大安全责任事故

(3)重大责任事故罪。

(4)略。

2.(1)共同承担。

(2)法院审理后认为,章某在没有相关工程技术人员的设计下决定修建新房,并口头约定将工程承包给明知没有资质的黄某修建,并在施工中作现场指示,自身存在过错。黄某在无任何施工资质的情况下,仅凭经验进行施工,冒险承揽此项工程,致使施工处理不当,造成局部危险房,不能居住的后果,对此也有一定过错。

根据我国《合同法》第262条"承揽人交付的工作成果不符合质量要求的,定做人可以要求承揽人承担修理、重作、减少报酬、赔偿损失等违约责任"之规定;我国《民法通则》第106条第二款"公民、法人由于过错侵害国家、集体的财产,侵害他人财产、人身的应承担民事责任"的规定,被告黄某应承担与其过错相应的民事责任。

对原告章某要求被告黄某赔偿损失的部分诉讼请求法院予以支持,其自身过错造成的损失由自己承担,双方承担同等责任。

第十章
建筑工程其他相关法规

一 学习目的与基本要求

与建筑工程相关的其他重要的法规,如标准化法、环境保护法、消防法、劳动法等是工程领域应用型人才应具备的法律知识,同时也是建筑领域相关资格考试的考核内容。通过本章的学习,使同学们了解和掌握建筑工程其他相关法律法规,以更好地适应本专业的知识结构要求。

二 重点与难点解析

(一) 工程建设标准化制度的意义及分类

1. 工程建设标准化制度的意义

标准是衡量质量的"尺度"。标准化,特别是 ISO9000 之管理体系标准是国际标准化组织发布实施的针对质量管理的一项管理性标准,是集全世界最先进的管理理念、最成功的管理经验,最有效的控制方法,并被实践证实是最先进的管理模式,被世界各国所认可。

工程建设标准是工程建设活动的技术依据和准则。工程建设标准化工作是一项政策性、技术性、经济性都很强的工作,这项工作开展的好坏,直接影响到建设工程的质量和安全、人体的健康、环境保护以及社会公众利益的实现,影响到建设工程的技术进步、工程建设的投资效益和社会效益等。工程建设标准化开展需要各级建设行政主管部门、非政府管理机构以及建设市场各有关方面的共同努力,同时,做好工程建设标准化工作,还需要使标准的制定、实施、监督等环节协调配套,保证标准制度目的的实现。因此标准化制度在工程建设中具有十分重要的地位。

2. 工程建设标准的分类

(1) 按法律属性分类

工程建设标准划分为强制性标准和推荐性标准。强制性标准必须执行,推荐性标准自愿采用。

(2) 按工程建设标准内容的性质分类

工程建设标准一般划分为技术标准、经济标准和管理标准。

技术标准是指工程建设中需要协调统一的技术要求所制定的标准,技术要求一般包括工程的质量特性、采用的技术措施和方法等;经济标准是指工程建设中针对经济方面需要协调统一的事项所制定的标准,用以规定或衡量工程的经济性能和造价等,例如:工程概算、预算定额、工程造价指标、投资估算定额等;管理标准是指管理机构行使其管理职能而制定的具有特定管理功能的标准,例如:《建设工程监理规范》、《建设工程项目管理规范》、《建筑设计企业质量管理规范》等。管理标准根据其功能的不同,又可以细分为一般管理标准和岗位工作标准。

(3)按工程标准的覆盖面分类

工程建设标准可以划分为企业标准、地方标准、行业标准、国家标准、国际标准等。在某一企业使用的标准为企业标准;在某一地方行政区域使用的标准为地方标准;在全国某一行业使用的标准为行业标准;在全国范围使用的标准为国家标准;可以在国际某一区域使用的标准为国际区域性标准,如欧共体标准等;由国际标准化组织(ISO)、国际电工委员会(IEC)制定或认可的,可以在各成员国使用的标准为国际标准。

由于世界各国的情况和条件不同,对工程建设标准层次的划分也不完全相同。根据我国发布的标准化的法律和行政法规,可将工程建设标准划分为国家标准、行业标准、地方标准和企业标准四个层次。

(二)环境保护"三同时"制度

1."三同时"制度的概念

所谓环境保护"三同时"制度,是指建设项目需要配套建设的环境保护设施,必须与主体工程同时设计、同时施工、同时投产使用。《环境影响评价法》第 26 条规定:"建设项目"建设过程中,建设单位应当同时实施环境影响报告书、环境影响报告表以及环境影响评价文件审批部门审批意见中提出的环境保护对策措施。"环境保护""三同时"制度是建设项目环境保护法律制度的重要组成部分,《建设项目环境保护管理条例》对环境保护"三同时"制度进行了详细规定。

2."三同时"制度的实质

"三同时"的实质在于把好设计、施工和投产使用关。只有要求同时设计和同时施工,才能为同时投产使用创造条件,从而保证项目建成后企业排放的污染物符合国家或地方规定的排放标准。

3."三同时"制度的内容

(1)设计阶段

建设项目的初步设计,应当按照环境保护设计规范的要求,编制环境保护篇章,并依据经批准的建设项目环境影响报告书或者环境影响报告表,在环境保护篇章中落实防治环境污染和生态破坏的措施以及环境保护设施投资概算。

(2)试生产阶段

建设项目的主体工程完工后,需要进行试生产的,其配套建设的环境保护设施必须与主体工程同时投入试运行。建设项目试生产期间,建设单位应当对环境保护设施运行情况和建设项目对环境的影响进行监测。

(3)竣工验收和投产使用阶段

建设项目竣工后,建设单位应当向审批环境影响评价文件的环境保护行政主管部门申请该建设项目需要配套建设的环境保护设施竣工验收。环境保护设施竣工验收,应当与主体工程竣工验收同时进行。需要进行试生产的建设项目,建设单位应当自建设项目投入试生产之日起 3 个月内,向审批环境影响评价文件的环境保护行政主管部门申请该建设项目需要配套建设的环境保护设施竣工验收。分期建设、分期投入生产或者使用的建设项目,其相应的环境保护设施应当分期验收。建设项目需要配套建设的环境保护设施经验收合格,该建设项目方可正式投入生产或者使用。

(三)建筑工程项目环境影响评价制度

1. 环境影响评价制度概念

环境影响评价制度也叫环境影响报告书(表)制度是在进行对环境有影响的建设和开发活动时,对该活动可能给周围环境带来的影响进行科学的预测和评估,制定防止或减少环境损害的措施,编写环境影响报告书或填写环境影响报告表,报经环境保护部门审批后再进行设计和建设的各项规定的总称。环境影响评价制度是防止产生环境污染和生态破坏的法律措施,最早由美国的《国家环境政策法》提出推行。

2. 我国的建设项目环评制度

在我国的环境保护法和各种污染防治的单行法律中,《中华人民共和国环境影响评价法》是一项决定建设项目能否进行的具有强制性的法律制度。

(1)建设项目环境影响评价的分类管理

我国根据建设项目对环境的影响程度,对建设项目的环境影响评价实行分类管理,建设单位应当依法组织编制相应的环境影响评价文件:

可能造成重大环境影响的,应当编制环境影响报告书,对产生的环境影响进行全面评价。

可能造成轻度环境影响的,应当编制环境影响报告表,对产生的环境影响进行分析或者专项评价。

对环境影响很小、不需要进行环境影响评价的,应当填报环境影响登记表。

(2)建设项目环境影响评价文件的审批管理

根据《环境影响评价法》的规定,建设项目的环境影响评价文件,由建设单位按照国务院的规定报有审批权的环境保护行政主管部门审批;

建设项目的环境影响评价文件自批准之日起超过 5 年,方决定该开工建设的,其环境影响评价文件应当报原审批部门重新审核。

(3)环境影响的后评价和跟踪管理

在项目建设、运行过程中产生不符合经审批的环境影响评价文件的情形的,建设单位应当组织环境影响的后评价,采取改进措施,并报原环境影响评价文件审批部门和建设项目审批部门备案;原环境影响评价文件审批部门也可以责成建设单位进行环境影响的后评价,采取改进措施。

环境保护行政主管部门应当对建设项目投入生产或者使用后所产生的环境影响进行跟踪检查,对造成严重环境污染或者生态破坏的,应当查清原因、查明责任。

3. 意义

环境影响评价制度和"三同时"制度,是我国贯彻"预防为主"的方针,控制新污染的两项主要制度。环境影响评价制度特别在保证建设项目选址的合理性上起了突出作用。环境影响评价制度还可以对开发建设项目提出防治污染的措施,控制新污染。从而把建设项目环境管理纳入国民经济计划轨道,在发展经济的同时保护好环境,促进经济建设和环境保护的协调发展。

(四)消防设计的审核和验收

1.消防设计的审核

按照国家工程建筑消防技术标准需要进行消防设计的建筑工程,设计单位应当按照国家工程建筑消防技术标准进行设计,建设单位应当将建筑工程的消防设计图纸及有关资料报送公安消防机构审核;未经审核或者经审核不合格的,建设行政主管部门不得发给施工许可证,建设单位不得施工。

经公安消防机构审核的建筑工程消防设计需要变更的,应当报经原审核的公安消防机构核准;未经核准的,任何单位和个人不得变更。

建筑构件和建筑材料的防火性能必须符合国家标准或者行业标准。公共场所室内装修、装饰根据国家工程建设消防技术标准的规定,应当使用不燃、难燃材料的,必须选用依照《中华人民共和国产品质量法》等法律、法规确定的检验机构检验合格的材料。

2.消防设计的验收

根据《消防法》,按照国家工程建筑消防技术标准进行消防设计的建筑工程竣工时,必须经公安消防机构进行消防验收;未经验收或者经验收不合格的,不得投入使用。

(五)建筑工程一切险与安装工程一切险的区别

1.安装工程一切险的风险比建筑工程一切险的风险集中

建筑工程一切险的标的从开工后逐步提高,而安装工程一切险的保险标的一开始就存放于工地保险公司一开始就承担着全部货价的风险,风险比较集中。

2.安装工程一切险的风险主要集中在试车期,而建筑工程一切险则没有试车期

安装工程在交接前必须经过试车考核,而在试车期间,任何潜在的因素都可能造成损失,损失率要占安装工期内的总损失的一半以上。试车期的安装工程一切险的保险费率通常占整个工期保费的三分之上,而且已旧机器设备不承担赔付责任。这些危险在建筑工程一切险中是没有的。

3.自然灾害造成建筑工程一切险保险标的损失的可能性较大,而对安装工程一切险的保险标的的影响较小

在一般情况下,自然灾害造成的建筑工程一切的保险标的的损坏可能性比较大,而安装工程一切险的保险标的多数是建筑物内的安装和设备,受自然灾害损坏的可能性较小,受人为事故损害的可能性较大。

4.安装工程一切险的保险费率高于建筑工程一切险

安装工程一切险的风险较大,保险费率也要高于建筑工程一切险。

(六)劳动合同与民事合同的区别

1.合同当事人不同

劳动合同的当事人必须一方是劳动者,另一方是用人单位。即一方是提供劳动力的自然

人,另一方是企业行政等用人单位。两者是不能等同的,更不能出现双方都是法人的情况。而民事合同则是公民之间、法人之间及其相互之间有关民事权利义务的协议。其当事人既可以都是公民,也可以一方是公民,另一方是法人或双方都是法人。双方当事人不存在相对的因素。即使是具有劳动内容的民事合同,如加工承揽合同、劳务合同等,其合同当事人也同样可以存在于公民之间、法人之间或公民与法人之间。

2. 当事人的法律地位不同

劳动合同签订后,作为劳动者一方必须加入到用人单位中去,成为其成员之一,在身份上具有隶属性。在合同期间,他应接受用人单位的管理和使用。承担用人单位分配给的劳动、工作义务,遵守所在单位的内部劳动规则,享受该单位的劳动保险福利待遇。而民事合同当事人法律地位是平等的。相对一方,对方没有隶属性。尽管加工承揽合同、劳务合同中的一方当事人也提供劳务,但他不参加对方的组织,不承担对方单位内部的劳动、工作义务,也不受对方内部劳动规则和制度的制约。

3. 合同的内容不同

劳动合同的内容主要是决定有关劳动条件和福利待遇方面的权利义务,其内容涉及劳动合同期限、试用期限、劳动纪律等。而民事合同的内容只涉及双方的民事权利义务,没有工作条款和福利待遇的内容。

4. 合同的标的不同

劳动合同的标的,是一定的劳动行为,而不是劳动成果。即劳动合同的标的没有物存在。劳动者只需要按规定参加用人单位的集体劳动,完成规定的工作量,而不论其劳动成果是否实现。而民事合同的标的主要是物和行为。虽然有些民事合同的标的也涉及劳动行为,但一般是与劳动结果相联系的劳动行为。

5. 适用的法律不同

劳动合同是依照有关劳动法律、法规签订的劳动关系双方当事人权利义务的协议,涉及劳动权利义务的实现,受劳动法的调整。民事合同是有关民事权益方面的法律协议,受民法调整。

三 精选案例

案例 1:排污口里的猫腻[1]

工业污水处理已经是个老话题了。焦点访谈曾经报道过偷排法、障眼法、深埋法等。而近日记者在接到群众举报线索后,在湖北省南漳县华海纸业有限公司又见识了污水清洗法,而且排出的污水通过蛮河直达长江最长的支流汉江。

记者目击造纸企业排污　6月21日上午9点,记者在南漳县华海纸业有限公司的入河排污口看到,灰黑色的污水不断从管道里涌出,与河中的清水交汇。在这里,记者提取了一瓶水样。下午五点,记者再次来到这里。看到此时的污水水流比上午更加湍急。记者再次进行了取样。

---

[1] 参见中国网络电视台焦点访谈 2010 年 7 月 2 日一期节目,http://news. cntv. cn/china/20100702/104659. shtml。

取样结束,记者拨通南漳县环保局的电话,举报这里在排污,随后,发生了戏剧性的一幕。半小时过后,污水的浑浊度降低了,又过了40分钟,县环保局的工作人员赶来取样。此时,污水的出水量已明显变小,取得的水样也与记者在40分钟之前取到的水样有了很大不同。

记者把之前两次取得的水样交给县环保局的工作人员。第二天,检验结果显示,华海纸业排放的废水前两次水样的化学需氧量浓度分别达到512mg/L和371mg/L,属严重超标;而由县环保局工作人员所取的水样则完全达标,化学需氧量浓度仅为90mg/L。

企业称污水处理系统出故障;短时间内污水达标有蹊跷。

湖北华海纸业有限责任公司的解释是污水处理系统出了故障,进口轴承烧坏了。

然而记者了解到,污水处理设备一旦发生故障,在修复后,超标的水要处理成达标水一般要8小时左右。而在6月21日傍晚,在厂方发现记者后的40分钟内,排污口的水由超标变成了达标。这是不是有些太快了呢?华海纸业有限责任公司副总经理冯永忠也承认,在这么短的时间内发生这种变化不正常。

偷排现象是否长期存在?记者追查偷排阀门和神秘水管

那么,华海纸业有限公司这次排污事件究竟是偶发故障还是另有蹊跷呢?据知情人透露,这个企业从每天晚上10点多到第二天凌晨4点都在偷排污水。此外,这个厂的新污水车间还有几个偷排阀门,知道记者来了以后,用水泥给封上了。

根据知情人提供的线索,记者与当地环保局监察人员来到这处被水泥封堵的地方。是否存在偷排阀门,只有刨开水泥才能一探究竟。可经过一个多小时的沟通,南漳县环保局以企业不同意为由,拒绝对此进行调查。

地下的查不下去,地上的又如何呢?知情人举报,在污水处理车间的过滤池,有一条不该有的进水管,专门用来稀释污水、应付检查。

在厂区,记者果然找到了这条奇怪的水管,它一头接着消防备用龙头,另一头伸进污水过滤池底。至于用途,相关负责人一会儿说是消防备用龙头,一会儿又说是清洗过滤池的专用水管,然而在污水处理设备的设计图上根本没有这条水管。

企业在污水车间自行安装了这根特殊的水管,负责日常监察的县环境监察人员却表示毫不知情。

住在附近的一些村民表示,据他们观察,华海纸业有限公司常常偷排污水。

为什么这样的偷排就没有人管呢?据了解,华海纸业是南漳县域经济的四大龙头企业之一。新生产线建成后,一年上缴利税可达3 000多万元,而当地上年度的地方财政总收入不过2.33亿元。因此,近年来,群众对它的偷排虽有反映,最后却总是不了了之。

关联教材:

第十章 建筑工程其他相关法规

第二节 环境保护法律制度

思考讨论:

1. 请结合《环境保护法》的相关规定谈谈此案例的违规操作之处。

2. 通过此案例请思考我国提出的科学发展观的意义。

【案例点评】

只有在经济利益有保证的情况下,企业才会治污。而一旦两者发生矛盾,企业首选的还是经济效益,就会用偷排来降低成本,将污染治理的成本转嫁到环境中。因此,有关部门应尽快理顺体制,完善配套政策,让污水处理厂实现社会、经济效益的"双赢",走上良性循环之路。而如果不能很好地处理经济发展和环境保护之间的关系,不敢想象这样的快速发展会给后代留下什么?

四 练习题

(一)单项选择题

1. 根据标准化法规定,下列关于标准的理解正确的是（　　）。

    A. 按照标准的级别不同,标准可以分为国家标准、行业标准、地方标准和企业标准

    B. 对需要在全国某个行业范围内统一的技术要求,应当制定国家标准

    C. 对没有国家标准和行业标准而又需要在省、自治区、直辖市范围内统一的工业产品的安全、卫生要求,应当制定地方标准

    D. 企业生产的产品没有国家标准、行业标准和地方标准的,可以制定相应的企业标准,作为组织生产的依据

2. 对不符合民用建筑节能强制性标准的,建设工程规划许可证（　　）颁发。

    A. 不得　　　　　　B. 可以　　　　　　C. 应当　　　　　　D. 延期

3. 需要进行试生产的建设项目,建设单位应当自建设项目投入试生产之日起（　　）内,向审批环境影响评价文件的环境保护行政主管部门申请该建设项目需要配套建设的环境保护设施竣工验收。

    A. 15 日　　　　　　B. 1 个月　　　　　　C. 3 个月　　　　　　D. 6 个月

4. 下列关于噪声污染防治的说法中,错误的是（　　）。

    A. 在高校附近,禁止夜间进行产生环境噪声污染的建筑施工作业

    B. 因燃气管道抢修、抢险作业要求,可以在夜间连续作业

    C. 环境影响报告书中,应当有该建设项目所在地单位和居民的意见

    D. 建设工程必须夜间施工的,施工单位应在开工 15 日以前向建设主管部门申报

5. 某项目建设过程中,发、承包双方就有关建设工程标准的执行问题有不同理解,对此问题下列各项观点中正确的是（　　）。

    A. 在承包合同中双方约定的内容不低于强制标准的规定

    B. 若强制性标准未在承包合同中约定,则对承包方不具约束力

    C. 因推荐性标准属自愿执行,所以对承包合同中的推荐性标准可以不执行

    D. 因发包方坚持要求承包方执行强制性标准而增加的成本应由发包方承担

6. 工程建设标准批准部门应当对工程项目执行强制性标准情况进行监督检查,监督检查可以采取的方式不包括（　　）。

    A. 重点检查　　　　　　B. 抽查　　　　　　C. 平行检查　　　　　　D. 专项检查

7. 根据《劳动合同法》的规定,非全日制用工,是指以小时计酬为主,劳动者在同一用人单位一般平均每日工作时间不超过（　　）小时,每周工作时间累计不超过二十四小时的用工形式。

A. 四   B. 八   C. 十   D. 十二

8. 依据《劳动合同法》，某建筑公司因经营方试调整裁减 50 人，应提前（   ）向全体职工说明情况。

A. 20 天   B. 30 天   C. 50 天   D. 60 天

9. 根据《劳动合同法》，劳动者非因工负伤，医疗期满后，不能从事原工作也不能从事由用人单位另行安排的工作的，用人单位可以解除劳动合同，但是应当提前（   ）日以书面形式通知劳动者本人。

A. 10   B. 15   C. 30   D. 50

10. 依据《劳动争议调解仲裁法》的规定，当事人向劳动争议仲裁委员会申请劳动争议仲裁的时效是（   ）。

A. 三个月   B. 六个月   C. 一年   D. 二年

11. 根据《消防法》，在设有车间的建筑物内，不得设置员工集体宿舍。对已经设置且确有困难不能立即加以解决的，应当采取必要的消防安全措施，经（   ）批准后，可以在限期内继续使用。

A. 县级以上人民政府   B. 公安消防机构

C. 武警消防机构   D. 建设行政主管部门

12. 关于消防设计图纸的审核，应由（   ）将消防设计图纸报送公安消防机构审核。

A. 建设单位   B. 设计单位   C. 施工单位   D. 监理单位

13. 按照国家工程建筑消防技术标准进行消防设计的建筑工程竣工时，必须经（   ）进行消防验收。

A. 建设行政主管部门   B. 监理单位

C. 公安消防机构   D. 设计单位

14. 甲建设单位未进行消防设计，乙建设单位未经消防验收擅自使用工程，丙建设单位降低消防技术标准，丁单位在设有仓库的建筑物内，设置员工集体宿舍，并经公安消防机构批准。以上行为合法的是（   ）。

A. 甲   B. 乙   C. 丙   D. 丁

15. 根据《保险法》，（   ）是指与保险人订立保险合同，并按照保险合同负有支付保险费义务的人。

A. 投保人   B. 受益人   C. 保险人   D. 被保险人

16. 建筑工程一切险的保险金额按照不同的（   ）确定。

A. 保险人   B. 被保险人   C. 保险标的   D. 投保人

（二）多项选择题

1. 根据《工程建设国家标准管理办法》的规定，下列工程建设国家标准属于强制性标准的有（   ）。

A. 工程建设通用的有关安全、卫生和环境保护的标准

B. 工程建设通用的建筑模数和制图方法标准

C. 工程建设通用的试验、检验和评定方法等标准

D. 工程建设通用的信息技术标准

E. 工程建设通用的质量标准

2. 根据经济规律和生态规律的要求,环境保护法必须认真贯彻"( )的三统一方针"。

A. 总体效益　　　　　　　　　　　B. 生态效益

C. 经济效益　　　　　　　　　　　D. 环境效益

E. 社会效益

3. 我国根据建设项目对环境的影响程度,对建设项目的环境影响评价实行分类管理,建设单位应当依法组织编制相应的环境影响评价文件,其中表述正确的有( )。

A. 可能造成重大环境影响的,应当编制环境影响报告书

B. 可能造成重大环境影响的,应当编制环境影响报告表

C. 可能造成轻度环境影响的,应当编制环境影响报告表

D. 可能造成轻度环境影响的,应当编制环境影响报告书

E. 对环境影响很小、不需要进行环境影响评价的,应当填报环境影响登记表

4. 下列有关建设项目环境影响评价的叙述中,正确的有( )。

A. 建设项目环境影响评价的义务主体是建设单位

B. 建设项目环境影响评价文件未经建设单位审批,不得开工建设

C. 建设项目的环境影响评价文件自批准之日起,有效期为 5 年

D. 在项目建设、运行过程中产生不符合经审批的环境影响评价文件的情形的,环境保护主管部门应当组织环境影响的后评价

E. 环境保护行政主管部门应当对建设项目施工过程中产生的环境影响进行跟踪检查

5. 环境保护三同时制度是指建设项目需要配套建设的环境保护设施,必须与主体工程( )。

A. 同时立项　　　　　　　　　　　B. 同时设计

C. 同时施工　　　　　　　　　　　D. 同时竣工

E. 同时投产使用

背景材料:

甲建筑公司有 140 名员工,目前经营发生严重困难,需要裁减人员。公司员工存在以下情况:大学毕业生小张刚来公司工作 4 个月,因公司未按照劳动合同约定提供劳动条件,主动提出解除劳动合同;公司副总刘某与公司的劳动合同期满,因刘某工作能力很强,公司提出提高工资待遇,想留下刘某与公司共渡难关,但刘某不同意续订合同;陈某不能胜任工作,调整工作岗位后也不能胜任工作;员工李某与公司订立了无固定期限合同;员工朱某与公司定了 3 年期限劳动合同,并且其家庭无其他就业人员,还有需要抚养的未成年人的;赵某在公司连续工作了十三年,还有三年就到了法定退休年龄;钱某因工负伤,并丧失了部分劳动能力;女职工孙某刚来工作两年,并且正在孕期;员工周某与公司订立的是完成今年一个在建项目为期限的劳动合同;吴某与公司签订的合同期限是三年。

根据上述背景,作答 6～9 题。

6. 依据《劳动合同法》,甲建筑公司裁减( )人时,应将裁减人员方案向劳动行政部门报告。

A. 10   B. 15   C. 20   D. 25   E. 30

7. 依据《劳动合同法》，甲建筑公司裁减人员时，应优先留用的员工包括（　　）。

A. 小张   B. 刘某   C. 陈某   D. 李某   E. 吴某

8. 在下列员工中，依据《劳动合同法》，甲建筑公司不得与其解除劳动合同的有（　　）。

A. 李某   B. 朱某   C. 赵某   D. 钱某   E. 孙某

9. 依据《劳动合同法》，与下列人员解除劳动合同后，甲建筑公司应当向其支付经济补偿的员工有（　　）。

A. 小张   B. 刘某   C. 陈某   D. 周某   E. 吴某

10. 某建筑公司发生以下事件：职工李某因工负伤而丧失劳动能力；职工王某因偷窃自行车一辆而被公安机关给予行政处罚；职工徐某因与他人同居而怀孕；职工陈某被派往境外逾期未归；职工张某因工程重大安全事故罪被判刑。对此，建筑公司可以随时解除劳动合同的有（　　）。

A. 李某   B. 王某   C. 徐某   D. 陈某   E. 张某

11. 工程建设中采取的下列措施不符合《消防法》规定的有（　　）。

A. 禁止携带火种进入生产、储存化工原材料的仓库

B. 自动消防系统的操作人员，必须持证上岗，并严格遵守消防安全操作规程

C. 在储存易燃物品的仓库内外墙上没有悬挂禁止吸烟标志

D. 因工具缺乏，临时使用灭火锹从事施工生产

E. 在雇用的工人中有几个人年龄未满 16 周岁

12. 安装工程一切险与建筑工程一切险相比较，有下列重要特征（　　）。

A. 保险公司一开始就承担着全部货价的风险，风险比较集中

B. 安装工程一切险的保险标的受自然灾害损失的可能性较小，受人为事故损失的可能性较大

C. 安装工程一切险的保险费率较低

D. 安装工程一切险的保险限额较低

E. 安装工程一切险的承保人在试车期内风险集中

13. 安装工程一切险的保险标的一般包括（　　）。

A. 安装的机器及安装费

B. 安装单位施工人员的人身安全

C. 附带投保的土木建筑工程项目

D. 与安装工程相关的第三人的损失

E. 安装工程使用的承包人的机器、设备

附：参考答案

（一）单项选择题

1. A   2. A   3. C   4. D   5. A   6. C   7. A   8. B   9. C   10. C

11. B   12. A   13. C   14. D   15. A   16. C

(二)多项选择题

1. AB	2. CDE	3. ACE	4. AC	5. BCE
6. BCDE	7. DE	8. CDE	9. ACDE	10. DE
11. CD	12. ABE	13. ACE		

附录：

2008—2011年二级建造师职业资格考试
《建设工程法规及相关知识》考试真题

2008年考题及答案

一、单项选择题(共60题。每题1分。每题的备选项中,只有1个符合题意)

场景(一)

建设单位拟兴建一栋20层办公楼,投资总额为5 600万元,由建设单位自行组织公开招标。

建设单位对甲、乙、丙、丁、戊五家施工企业进行了资格预审,其中丁未达到资格预审最低条件。建设单位于投标截止日后的第二天公开开标。评标阶段丙向建设单位行贿谋取中标。评标委员会向建设单位推荐了甲、乙施工企业为中标候选人,建设单位均未采纳,选中丙为中标人。建设单位向丙发出中标通知书,并要求降低报价才与其签订合同。

根据场景(一)回答下列问题。

1.根据《招标投标法》和《工程建设项目招标范围和规模标准规定》,下列说法中错误的是( )。

  A.若该项目部分使用国有资金投资,则必须招标

  B.若投资额在3 000万元人民币以上的体育场施工项目必须招标

  C.施工单位合同估算为300万元人民币的经济适用住房施工项目可以不招标

  D.利用扶贫资金实行以工代赈使用农民工的施工项目,由审批部门批准,可以不进行施工招标

2.招标人应当在资格预审文件中载明的内容不包括( )。

  A.资格条件   B.最低标准要求

  C.审查方法   D.审查目的

3.根据《招标投标法》的规定,下列说法中正确的是( )。

  A.甲、乙、戊施工企业具有投标资格   B.丁施工企业可以参加投标

  C.丙的行贿行为不影响中标   D.戊应当成为中标人

4.根据《招标投标法》的规定,下列关于建设单位的说法中正确的是( )。

  A.建设单位有权要求丙降低报价。

  B.建设单位应在招标文件确定的提交投标文件截止时间的同一时间开标

C. 建设单位可以在招标人中选择任何一个投标人中标

D. 评标委员会成员中的 2/3 可以由建设单位代表担任

场景(二)

吴某是甲公司法定代表人,吴某依据《中华人民共和国勘察设计管理条例》将厂房设计任务委托给符合相应资质的乙设计院,设计院指派注册建筑师张某负责该项目。丙施工企业承建,注册建造师李某任该项目负责人,2006 年 2 月 1 日厂房通过了竣工验收。甲公司未依约结清设计费,设计院指令张某全权负责催讨。2008 年 1 月 1 日在一次酒会上,吴某当众对设计院办公室主任王某说:"欠你们院的设计费春节前一定还上",事后王某向单位做了汇报,设计院决定改由王某全权处理该项事宜。后在税务检查中税务机关发现甲公司有逃税事实,遂冻结甲公司的账户,故拖欠的设计费仍未清偿。2008 年 4 月 1 日,王某催讨,吴某以超过诉讼时效为由拒付,设计院遂提起诉讼。

根据场景(二)回答下列问题。

5.《中华人民共和国勘察设计管理条例》属于( )。

    A. 法律   B. 行政法规   C. 地方性法规   D. 行政规定

6. 该工程设计合同法律关系中,法律关系主体是( )。

    A. 吴某与张某   B. 吴某与设计院

    C. 甲公司与张某   D. 甲公司与乙设计院

7. 建造师李某申请延续注册,下列情况中不影响延续注册的是( )。

    A. 工伤被鉴定为限制民事行为能力人

    B. 其始终从事技术工作,故无需且未参加继续教育

    C. 执业活动受到刑事处罚,自处罚执行完毕之日起至申请注册之日不满 3 年

    D. 其负责的工程项目因工程款纠纷导致诉讼

8. 甲公司的其他股东对吴某的还钱表示不予认同,下列观点正确的是( )。

    A. 吴某未得到其他股东授权,其还钱表态无效

    B. 吴某酒后失言,不是真实意思表示,行为无效

    C. 吴某的行为后果,其他股东不负责任

    D. 吴某还钱可以,但需先行退还其他股东出资

9. 从设计任务委托法律关系的角度看,乙设计院将张某变更为王某全权负责催讨欠款属于( )。

    A. 主体变更   B. 客体变更   C. 内容变更   D. 未变更

10. 张某代表设计院向甲公司催讨欠款属于( )。

    A. 委托代理   B. 法定代理   C. 指定代理   D. 表见代理

11. 下列关于诉讼时效的表述,正确的是( )。

    A. 距工程竣工已满两年,诉讼时效届满,乙设计院丧失胜诉权

    B. 王某不是乙设计院的全权代表,吴某向王某表示还钱无效

    C. 设计院事后安排王某负责处理催讨欠款事宜,故吴某向王某的表态,使诉讼时效中断

D. 因 2008 年 1 月 1 日处于诉讼时段的最后六个月当中,故诉讼时效中止

12. 甲公司的下列行为中,正确的是(　　)。

　　A. 为其他关系单位代开增值税发票

　　B. 为单位职工代扣代缴个人所得税

　　C. 设立两套账簿分别用于内部管理和外部检查

　　D. 将税务登记证借给关系单位

场景(三)

甲建设单位在某城市中心区建设商品房项目,由取得安全产生许可证的乙施工单位总承包,由丁监理公司监理。乙经过甲同意将基础工程分包给丙施工单位,丙在夜间挖掘作业中操作失误,挖断居民用水管造成大面积积水,需抢修。后续又发生两起安全事故:(1)乙施工单位的施工人员违反规定使用明火导致失火,造成一名工人受伤;(2)焊接现场作业员万某违章作业造成漏电失火,王某撤离现场。

根据场景(三)回答下列问题。

13. 乙施工单位的(　　)依法对本单位的安全生产全面负责。

　　A. 企业法人代表　　　　　　　　B. 主要负责人

　　C. 项目负责人　　　　　　　　　D. 安全生产员

14. 发生事故当时焊接作业员王某及时撤离了现场,是王某行使《安全生产法》赋予从业人员的(　　)。

　　A. 知情权　　　B. 拒绝权　　　C. 紧急避难权　　　D. 请求赔偿权

15. 该施工现场发生的两起安全事故,应由(　　)负责上报当地安全生产监管部门。

　　A. 甲建设单位　　　　　　　　　B. 乙施工单位

　　C. 丙施工单位　　　　　　　　　D. 丁监理公司

16. 该施工现场的安全生产责任应由(　　)负总责。

　　A. 甲建设单位　　　　　　　　　B. 乙施工单位

　　C. 丙施工单位　　　　　　　　　D. 丁监理公司

17. 根据《建设工程安全生产管理条例》规定,两单位从事危险作业人员的意外伤害保险费应当(　　)支付。

　　A. 由甲建设单位　　　　　　　　B. 由乙施工单位

　　C. 由丙施工单位　　　　　　　　D. 按合同约定

18. 以下对丁监理公司的安全责任说法中,不正确的是(　　)。

　　A. 按工程建设强制性标准实施监理

　　B. 依据法律、法规实施监理

　　C. 审查专项施工方案

　　D. 发现安全事故隐患立即向劳动安全管理部门报告

19. 在该焊接作业现场的下列说法中,不符合《消防法》规定的是(　　)。

　　A. 氧气瓶应单独存放并做好安全标识

　　B. 经项目负责人批准,可以携带火种进入焊接场所

C. 焊接作业人员必须持证上岗

D. 焊接作业人员应采取相应的消防安全措施

20. 根据《建筑施工企业安全生产许可证管理规定》,(　　)不是施工企业取得安全生产许可证必须具备的条件。

　　A. 建立、健全安全生产责任制

　　B. 保证本单位安全生产条件所需资金的有效使用

　　C. 设置安全生产管理机构

　　D. 依法参加工伤保险

21. 根据环境保护相关法律法规,对于项目夜间抢修的说法正确的是(　　)。

　　A. 可以直接抢修

　　B. 有县级以上人民政府或者有关主管部门证明可以抢修

　　C. 向所在地居民委员会或街道申请后可以抢修

　　D. 不可以夜内抢修

22. 因宿舍失火,要临时安置施工人员,则下列有关说法中正确的是(　　)。

　　A. 可以直接安排到仓库中,并远离危险品

　　B. 不可以安排到仓库中

　　C. 可以暂时安排到仓库中,并报公安消防机构批准

　　D. 经公安消防机构批准,可以长期居住在仓库中

场景(四)

　　具有房屋建筑设计丙级资质的某油田勘探开发公司欲新建专家公寓,该工程地下一层,地上九层,预制钢筋混凝土桩基础,钢筋混凝土框架结构。由甲设计院设计,施工图经乙审图中心审查通过。经公开招标,由某施工单位承建,包工包料,某监理公司负责工程的监理。施工过程中,建设单位要求更换外墙保温材料。

　　根据场景(四)回答下列问题。

23. 根据《建设工程质量管理条例》规定,以下不是建设单位质量责任的是(　　)。

　　A. 组织工程竣工验收　　　　　　　　B. 确保外墙保温材料符合要求

　　C. 不得擅自改变主体结构进行装修　　D. 不得迫使承包方以低于成本价格竞标

24. 若施工合同约定本工程保修期间采用质量保证金方式担保,则建设单位应按工程价款(　　)左右的比例预留保证金。

　　A. 结算总额 5%　　　　　　　　　　B. 预算总额 5%

　　C. 预算总额 10%　　　　　　　　　 D. 结算总额 10%

25. 根据《建设工程质量管理条例》,(　　)应当保证钢筋混凝土预制桩符合设计文件和合同要求。

　　A. 建设单位　　　B. 监理公司　　　　　C. 施工单位　　　　　　D. 设计单位

26. 根据《建设工程质量管理条例》的规定,下列选项中不属于工程验收必备条件的是(　　)。

　　A. 有完整的技术档案　　　　　　　　B. 有完整的施工管理资料

　　C. 设计单位签署的质量合格文件　　　D. 监理单位签署的工程质量保修书

27.建设单位更换保温材料,应当由( )后方可施工。

    A.原设计院出设计变更,报当地审图机构审查

    B.当地具有相应资质的设计单位出设计变更,报当地审图机构审查

    C.原设计院出设计变更,报原审图机构审查

    D.建设单位设计院出设计变更,报原审图机构审查

28.若对外墙保温材料的质量要求不明确而产生纠纷时,首先应按照( )履行。

    A.通常标准   B.符合合同目的特定标准

    C.国家标准   D.地方标准

29.施工过程中的质量控制文件应由( )收集和整理后进行立卷归档。

    A.建设单位   B.施工单位   C.监理单位   D.设计单位

30.该项目关于节约能源的专题论证,应当包括在( )中。

    A.可行性研究报告   B.招标文件

    C.投标文件   D.竣工验收报告

31.依据《建设工程质量管理条例》关于见证取样的规定,( )无需取样送检,即可用于工程。

    A.保温材料   B.供水管主控阀   C.钢筋原材料   D.钢筋垫块

32.以下关于工程质量保修问题的论述中,不符合《建设工程质量管理条例》的是( )。

    A.地基基础工程质量保修期为设计文件规定的合理使用年限

    B.发承包双方约定屋面防水工程的保修期为6年

    C.保修范围属于法律强制性规定的,承发包双方必须遵守

    D.保修期限法律已有强制性规定的,承发包双方不得协商约定

场景(五)

某市区一固定资产项目的施工现场图示如下,请根据图示回答以下问题:

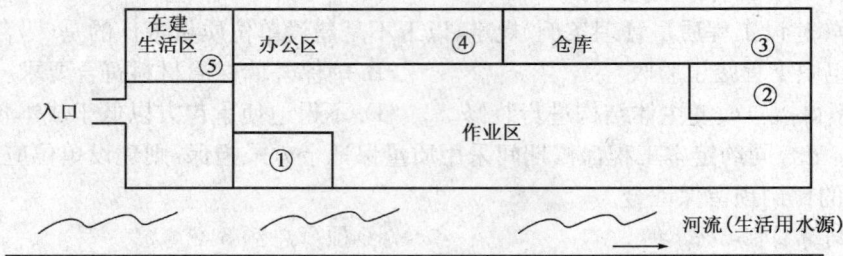

根据场景(五)回答下列问题。

33.因生活区尚未建成,可以将施工人员暂时安排在( )居住。

    A.作业区①   B.作业区②   C.仓库③   D.办公区④

34.施工过程中产生的污染环境固体废弃物可暂时存放在( )区域。

    A.作业区①   B.作业区②   C.办公区④   D.在建生活区⑤

35.对施工过程中产生的废弃硫酸容器的处理,正确的是( )。

A. 可以和其他固体废弃物统一存放并做好安全性处置

B. 可以和施工原材料统一存放到仓库中

C. 可以直接回填在基坑内

D. 应该单独存放并做好标识

36. 施工过程中会产生噪声污染,施工单位应在开工 15 日以前向(   )申报环境噪声污染防治情况。

    A. 环境保护行政主管部门   B. 所在地居民委员会或街道办

    C. 建设行政主管部门   D. 安全生产行政主管部门

37. 应在施工现场的(   )处设置明显的安全警示标志。

    A. 生活区入口   B. 生活用水源

    C. 在建工程出入通道   D. 办公区入口

38. 施工现场各区布置的相关说法中不正确的是(   )。

    A. 办公、生活区与作业区应分开设置

    B. 应当对施工现场设置封闭围挡

    C. 施工现场应设置消防安全设施

    D. 施工现场临时搭建的建筑物可适当降低安全性

场景(六)

施工单位与水泥厂签订了水泥买卖合同,水泥厂因生产能力所限无法按时供货,便口头向施工单位提出推迟 1 个月交货的要求,但施工单位未予答复。为此,水泥厂将该合同全部转让给建材供应商,约定建材供应商按水泥厂与施工单位所签合同的要求向施工单位供货,并就合同转让一事书面通知了施工单位。材料供货商按原合同约定的时间和数量供应了水泥,但水泥质量不符合合同约定的标准。施工单位要求水泥厂继续履行合同,并要求材料供应商赔偿相应损失。

根据场景(六)回答下列问题。

39. 若施工单位同意水泥厂转让合同,水泥质量不合格应由(   )承担责任。

    A. 施工单位   B. 水泥厂

    C. 材料供应商   D. 水泥厂与材料供应商共同

40. 水泥厂向施工单位提出迟延交货的要求,则合同(   )。

    A. 发生变更   B. 效力待定   C. 无效   D. 未发生变更

41. 水泥厂转让合同的行为在(   )后有效。

    A. 水泥厂与材料供应商联名通知施工单位

    B. 水泥厂通知施工单位

    C. 材料供应商通知施工单位

    D. 征得施工单位同意

42. 根据《合同法》的规定,不属于合同债权债务概括转移条件的是(   )。

    A. 转让人与受让人达成合同转让协议

    B. 原合同有效

C. 原合同为单务合同

D. 符合法定的程序

43. 根据《合同法》的规定,下列说法中正确的是,施工单位(　　)。

A. 有权要求水泥厂继续履行合同,并要求材料供应商赔偿损失

B. 无权要求水泥厂继续履行合同

C. 有权要求水泥厂继续履行合同,并赔偿损失

D. 有权要求水泥厂继续履行合同,并要求水泥厂赔偿损失

场景(七)

2007 年 9 月 20 日,施工单位与建材商签订了一份买卖合同,约定将工程完工后剩余的石材以 8 万元的价格卖给建材商,合同履行地为施工单位所在地。9 月 28 日,建材商依约交付 1 万元定金。9 月 29 日,施工单位为建材商代为托运。9 月 30 日,建材商收到货物,但并没有按照约定在货到时付款。

根据场景(七)回答下列问题。

44. 如果该施工单位营业执照允许经营范围无销售石材业务,则该买卖合同为(　　)合同。

A. 无效　　　　　　B. 有效　　　　　　C. 可变更、可撤销　　　　　　D. 效力待定

45. 该定金合同的生效日期为(　　)。

A. 9 月 20 日　　　B. 9 月 28 日　　　C. 9 月 29 日　　　　　　D. 9 月 30 日

46. 如果货物在运输途中遭遇台风,致使部分石材损坏,该损失由(　　)。

A. 施工单位承担　　　　　　　　　B. 建材商承担

C. 施工单位和建材商各承担一半　　D. 建材商承担 3/4,施工单位承担 1/4

47. 如果建材商一直无力偿还施工单位的 7 万元,且某工厂欠建材商 6 万元已到期,但建材商明示放弃对该工厂的债权。对建材商这一行为,施工单位可以(　　)。

A. 请求仲裁机构撤销建材商放弃债权的行为

B. 请求人民法院撤销建材商放弃债权的行为

C. 通过仲裁机构行使代位权,要求工厂偿还 6 万元

D. 通过人民法院行使代位权,要求工厂偿还 6 万元

48. 如果施工单位与建材商在买卖合同中,既约定了定金,又约定了违约金。在建材商违约时,施工单位(　　)。

A. 可以同时适用定金与违约金的约定

B. 只可选择适用其中一项约定

C. 只能适用违约金约定

D. 只能适用定金约定

场景(八)

甲施工单位向乙银行申请贷款 200 万元。甲提交了丙汽车制造厂和丁市公安局各自为其出具的还款付息保证书。甲因经营不善,造成严重亏损,不能按期还本付息。甲与乙经过协商,达成延期两年还款协议,并通知了保证人。

根据场景(八)回答下列问题。

49. 甲与乙签订的有效合同属于(   )。
    A. 单务合同　　　B. 实践合同　　　　　C. 双务有偿合同　　　D. 无名合同

50. 依据《担保法》规定,在该场景中能做保证人的是(   )
    A. 甲　　　　　　B. 乙　　　　　　　　C. 丙　　　　　　　　D. 丁

51. 该保证合同主体是(   )。
    A. 甲与乙　　　　B. 甲与丙　　　　　　C. 乙与丁　　　　　　D. 乙与丙

52. 下列不属于保证合同的内容是(   )。
    A. 保证方式　　　　　　　　　　　　　B. 保证期间
    C. 保证担保范围　　　　　　　　　　　D. 被保证人的其他债权

53. 若两年后甲仍不能还款,则该还款义务由(   )承担。
    A. 甲　　　　　　B. 乙　　　　　　　　C. 丙　　　　　　　　D. 丁

54. 按照担保法的规定,属于保证担保方式的是(   )。
    A. 定金保证　　　B. 一般保证　　　　　C. 抵押保证　　　　　D. 留置保证

场景(九)

甲建设单位与乙施工单位签订了一份装饰合同,合同约定由乙负责甲办公楼的装饰工程,并且约定一旦因合同履行发生纠纷,由当地仲裁委员会仲裁。施工过程中,因乙管理不善导致工期延误,给甲造成了损失,甲要求乙赔偿,遭到乙拒绝,于是甲提出仲裁申请。

根据场景(九)回答下列问题。

55. 针对乙延误工期这一事实,提供证据的责任由(   )承担。
    A. 甲　　　　　　B. 乙　　　　　　　　C. 甲乙双方　　　　　D. 仲裁庭

56. 仲裁过程中,如果甲申请证据保全,则正确程序是(   )。
    A. 甲向仲裁机构所在地的基层人民法院提出申请
    B. 仲裁机构将甲的申请提交证据所在地的基层人民法院
    C. 仲裁机构将甲的申请提交证据仲裁机构所在地的基层人民法院
    D. 仲裁机构采取必要的证据保全措施

57. 仲裁庭审理过程中,仲裁员在赔偿数额上意见不一致,首席仲裁员张某认为赔偿数额为 30 万元,另两名仲裁员王某、李某都认为赔偿数额应为 15 万元,则仲裁庭应按(   )意见作出。
    A. 仲裁委员会　　　　　　　　　　　　B. 仲裁委员会主任
    C. 张某　　　　　　　　　　　　　　　D. 王某、李某

58. 该纠纷经仲裁后,裁决书(   )发生法律效力。
    A. 自作出之日　　　　　　　　　　　　B. 经上级仲裁机构审查批准后
    C. 经人民法院审查批准后　　　　　　　D. 在双方当事人不申请复议时

59. 如果被申请人乙发现该案在仲裁过程中违反法律程序,则可以向(   )申请撤销裁决。
    A. 仲裁庭　　　　　　　　　　　　　　B. 建设行政主管部门

C. 上级仲裁委员会 D. 人民法院

60. 如果裁决发生法律效力后,乙不履行裁决,甲可以( )。

    A. 向法院申请强制执行 B. 向仲裁委员会申请强制执行

    C. 向公安部门申请强制执行 D. 再申请仲裁

二、多项选择题(共 20 题,每题 2 分。每题的备选项中,有 2 个或 2 个以上符合题意,至少有 1 个错项。错选,本题不得分;少选,所选的每个选项得 0.5 分)

场景(十)

甲建设单位将宾馆改建工程直接发包给乙施工单位,约定工期 10 个月,由丙监理公司负责监理。甲指定丁建材公司为供货商,乙施工单位不得从其他供应商处另行采购建筑材料。乙施工单位具有房屋建筑工程总承包资质,为完成施工任务,招聘了几名具有专业执业资格的人员。在征得甲同意的情况下,乙施工单位将电梯改造工程分包给戊公司。在取得施工许可证后,改建工程顺利。

根据场景(十)回答下列问题。

61. 下列关于施工许可证申请的表述正确的有( )

    A. 施工许可证应由乙施工单位申请领取

    B. 申请用地已办理建设工程规划许可证

    C. 改建设计图已按规定进行了审查

    D. 到位资金不得少于工程价款的 50%

    E. 宾馆建设消防设计图纸已通过公安消防机构审核

62. 下列关于工程包发、承包的表述正确的有( )。

    A. 乙单位与戊单位就电梯改造部分向甲单位承担连带责任

    B. 建筑工程应该招标发包,对不适用招标发包的可以直接发包

    C. 乙单位只能从丁公司采购建筑材料,否则构成违约

    D. 甲单位可以将电梯改造与其他改建工程分别发包

    E. 该工程施工合同无效,即使竣工验收合格,甲单位也可拒付工程价款

63. 乙施工单位的企业资质可能是( )。

    A. 特级   B. 一般   C. 二级   D. 三级

64. 目前我国主要的建筑业专业技术人员执业资格种类包括( )。

    A. 注册土木(岩土)工程师 B. 注册房地产估价师

    C. 注册土地估价师 D. 注册资产评估师

65. 丙监理单位在改建过程中,其监理内容包括( )。

    A. 进度控制   D. 质量控制   C. 成本控制   D. 合同管理

场景(十一)

某电信公司在市中心新建电信大厦,该工程为钢筋混凝土框架结构,地下一层,地上七层。施工阶段由监理公司负责监理。电信公司将工程发包给甲施工单位,经电信公司同意,甲将消

防工程采用包工包料的方式分包给乙公司。为节约成本,电信公司要求降低节能标准,更换材料。工程竣工验收并进行工程文件移交、归档。电信大厦投入使用后三个月,位于三楼的一处消防管控制阀因质量不合格漏水,造成某通信设备调试公司存放于该楼的二台电子设备损坏,直接经济损失近百万元。

根据场景(十一)回答下列问题。

66.对该设备损失承担责任的有(　　)。

    A. 甲施工单位　　　　　　　　　　B. 乙公司

    C. 消防器材供货商　　　　　　　　D. 电信公司

    E. 消防验收机构

67.下列关于甲单位的质量责任,说法正确的有(　　)。

    A. 对该办公楼的施工质量负责

    B. 建立、健全施工质量管理制度

    C. 做好隐蔽工程的质量检查和记录

    D. 对商品混凝土的检验,在当地工程质量监督站的监督下现场取样送检

    E. 审查乙公司的质量管理体系

68.以下是甲单位试验员的几次见证取样行为,其中不符合《建设工程质量管理条例》的有(　　)。

    A. 现浇板混凝土试块在监理工程师监督下,从混凝土搅拌机出料口取样

    B. 在监理工程师监督下,从已完成的钢筋骨架上截取钢筋焊接接头试样

    C. 试验员和监理工程师去门窗厂抽取窗户样品

    D. 在电信公司代表监督下,对进场的防水材料随机抽取样品

    E. 在电信公司代表监督下,到公司仓库抽取钢材试件

69.电信公司的安全责任包括(　　)。

    A. 提供安全施工措施所需费用

    B. 审查安全技术措施

    C. 提供施工现场及地下工程的有关资料

    D. 不得违反强制性标准规定压缩合同约定的工期

    E. 自开工报告批准日起 15 日内,将保证安全施工的措施报相关部门备案

70.以下安全责任中,(　　)属于施工单位的责任。

    A. 配备专职安全员

    B. 编制工程施工安全技术措施

    C. 审查乙公司编制的安全措施

    D. 提供乙公司施工期间所需的全部安全防护用品

    E. 采用新技术时,对作业人员进行相应的安全生产教育培训

71.对该项目经审查合格的节能设计文件,下列说法正确的有(　　)。

    A. 电信公司可以要求甲施工单位变更节能设计,降低节能标准

    B. 甲施工单位可以要求乙施工单位变更节能设计,降低节能标准

    C. 电信公司不可以要求甲施工单位变更节能设计,降低节能标准

D. 建筑节能强制性标准,仅是针对甲和乙的要求

E. 建筑节能强制性标准,是针对电信公司、甲、乙的要求

72. 下列关于该项目档案移交和文件归档说法,正确的有(　　)。

　　A. 甲、乙监理公司应各自整理本单位形成的工程文件并向电信公司移交

　　B. 应由甲负责收集,汇总乙形成的工程档案并向电信公司移交

　　C. 监理公司应在工程施工验收前,将形成的工程档案向电信公司归档

　　D. 监理公司应根据城建管理机构要求对档案进行审查,合格后向电信公司移交

　　E. 工程档案一般不少于二套,一套(原件)由电信公司保管,一套移交当地城建档案馆(室)

场景(十二)

电力局在 A、B 两地同时建设两个变电站,分别签订了设计合同、施工合同和设备供应合同。

设计合同采用标准化范本,规定合同担保方式为定金担保。供货合同履行过程中发现,由于两个变电站的规模不同,所订购的两套设备不是同一型号,供货合同中未明确约定各套设备的交货地点。

根据场景(十二)回答下列问题。

73. 设计合同采用定金担保方式,该定金合同生效必须满足的条件包括(　　)。

　　A. 建设单位与设计单位书面的定金担保

　　B. 设计院将定金支付给建设单位

　　C. 建设单位将定金支付给设计院

　　D. 建设单位将设计依据材料移交给设计院

　　E. 设计院乙开始设计工作

74. 依据《合同法》中对一般条款的规定,各施工合同内均应明确约定的条款包括(　　)。

　　A. 工程应达到的质量标准　　　　　　B. 工程款的支付与结算

　　C. 合同工期　　　　　　　　　　　　D. 工程保险的投保责任

　　E. 解决合同纠纷的方式

75. 施工合同履行过程中,按照《合同法》有关当事人行使抗辩权的规定,下列说法中正确的包括(　　)。

　　A. 施工质量不合格工程部位的工程不予计量和支付

　　B. 施工质量不合格工程部位的工程量应先予计量和支付,然后再由承包商自费修复工程缺陷

　　C. 超出设计尺寸部分的工程量即使质量合格也不予计量和支付

　　D. 超出设计尺寸部分的工程量,当质量合格时应按实际完成工程量计量支付

　　E. 拖延支付工程进度款超过合同约定的时间,承包商预先发出通知仍未获得支付,有行使暂停施工的权力

76. 按照《合同法》对合同内容约定不明确的处理规定,对于设备交付方式和交货地点不明确的下述说法中正确的包括(　　)。

A. 供货商通知电力局到供货商处提货,运输费由电力局负担

B. 供货商通知电力局到供货商处提货,运输费由供货商负担

C. 供货商用自有运输机械将设备运到电力局指定地点,运费由供货商承担

D. 供货商用自有运输机械将设备运到电力局指定地点,运费由电力局承担

E. 供货商委托运输公司,将设备运到电力局指定地点,运费由电力局承担

77. 如果施工合同违反法律、行政法规的强制性规定,致使合同无效,则(　　　)。

A. 合同自订立时起就不具有法律效力

B. 当事人不能通过同意或追认使其生效

C. 在诉讼中,法院可以主动审查决定该合同无效

D. 合同全部条款无效

E. 合同中独立存在的解决争议条款有效

场景(十三)

施工单位投标中标后,与建设单位签订合同。在施工过程中,施工单位偷工减料,使用不合格的建筑材料。建设单位多次要求其返工处理,施工单位一直未予解决,因此导致合同纠纷。

根据场景(十三)回答下列问题。

78. 下列解决纠纷方式产生的法律文书,其不具有强制执行效力的包括(　　　)。

A. 民间调解　　　　　　　　　　B. 行政调解

C. 仲裁　　　　　　　　　　　　D. 诉讼

E. 协商

79. 如果建设单位选择诉讼方式解决此纠纷,起诉状中应说明的事项包括(　　　)。

A. 原告的姓名、住所　　　　　　B. 被告的姓名、住所

C. 诉讼请求　　　　　　　　　　D. 代理律师的基本情况

E. 诉讼事实及理由

80. 施工单位若对人民法院委托的鉴定部门作出的鉴定结论有异议,申请重新鉴定。法院应予准许的情况包括(　　　)。

A. 鉴定程序严重违法

B. 鉴定人员不具备相关的鉴定资格

C. 鉴定结论明显依据不足

D. 经过质证不能作为证据使用

E. 有缺陷的鉴定结论可通过补充鉴定解决

参考答案:

一、单项选择题

1. C	2. D	3. A	4. B	5. B	6. D	7. D	8. C	9. D	10. A
11. C	12. B	13. B	14. C	15. B	16. B	17. D	18. D	19. B	20. B

21. B　　22. C　　23. B　　24. A　　25. C　　26. D　　27. C　　28. C　　29. C　　30. A

31. A　　32. D　　33. D　　34. B　　35. D　　36. A　　37. C　　38. D　　39. C　　40. D

41. D　　42. C　　43. D　　44. B　　45. B　　46. B　　47. B　　48. B　　49. C　　50. C

51. D　　52. D　　53. A　　54. B　　55. A　　56. B　　57. D　　58. A　　59. D　　60. A

二、多项选择题

61. BCDE　　　62. ABD　　　63. ABCD　　　64. AB　　　65. ABCD

66. ABC　　　67. ABC　　　68. CD　　　69. ACDE　　　70. ABE

71. CE　　　72. BD　　　73. AC　　　74. ABCE　　　75. ACE

76. ADE　　　77. ABCE　　　78. CD　　　79. ABCE　　　80. ABCD

2009 年考题及答案详解

一、单项选择题(共 60 题,每题 1 分。每题的备选项中,只有 1 个最符合题意)

1. 在我国法律体系中,《建筑法》属于(   )部门。
   A. 民法   B. 商法   C. 经济法   D. 诉讼法

2. 关于民事法律行为分类,以下说法错误的是(   )。
   A. 民事法律行为可分为要式法律行为和不要式法律行为
   B. 订立建设工程合同应当采取要式法律行为
   C. 建设单位向商业银行的借贷行为属于不要式法律行为
   D. 自然人之间的借贷行为属于不要式法律行为

3. 引起债权债务关系发生的最主要、最普遍的根据是(   )。
   A. 合同   B. 扶养   C. 不当得利   D. 无因管理

4. 根据《物权法》规定,下例关于抵押权的表述中错误的是(   )。
   A. 在建工程可以作为抵押物
   B. 即使抵押物财产出租早于抵押,该租赁关系也不得对抗已经登记的抵押物
   C. 建设用地使用权抵押后,该土地上新增的建筑物不属于抵押财产
   D. 抵押权人应当在主债权诉讼时效期间行使抵押权

5. 根据《物权法》规定,一般情况下动产物权的转让,自(   )起发生效力。
   A. 买卖合同生效   B. 转移登记
   C. 交付   D. 买方占有

6. 某工程项目建设工期为三年,为保证施工顺利进行,开工前的到位资金原则上不得少于工程合同价的(   )。
   A. 20%   B. 30%   C. 50%   D. 80%

7. 建筑施工企业确定后,在建筑工程开工前,建设单位应当按照国家有关规定向工程所在地县级以上人民政府建设行政主管部门申请领取(   )。
   A. 建设用地规划许可证   B. 建设工程规划许可证
   C. 施工许可证   D. 安全生产许可证

8. 按照建筑法规定,以下正确的说法是(   )。
   A. 建筑企业集团公司可以允许所属法人公司以其名义承揽工程
   B. 建筑企业可以在其资质等级之上承揽工程
   C. 联合体共同承包的,按照资质等级高的单位的业务许可范围承揽工程
   D. 施工企业不允许将承包的全部建筑工程转包给他人

9. 关于建筑工程的发包、承包方式,以下说法错误的是(   )。
   A. 建筑工程的发包方式分为招标发包和直接发包
   B. 未经发包方同意且无合同约定,承包方不得对专业工程进行分包

C. 联合体各成员对承包合同的履行承担连带责任

D. 发包方有权将单位工程的地基与基础、主体结构、屋面等工程分别发包给符合资质的施工单位

10. 甲乙两建筑公司组成一个联合体去投标,在共同投标协议中约定:如果在施工过程中出现质量问题而遭遇建设单位索赔,各自承担索赔额的 50%,后来甲建筑公司施工部分出现质量问题,建设单位索赔 20 万元,则下列说法正确的是( )。

A. 由于是甲公司的原因导致,故建设单位只能向甲公司主张权利

B. 因约定各自承担 50%,故乙公司只应对建设单位承担 10 万元的赔偿责任

C. 如果建设单位向乙公司主张,则乙公司应先对 20 万元索赔额承担责任

D. 只有甲公司无力承担,乙公司才应先承担全部责任

11. 按照《招标投标法》及相关规定,必须进行施工招标的工程项目是( )。

A. 施工企业在其施工资质许可范围内自建自用的工程

B. 属于利用扶贫资金实行以工代赈需要使用农民工的工程

C. 施工主要技术采用特定的专利或者专有技术工程

D. 经济适用房工程

12. 根据《招标投标法》规定,投标联合体( )。

A. 可以牵头人的名义提交投标保证金　　B. 必须由相同专业的不同单位组成

C. 各方应在中标后签订共同投标协议　　D. 是各方合并后组建的投标实体

13. 按照建筑法及其相关规定,投标人之间( )不属于串通投标的行为。

A. 相互约定抬高或者降低投标报价

B. 约定在招标项目中分别以高、中、低价位报价

C. 相互探听对方投标标价

D. 先进行内部竞价,内定中标人后再参加投标

14. 招标人以招标公告的方式邀请不特定的法人或者组织来投标,这种招标方式称为( )。

A. 公开招标　　　　B. 邀请招标　　　　C. 议标　　　　　　D. 定向招标

15. 招标人采取招标公告的方式对某工程进行施工招标,于 2007 年 3 月 3 日开始发售招标文件,3 月 6 日停售;招标文件规定投标保证金为 100 万元;3 月 22 日招标人对已发出的招标文件做了必要的澄清和修改,投标截止日期为同年 3 月 25 日。上述事实中错误有( )处。

A. 1　　　　　　　B. 2　　　　　　　C. 3　　　　　　　D. 4

16. 根据法律、行政法规的规定,不需要经有关主管部门对其安全生产知识和管理能力考核合格就可以任职的岗位是( )。

A. 施工企业的总经理　　　　　　B. 施工项目的负责人

C. 施工企业的技术负责人　　　　D. 施工企业的董事

17. 施工单位违反施工程序,导致一座 13 层在建楼房倒塌,致使一名工人死亡,直接经济损失达 7 000 余万元人民币,根据《生产安全事故报告和调查处理条例》规定,该事件属于( )事故。

A. 特别重大   B. 重大   C. 较大   D. 一般

18. 某建设工程施工过程中发生较大事故,根据《生产安全事故报告和调查处理条例》规定,该级事故应由(   )负责调查。

A. 国务院   B. 省级人民政府

C. 设区的市级人民政府   D. 县级人民政府

19. 监理工程师发现施工现场料堆偏高,有可能滑塌,存在安全事故隐患,则监理工程师应当(   )。

A. 要求施工单位整改   B. 要求施工单位停止施工

C. 向安全生产监督行政主管部门报告   D. 向建设工程质量监督机构报告

20. 甲公司是某项目的总承包单位,乙公司是该项目的建设单位指定的分包单位。在施工过程中,乙公司拒不服从甲公司的安全生产管理,最终造成安全生产事故,则(   )。

A. 甲公司负主要责任   B. 乙公司负主要责任

C. 乙公司负全部责任   D. 监理公司负主要责任

21. 安全生产许可证的有效期为(   )年。

A. 2   B. 3   C. 4   D. 5

22. 下列关于建设单位质量责任和义务的表述中,错误的是(   )。

A. 建设单位不得将建设工程肢解发包

B. 建设工程发包方不得迫使承包方以低于成本的价格竞标

C. 建设单位不得任意压缩合同工期

D. 涉及承重结构变动的装修工程施工前,只能委托原设计单位提交设计方案

23. 根据相关司法解释的规定,建设工程未经竣工验收,发包人擅自使用后,又以使用后的(   )工程质量不符合约定为由主张权利的,法院应予以支持。

A. 主体结构   B. 电气   C. 装饰   D. 暖通

24. 根据《建设工程质量管理条例》规定,下列关于监理单位的表述错误的是(   )。

A. 应当依法取得相应等级的资质证书

B. 不得转让工程监理业务

C. 可以是建设单位的子公司

D. 应与监理分包单位共同向建设单位承担责任

25. 施工单位于 6 月 1 日提交竣工验收报告,建设单位因故迟迟不予组织竣工验收;同年 10 月 8 日建设单位组织竣工验收时因监理单位的过错未能正常进行;10 月 20 日建设单位实际使用该工程。则施工单位承担的保修期应于(   )起计算。

A. 6 月 1 日   B. 8 月 30 日   C. 10 月 8 日   D. 10 月 20 日

26. 《建设工程质量管理条例》中确定的建设工程质量监督管理制度,其主要手段不包括(   )。

A. 工程质量保修制度   B. 施工许可制度

C. 竣工验收备案制度   D. 工程质量事故报告制度

27. 建设单位应当自建设工程竣工验收合格之日起(   )日内,将竣工验收报告和规划、公安消防、环保等部门出具的认可文件或者准许使用文件报建设行政主管部门或者其他有关

部门备案。

    A. 10   B. 15   C. 30   D. 60

28. 按照我国《产品质量法》规定,建设工程不适用该法关于产品的规定,以下不属于产品质量法所指的产品是(   )。

    A. 购买的电气材料   B. 购买的塔吊设备

    C. 现场制作的预制板   D. 商品混凝土

29. 根据《产品标识与标注规定》,对所有产品或者包装上的标识均要求(   )。

    A. 必须有产品质量检验合格证明

    B. 必须有中英文标明的产品名称、生产厂厂名和厂址

    C. 应当在显著位置标明生产日期和安全使用期或失效日期

    D. 应当有警示标志或者中英文警示说明

30. 某建筑公司实施了以下行为,其中符合我国环境污染防治法律规范的是(   )。

    A. 将建筑垃圾倾倒在季节性干枯的河道里

    B. 对已受污染的潜水和承压水混合开采

    C. 冬季工地上工人燃烧沥青、油毡取暖

    D. 直接从事收集、处置危险废物的人员必须接受专业培训

31. 下列关于民用建筑节能的表述正确的是(   )。

    A. 对不符合节能强制性标准的项目,建设行政主管部门不得颁发建设工程规划许可证

    B. 对既有建筑实施节能改造,优先采用向阳、改善通风等低成本改造措施

    C. 国家要求在新建建筑中必须安装和使用太阳能等可再生资源利用系统

    D. 企业可以制定高于国家、行业能耗标准的企业节能标准

32. 某建筑公司在工地采取的下列消防安全措施中,正确的是(   )。

    A. 责令安置在仓库里居住的员工尽量不使用明火

    B. 将施工用剩余炸药存放在会议室橱柜里

    C. 禁止仓库保管员晚上在仓库里居住

    D. 为防丢失,将消防器材锁在铁柜里

33. 根据《劳动争议调解仲裁法》的规定,劳动争议申请仲裁的时效期限为(   ),仲裁时效期间从当事人知道或者应当知道其权利被侵害之日起计算。

    A. 2个月   B. 6个月   C. 1年   D. 2年

34. 李某今年51岁,自1995年起就一直在某企业做临时工,担任厂区门卫。现企业首次与所有员工签订劳动合同。李某提出自己愿意长久在本单位工作,也应与单位签订合同,但被拒绝并责令其结算工资走人。根据《劳动合同法》规定,企业(   )。

    A. 应当与其签订固定期限劳动合同

    B. 应当与其签订无固定期限的劳动合同

    C. 应当与其签订以完成一定工作任务为期限的劳动合同

    D. 可以不与之签订劳动合同,因其是临时工

35. 某施工单位与王先生签订了为期二年的劳动合同,按照劳动合同法的规定,王先生的

试用期不得超过（　　）个月。

  A. 1   B. 2   C. 3   D. 6

36.职工李某因参与打架斗殴被判处有期徒刑一年,缓期三年执行,用人单位决定解除与李某的劳动合同。考虑到李某在单位工作多年,决定向其多支付一个月的额外工资,随后书面通知了李某。这种劳动合同解除的方式称为（　　）。

  A. 随时解除   B. 预告解除

  C. 经济性裁员   D. 刑事性裁员

37.按照劳动合同的规定,企业的集体合同由（　　）与企业订立。

  A. 企业工会代表企业职工   B. 企业每一名职工

  C. 企业 10 名以上职工   D. 企业绝大部分职工

38.重大建设项目档案验收应在竣工验收（　　）个月前完成。

  A. 1   B. 2   C. 3   D. 4

39.根据《税收征管法》规定,纳税人未按期缴纳税款的,税务机关除责令限期缴纳外,从应纳税款之日起,按日加收滞纳税款的（　　）的滞纳金。

  A. 0.1‰   B. 0.5‰   C. 1‰   D. 5‰

40.下列属于行政处罚的是（　　）。

  A. 没收财产   B. 罚金   C. 撤职   D. 责令停产停业

41.施工单位偷工减料,降低工程质量标准,导致整栋建筑倒塌,12 名工人被砸死。该行为涉嫌触犯（　　）。

  A. 重大责任事故罪   B. 重大劳动安全事故罪

  C. 工程重大安全事故罪   D. 以其他方式危害公共安全罪

42.下列属于我国《合同法》调整的法律关系是（　　）。

  A. 收养关系   B. 劳动合同

  C. 税款代扣合同   D. 赠与合同

43.下列关于《合同法》中格式合同的表述,错误的是（　　）。

  A. 格式合同由提供方事先拟定,可以重复使用

  B. 提供格式条款的一方免除对方的责任、加重自己责任的,该条款无效

  C. 对格式条款的理解发生争议的,应当按照通常理解予以解释

  D. 对格式条款有两种以上解释的,应当作出不利于格式条款提供方的解释

44.要约是希望和他人订立合同的意思表示,包括（　　）。

  A. 寄送的价目表   B. 投标书

  C. 拍卖公告   D. 招股说明书

45.甲企业于 2 月 1 日向乙企业发出签订合同的信函。2 月 5 日乙企业收到了该信函,第二天又收到了通知该信函作废的传真,甲企业发出传真,通知信函作废的行为属于要约（　　）的行为。

  A. 发出   B. 撤回   C. 撤销   D. 变更

46.某建筑公司以欺骗手段超越资质等级承揽某工程施工项目,开工在即,建设单位得知真相,遂主张合同无效,要求建筑公司承担（　　）。

167

A. 违约责任   B. 侵权责任

C. 缔约过失责任   D. 行政责任

47. 某建筑材料买卖合同被认定为无效合同,则其民事法律后果不可能是( )。

    A. 返还财产   B. 赔偿损失   C. 罚金   D. 折价补偿

48. 根据《合同法》规定,对效力待定合同的理解正确的是( )。

    A. 在相对人催告后一个月内,当事人之法定代理人未作表示,合同即可生效

    B. 效力待定合同的善意相对人有撤销的权利,撤销期限自行为作出之日起一年

    C. 表见代理实质上属于无权代理,却产生有效代理的后果

    D. 超越代理权签订的合同,若未经被代理人追认,则必定属于效力待定合同

49. 某建筑公司为承揽一工程施工项目与某设备租赁公司签订了一份塔吊租赁合同,其中约定租赁期限至施工合同约定的工程竣工之日,则该合同是( )。

    A. 附条件合同,条件成就合同解除   B. 附条件合同,条件成就合同生效

    C. 附期限合同,期限届满合同解除   D. 附期限合同,期限届满合同生效

50. 甲公司向乙公司购买钢材,双方合同中约定由丙公司向乙公司付款。当丙公司不支付乙公司货款时,应当由( )承担违约责任。

    A. 甲公司向乙公司   B. 乙公司自己

    C. 丙公司向乙公司   D. 甲公司和丙公司共同向乙公司

51. 某建筑公司向供货商采购某种国家定价的特种材料,合同签订时价格为 4000 元/吨,约定 6 月 1 日运至某工地。后供货商迟迟不予交货,8 月下旬,国家调整价格为 3400 元/吨,供货商急忙交货。双方为结算价格产生争议。下列说法正确的是( )。

    A. 应按合同约定的价格 4000 元/吨结算

    B. 应按国家确定的最新价格 3400 元/吨结算

    C. 应当按新旧价格的平均值结算

    D. 双方协商确定,协商不成的应当解除合同

52. 甲公司欠刘某 100 万元,丙公司欠甲公司 150 万元,均已届清偿期。甲公司一直拖延不行使对丙公司的债权,致使其自身无力向刘某清偿。下列关于代位权的说法正确的是( )。

    A. 刘某可以以甲公司的名义向丙公司提出偿债请求

    B. 刘某可以通过仲裁方式行使代位权

    C. 刘某行使代位权的必要费用应当由甲公司承担

    D. 代位权顺利行使后,丙公司对甲公司所负债务消灭

53. 下列情形中,可以导致施工单位免除违约责任的是( )。

    A. 施工单位因严重安全事故隐患且拒不改正而被监理工程师责令暂停施工,致使工期延误

    B. 因拖延民工工资,部分民工停工抗议导致工期延误

    C. 地震导致已完工程被爆破拆除重建,造成建设单位费用增加

    D. 由于为工人投保意外伤害险,因公致残工人的医疗等费用由保险公司支付

54. 建设工程民事纠纷经不同主体调解成功并制作了调解书,其中可以强制执行的是( )。

A. 双方签收的由人民调解委员会制作的调解书

B. 双方签收的仲裁调解书

C. 人民法院依法作出但原告方拒绝签收的调解书

D. 双方签收的由人民政府职能部门依法作出的调解书

55. 民事诉讼的证据不包括（　　）。

A. 书证　　　　　　B. 物证　　　　　　C. 视听资料　　　　　　D. 科学实验

56. 根据《民事诉讼法》规定,（　　）可以作为民事诉讼证人。

A. 本案审判员　　　　　　　　　B. 涉及本案的鉴定人员

C. 本案原告诉讼代理人　　　　　D. 本案被告的亲属

57. 对民事诉讼的基本特征表述正确的是（　　）。

A. 当事人约定诉讼方式解决纠纷的,人民法院才有管辖权

B. 除简易程序外均采用合议庭制

C. 所有民事案件审理及判决结果均应当向社会公开

D. 一个案件须由两级人民法院审理才告终结

58. 下列关于诉讼管辖的表述正确的是（　　）。

A. 第一审重大涉外民事案件应当由中级人民法院管辖

B. 建设工程施工合同纠纷应当由不动产所在地人民法院管辖

C. 受移送人民法院认为移送的案件不属于本院管辖的,可继续移送有管辖权的人民法院

D. 房屋买卖纠纷实行"原告就被告"原则

59. 当事人委托傅泽律师事务所的张律师做自己的诉讼代理人,授权委托书中委托权限一栏仅注明"全权代理"。则张律师有权代为（　　）。

A. 陈述事实、参加辩论　　　　　B. 承认、放弃、变更诉讼请求

C. 进行和解　　　　　　　　　　D. 提起反诉或上诉

60. 下列关于《仲裁法》中规定的仲裁制度的表述正确的是（　　）。

A. 仲裁委员会由当事人自主选定

B. 仲裁委员会是人民法院的下属事业单位

C. 仲裁审理以公开审理为原则

D. 对生效的仲裁裁决书请求上级仲裁委员会予以撤销

二、多项选择题(共 20 题,每题 2 分。每题的备选项中,有 2 个或 2 个以上符合题意,至少有 1 个错项。错选,本题不得分;少选,所选的每个选项得 0.5 分)

61. 根据《行政复议法》规定,下列选项中不可申请行政复议的有（　　）。

A. 建设行政主管部门吊销建筑公司的资质证书

B. 人民法院对保全财产予以查封

C. 监察机关给予机关工作人员降级处分

D. 建设行政主管部门对建设工程合同争议进行的调解

E. 行政拘留

62. 根据我国宪法规定,公民的宪法权利包括（　　　）。

A. 在法律面前一律平等

B. 有言论、出版、游行和示威的自由

C. 有宗教信仰的自由

D. 对任何国家机关和国家工作人员有批评和建议权

E. 有维护祖国的安全、荣誉和利益的权利

63. 下列各选项中,属于民事法律关系客体的是（　　　）。

A. 建设工程施工合同中的工程价款

B. 建设工程施工合同中的建筑物

C. 建材买卖合同中的建筑材料

D. 建设工程勘察合同中的勘察行为

E. 建设工程设计合同中的施工图纸

64. 国有建设用地使用权的用益物权,可以采取（　　　）方式设立。

A. 出租　　　　B. 出让　　　　C. 划拨　　　　D. 抵押　　　　E. 转让

65. 根据《建设工程施工许可管理办法》,下列工程项目无需申请施工许可证的是（　　　）。

A. 北京故宫修缮工程　　　　　　B. 长江汛期抢险工程

C. 工地上的工人宿舍　　　　　　D. 某私人投资工程

E. 部队导弹发射塔

66. 在工程建设项目招标过程中,招标人可以在招标文件中要求投标人提交投标保证金。投标保证金可以是（　　　）。

A. 银行保函　　　　　　　　　　B. 银行承兑汇票

C. 企业连带责任保证　　　　　　D. 现金

E. 实物

67. 按照《招标投标法》及相关规定,在建筑工程投标过程中,下列应当作为废标处理的情形是（　　　）。

A. 联合体共同投标,投标文件中没有附共同投标协议

B. 交纳投标保证金超过规定数额

C. 投标人是响应招标、参加投标竞争的个人

D. 投标人在开标后修改补充投标文件

E. 投标人未对招标文件的实质内容和条件作出响应

68. 生产经营单位保证安全生产必需的资金由（　　　）予以保证,并对由于安全生产所需的资金投入不足导致的后果承担责任。

A. 公司董事会　　　　　　　　　B. 公司法定代表

C. 个人经营的投资人　　　　　　D. 公司股东

E. 公司工会

69. 施工单位的项目负责人的安全生产责任主要包括（　　　）

A. 制定安全生产规章制度和操作规程

B. 确保安全生产费用的有效使用

C. 组织制定安全施工措施

D. 消除安全施工隐患

E. 及时、如实报告生产安全事故

70. 下列选项中,对施工单位的质量责任和义务表述正确的是(　　)。

A. 总承包单位不得将主体工程对外分包

B. 分包单位应当按照分包合同的约定对建设单位负责

C. 总承包单位与每一分包单位就各自分包部分的质量承担连带责任

D. 施工单位在施工中发现设计图纸有差错时,应当按照国家标准施工

E. 在建设工程竣工验收合格之前,施工单位应当对质量问题履行保修义务

71. 建设项目需要配套建设的环境保护设施,必须与主体工程(　　)。

A. 同时规划　　　　　　　　　　B. 同时设计

C. 同时施工　　　　　　　　　　D. 同时竣工验收

E. 同时投产使用

72. 下列属于承担民事责任的方式是(　　)。

A. 赔偿损失　　　　　　　　　　B. 返还财产

C. 支付利息　　　　　　　　　　D. 支付违约金

E. 支付定金

73. 下列关于承诺的表述中,正确的有(　　)。

A. 受要约人发出承诺,表示价格再降一成即可成交

B. 承诺超期的后果是承诺不可能发生法律效力

C. 承诺一经送达要约人即发生法律效力

D. 撤销承诺的通知应当在双方签订书面合同前到达要约人

E. 承诺可以由受要约人的代理人向要约人授权的代理人作出

74. 对于可撤销合同,具有撤销权的当事人(　　),撤销权消灭。

A. 自知道或者应当知道权利受到侵害之日起一年内没有行使撤销权的

B. 自知道或者应当知道撤销事由之日起六个月内没有行使撤销权的

C. 自知道或者应当知道撤销事由之日起一年内没有行使撤销权的

D. 知道撤销事由后明确表示放弃撤销权的

E. 知道撤销事由后以自己的行为放弃撤销权的

75. 致使承包人单位行使建设工程施工合同解除权的情形包括(　　)。

A. 发包人严重拖欠工程价款

B. 发包人提供的建筑材料不符合国家强制性标准

C. 发包人坚决要求工程设计变更

D. 项目经理与总监理工程师积怨太深

E. 要求承担保修责任期限过长

76. 某建设工程施工合同履行期间,建设单位要求变更为国家新推荐的施工工艺,在其后的施工中予以采用,则下列说法正确的是(　　)。

A. 建设单位不能以前期工程未采用新工艺为由,主张工程不合格

B. 施工单位可就采用新工艺增加的费用向建设单位索赔

C. 由此延误的工期由施工单位承担违约责任

D. 只要双方协商一致且不违反强制性标准,可以变更施工工艺

E. 从法律关系构成要素分析,采用新工艺属于合同主体的变更

77. 6 月 1 日,甲乙双方签订建材买卖合同,总价款为 100 万元,约定由买方支付定金 30 万元。由于资金周转困难,买方于 6 月 10 日交付了 25 万元,买方予以签收。下列说法正确的是( )。

A. 买卖合同是主合同,定金合同是从合同

B. 买卖合同自 6 月 10 日成立

C. 买卖合同自 6 月 1 日成立

D. 若卖方不能交付货物,应返还 50 万元

E. 若买方不履行购买义务,仍可以要求卖方返还 5 万元

78. 根据最高人民法院《关于民事诉讼证据的若干规定》,当事人无需要举证证明的事实有( )。

A. 太阳自东方升起,自西方落下

B. 人受重伤后若得不到及时救治,会有生命危险

C. 人所共知的某企业偷工减料

D. 已被仲裁机构生效的裁决书所确认的事实

E. 已被人民法院生效裁判所确认的事实

79. 根据《仲裁法》和《民事诉讼法》规定,对国内仲裁而言,人民法院不予执行仲裁裁决的情形包括( )。

A. 约定的仲裁协议无效

B. 仲裁事项超越法律规定的仲裁范围

C. 适用法律确有错误

D. 原仲裁机构被撤销

E. 申请人死亡对国内仲裁而言,人民法院不予执行仲裁裁决

80. 我国建筑业专业技术人员执业资格的共同点有( )。

A. 只有注册以后才能执业　　　　B. 一次注册终生有效

C. 均需接受继续教育　　　　D. 不得同时注册于两家不同的单位

E. 均有各自的职业范围

参考答案及解析:

一、单项选择题

1.【答案】 C

【解析】 经济法是调整国家在经济管理中发生的经济关系的法律,包括建筑法、招标投标法、反不正当竞争法、税法等。

2.【答案】 C

【解析】 要式法律行为是指法律规定应当采用特定形式的民事法律行为。不要式法律行为是指法律没有规定特定形式,采用书面、口头或其他任何形式均可成立的民事法律行为。《合同法》第 197 条规定:"借款合同采用书面形式,但自然人之间借款另有约定的除外。"据此可知,自然人之间的借款属于不要式法律行为,有没有书面形式的合同均可。而非自然人之间的借款则属于要式法律行为,必须采用书面形式,因此,建设单位向商业银行的借贷行为属于要式法律行为。

3.【答案】 A

【解析】 合同是指民事主体之间关于设立、变更和终止民事关系的协议。能够引起债权债务关系的原因很多,总的来说,一般包括侵权行为、合同行为、不当得利行为、无因管理行为等,其中合同是引起债权债务关系发生的最主要、最普遍的根据。

4.【答案】 B

【解析】 对承租人的效力订立抵押合同前抵押财产已出租的,原租赁关系不受该抵押权的影响。抵押权设立后抵押财产出租的,该租赁关系不得对抗已登记的抵押权。

5.【答案】 C

【解析】 根据《物权法》第 23 条规定,动产物权的设立和转让,自交付时发生效力,但法律另有规定的除外。据此可知,一般情况下,动产物权的转让自交付时发生法律效力。

6.【答案】 B

【解析】 根据《建筑工程施工许可管理办法》第 4 条规定,建设工期不足一年的,到位资金原则上不得少于工程合同价的 50%,建设工期超过一年的,到位资金原则上不得少于工程合同价的 30%。

7.【答案】 C

【解析】 《建筑法》第七条规定,建筑工程开工前,建设单位应当按照国家有关规定向工程所在地县级以上人民政府建设行政主管部门申请领取施工许可证。该规定确立了我国工程建设的施工许可制度。

8.【答案】 D

【解析】 《建筑法》第 26 条是关于承包单位的资质管理的规定,据此规定,承包建筑工程的单位应当持有依法取得的资质证书,并在其资质等级许可的业务范围内承揽工程。禁止建筑施工企业超越本企业资质等级许可的业务范围或者以任何形式用其他建筑施工企业的名义承揽工程。禁止建筑施工企业以任何形式允许其他单位或者个人使用本企业的资质证书、营业执照,以本企业的名义承揽工程。此外,根据《建筑法》第 28 条规定,禁止承包单位将其承包的全部建筑工程转包给他人,禁止承包单位将其承包的全部建筑工程肢解以后以分包的名义分别转包给他人。

9.【答案】 D

【解析】 《建设工程安全生产管理条例》规定,建设工程实行施工总承包的,总承包单位应当自行完成建设工程主体结构的施工。该规定主要是为了避免由于分包单位的能力不足而导致生产安全事故的发生。

10.【答案】 C

【解析】 根据《建筑法》第 27 条规定,共同承包的各方对承包合同的履行承担连带责任。

本案中,甲乙两建筑公司共同组成联合体投标,二者应当就该质量问题承担连带责任,即甲乙都负有清偿全部债务的义务,如果建设单位向乙公司主张,乙应当先行承担赔偿责任,赔偿后乙有权要求甲按照投标协议的约定偿付其应当承担的份额。

11.【答案】 D

【解析】 根据《招标投标法》第3条第(一)项规定,在中华人民共和国境内进行大型基础设施、公用事业等关系社会公共利益、公众安全的项目,包括项目的勘察、设计、施工、监理以及与工程建设有关的重要设备、材料等的采购,必须进行招标。本题中,D项属于关系社会公共利益的项目,属于必须进行招标的工程项目。

12.【答案】 A

【解析】 联合体各方应当签订共同投标协议,明确约定各方拟承担的工作和责任,并将共同投标协议连同投标文件一并提交招标人。据此,联合体各方是在中标前签订投标协议的。组成联合体的各方既可以是相同专业的不同单位,也可以是不同专业的单位,如果由同一专业单位组成的联合体,按照资质等级较低的单位确定资质等级。联合体投标的,可以以联合体各方的名义提交投标保证金,也可以联合体中牵头人的名义提交投标保证金,以联合体中牵头人名义提交的投标保证金,对联合体各成员具有约束力。联合体各方组成联合体进行投标的,各方仍然是独立的法人主体,并不需要合并。

13.【答案】 C

【解析】 根据《工程建设项目施工招标投标办法》第46条规定,投标人串通投标报价的行为主要包括以下几种:①投标人之间相互约定抬高或降低投标报价;②投标人之间相互约定,在招标项目中分别以高、中、低价位报价;③投标人之间先进行内部竞价,内定中标人,然后再参加投标;④投标人之间其他串通投标报价行为。据此可知,构成串通投标的行为必须是在投标前投标人之间就投标报价进行恶意串通,C项不属于串通投标行为。

14.【答案】 A

【解析】 招标方式分为公开招标和邀请招标。其中,公开招标是指招标人以招标公告的方式邀请不特定的法人或者其他组织投标。邀请招标是指招标人以投标邀请书的方式邀请特定的法人或者其他组织投标。定向招标是一种非竞争性招标,适用于两种情况,一是适用于工期较紧、资金有限的项目,或是专业性与保密性要求较强的项目;二是适用于某个国家的双边贷款项目且规定只能向贷款方采购的项目。议标实质上即为谈判性采购,是采购人和被采购人之间通过一对一谈判而最终达到采购目的的一种采购方式,不具有公开性和竞争性,因而不属于《招标投标法》所称的招标投标采购方式。

15.【答案】 C

【解析】 根据《工程建设项目施工招标投标办法》第15条规定,自招标文件出售之日起至停止出售之日止,最短不得少于5个工作日。《招标投标法》第23条规定,招标人对已发出的招标文件进行必要的澄清或者修改的,应当在招标文件要求提交投标文件截止时间至少十五日前,以书面形式通知所有招标文件收受人。《工程建设项目施工招标投标办法》第37条规定,投标保证金一般不得超过投标总价的2%,但最高不得超过80万元。根据以上规定可知,本题中,招标人出售招标文件的期限、澄清修改招标文件的期限以及投标保证金数额的规定均不符合法律规定。

16.【答案】 D

【解析】 根据《安全生产法》第 20 条第二款规定,危险物品的生产、经营、储存单位以及矿山、建筑施工单位的主要负责人和安全生产管理人员,应当由有关主管部门对其安全生产知识和管理能力考核合格后方可任职。本题中,施工企业的董事不属于施工单位的主要负责人和安全生产管理人员。

17.【答案】 B

【解析】 根据《生产安全事故报告和调查处理条例》,事故一般分为以下等级:①特别重大事故,指造成 30 人以上死亡,或者 100 人以上重伤(包括急性工业中毒,下同),或者 1 亿元以上直接经济损失的事故;②重大事故,指造成 10 人以上 30 人以下死亡,或者 50 人以上 100 人以上重伤,或者 5 000 万元以上 1 亿元以下直接经济损失的事故;③较大事故,指造成 3 人以上 10 人以下死亡,或者 10 人以上 50 人以下重伤,或者 1 000 万元以上 5 000 万元以下直接经济损失的事故;④一般事故,指造成 3 人以下死亡,或者 10 人以下重伤,或者 1 000 万元以下直接经济损失的事故。据此标准,本题中的事故应当属于重大事故。

18.【答案】 C

【解析】 根据《生产安全事故调查处理条例》规定,特别重大事故由国务院或者国务院授权有关部门组织事故调查组进行调查。重大事故、较大事故、一般事故分别由事故发生地省级人民政府、设区的市级人民政府、县级人民政府负责调查。

19.【答案】 A

【解析】 工程监理单位在实施监理过程中,发现存在安全事故隐患的,应当要求施工单位整改;情况严重的,应当要求施工单位暂时停止施工,并及时报告建设单位。施工单位拒不整改或者不停止施工的,工程监理单位应当及时向有关主管部门报告。本题中,监理工程师发现施工现场"施工现场料堆偏高,有可能滑塌,存在安全事故隐患",应当要求施工单位整改。

20.【答案】 B

【解析】 根据《建设工程安全生产管理条例》第 24 条规定,建设工程实行施工总承包的,由总承包单位对施工现场的安全生产负总责。分包单位应当服从总承包单位的安全生产管理,分包单位不服从管理导致生产安全事故的,由分包单位承担主要责任。本题中,"乙公司拒不服从甲公司的安全生产管理,最终造成安全生产事故",应当由乙公司承担主要责任。

21.【答案】 B

【解析】 根据《安全生产许可证条例》第九条规定,安全生产许可证的有效期为 3 年。

22.【答案】 D

【解析】 根据《建设工程质量管理条例》规定,建设单位不得擅自改变主体和承重结构进行装修,涉及建筑主体和承重结构变动的装修工程,建设单位应当在施工前委托原设计单位或者具有相应资质等级的设计单位提出设计方案,没有设计方案的,不得施工。

23.【答案】 A

【解析】 地基基础和主体结构的最低保修期限是设计的合理使用年限,因此,建设工程未经竣工验收,发包人擅自使用后又以使用部分质量不符合约定为由主张权利的,承包人应当在建设工程的合理使用寿命内对地基基础工程和主体结构质量承担民事责任。

24.【答案】 D

【解析】 依据《建筑法》规定,工程监理单位不得转让工程监理业务。这里的《不得转让》,既包括《不得转包》,也包括《不得分包》。

25.【答案】 A

【解析】 保修期从工程通过竣(交)工验收之日起计。由于承包人原因导致工程无法按规定期限进行竣(交)工验收的,保修期应当从实际通过竣(交)工验收之日起计。由于发包人原因导致工程无法按规定期限进行竣(交)工验收的,自承包人提交竣(交)工验收报告之日起计算。

26.【答案】 A

【解析】 《建设工程质量管理条例》明确规定,国家实行建设工程质量监督管理制度。政府质量监督作为一项制度,以行政法规的性质在《建设工程质量管理条例》中加以明确,强调了建设工程质量必须实行政府监督管理。工程质量保修制度属于施工单位和建设单位之间的民事法律关系,政府对其不予干涉,不属于建设工程监督管理制度的手段。

27.【答案】 B

【解析】 根据《建设工程质量管理条例》第 49 条规定,建设单位向相关主管部门进行竣工验收备案的时间为自建设工程竣工验收合格之日起 15 日内。

28.【答案】 C

【解析】 根据《产品质量法》第 2 条规定,产品是指经过加工、制作,用于销售的产品。建设工程不适用本法规定;但是,建设工程使用的建筑材料、建筑构配件和设备,属于前款规定的产品范围的,适用本法规定。这里的产品强调的是"用于销售的"产品。本题中,C 项虽然属于建筑材料,但是并不是"用于销售的"产品,不属于《产品质量法》所指的产品。

29.【答案】 A

【解析】 根据《产品标识与标注规定》规定,产品或者其包装上的标识必须真实,并符合下列要求:①有产品质量检验合格证明;②有中文标明的产品名称、生产厂厂名和厂址;③根据产品的特点和使用要求,需要标明产品规格、等级、所含主要成分的名称和含量的,用中文相应予以标明;需要事先让消费者知晓的,应当在外包装上标明,或者预先向消费者提供有关资料;④限期使用的产品,应当在显著位置清晰地标明生产日期和安全使用期或者失效日期;⑤使用不当,容易造成产品本身损坏或者可能危及人身、财产安全的产品,应当有警示标志或者中文警示说明。

30.【答案】 D

【解析】 根据《水污染防治法》、《大气污染防治法》、《固体废物污染环境防治法》规定,禁止在江河、湖泊、运河、渠道、水库最高水位线以下的滩地和岸坡堆放、存贮固体废弃物和其他污染物。在开采多层地下水的时候,如果各含水层的水质差异大,应当分层开采;对已受污染的潜水和承压水,不得混合开采。在人口集中地区和其他依法需要特殊保护的区域内,禁止焚烧沥青、油毡、橡胶、塑料、皮革、垃圾以及其他产生有毒有害烟尘和恶臭气体的物质。直接从事收集、贮存、运输、利用、处置危险废物的人员,应当接受专业培训,经考核合格,方可从事该项工作。

31.【答案】 D

【解析】 国家鼓励和扶持在新建建筑和既有建筑节能改造中采用太阳能、地热能等可再生能源。实施既有建筑节能改造,应当符合民用建筑节能强制性标准,优先采用遮阳、改善通风等低成本改造措施。国家鼓励企业制定严于国家标准、行业标准的企业节能标准。国家实行固定资产投资项目节能评估和审查制度,不符合强制性节能标准的项目,依法负责项目审批或者核准的机关不得批准或者核准建设。

32.【答案】 C

【解析】 在设有车间或者仓库的建筑物内,不得设置员工集体宿舍。在设有车间或者仓库的建筑物内,已经设置员工集体宿舍的,应当限期加以解决。对于暂时确有困难的,应当采取必要的消防安全措施,经公安消防机构批准后,可以继续使用。任何单位、个人不得损坏或者擅自挪用、拆除、停用消防设施、器材,不得埋压、圈占消火栓,不得占用防火间距,不得堵塞消防通道。生产、储存、运输、销售或者使用、销毁易燃易爆危险物品的单位、个人,必须执行国家有关消防安全的规定。

33.【答案】 C

【解析】 根据《劳动争议调解仲裁法》第27条的规定,"劳动争议申请仲裁的时效期间为1年。仲裁时效期间从当事人知道或者应当知道其权利被侵害之日起计算。"

34.【答案】 B

【解析】 根据《劳动合同法》规定,劳动者在用人单位连续工作满10年,提出或者同意续订、订立劳动合同的,除劳动者提出订立固定期限劳动合同外,应当订立无固定期限劳动合同。本题中李某"自1995年起就一直在某企业做临时工",其工作年限已经够10年,企业应当与李某签订无固定期限的劳动合同。

35.【答案】 B

【解析】 根据《劳动合同法》规定,劳动合同期限3个月以上不满1年的,试用期不得超过1个月;劳动合同期限1年以上不满3年的,试用期不得超过2个月;3年以上固定期限和无固定期限的劳动合同,试用期不得超过6个月。某施工单位与王先生签订的劳动合同为二年,根据规定,其试用期不得超过2个月。

36.【答案】 A

【解析】 用人单位与劳动者解除劳动合同的方式包括协商解除、随时解除、预告解除和经济性裁员。其中,用人单位可以随时解除劳动合同的情形包括:①在试用期间被证明不符合录用条件的;②严重违反用人单位的规章制度的;③严重失职,营私舞弊,给用人单位造成重大损害的;④劳动者同时与其他用人单位建立劳动关系,对完成本单位的工作任务造成严重影响,或者经用人单位提出,拒不改正的;⑤因规定的情形(即以欺诈、胁迫的手段或者乘人之危,使对方在违背真实意思的情况下订立或者变更劳动合同的)致使劳动合同无效的;⑥被依法追究刑事责任的。本题中,李某因打架斗殴被判处刑罚,属于随时解除的情形。

37.【答案】 A

【解析】 集体合同是指企业职工一方与用人单位就劳动报酬、工作时间、休息休假、劳动安全卫生、保险福利等事项,通过平等协商达成的书面协议。集体合同由工会代表企业职工一方与用人单位订立,尚未建立工会的用人单位,由上级工会指导劳动者推举的代表与用人单位订立。

38.【答案】 C

【解析】 根据《重大建设项目档案验收办法》规定,重大项目档案验收以验收组织单位召集验收会议的形式进行,项目档案验收应在项目竣工验收 3 个月之前完成。

39.【答案】 D

【解析】 根据《税收征收管理法》的有关规定,纳税人因有特殊困难,不能按期缴纳税款的,经批准可以延期缴纳税款,但是最长不得超过三个月。纳税人未按照规定期限缴纳税款的,扣缴义务人未按照规定期限解缴税款的,税务机关除责令限期缴纳外,从滞纳税款之日起,按日加收滞纳税款万分之五的滞纳金。

40.【答案】 D

【解析】 行政处罚是指国家行政机关及其他依法可以实施行政处罚权的组织,对违反经济、行政管理法律、法规、规章,尚不构成犯罪的公民、法人及其他组织实施的一种法律制裁。行政处罚的种类包括:警告;罚款;没收违法所得、没收非法财物;责令停产停业;暂扣或者吊销许可证、暂扣或者吊销执照;行政拘留;法律、行政法规规定的其他行政处罚。罚金属于刑罚的种类。

41.【答案】 C

【解析】 重大劳动安全事故罪,主要是指安全生产设施或者安全生产条件不符合国家规定,因而发生重大伤亡事故或者造成其他严重后果的行为。工程重大安全事故罪,是指建设单位、设计单位、施工单位、工程监理单位违反国家规定,降低工程质量标准,造成重大安全事故的行为。重大责任事故罪,是指在生产、作业中违反有关安全管理的规定,或者强令他人违章冒险作业,因而发生重大伤亡事故或者造成其他严重后果的行为。本题中,施工单位"偷工减料,降低工程质量标准"属于工程重大安全事故罪的客观表现。

42.【答案】 D

【解析】 合同有广义和狭义之分,我国《合同法》调整狭义的合同,即债权合同。有关身份关系的合同、有关政府行使行政管理权的行政合同、劳动合同和政府间协议等不属于我国合同法调整范围。本题中,A 项属于有关身份关系的合同,C 项属于有关政府行使行政管理权的行政合同,都不属于《合同法》调整范围。

43.【答案】 B

【解析】 格式合同是当事人一方为与不特定的多数人进行交易而预先拟定的,且不允许相对人对其内容作任何变更的合同。格式条款具有《合同法》规定的导致合同无效的情形的,或者提供格式条款一方免除其责任、加重对方责任、排除对方主要权利的,该条款无效。

44.【答案】 B

【解析】 要约是希望和他人订立合同的意思表示。要约邀请是指行为人作出的邀请他方向自己发出要约的意思表示。招标公告、拍卖公告、一般商业广告、寄送价目表、招股说明书等都属于要约邀请。

45.【答案】 C

【解析】 要约的撤回,是指在要约发生法律效力之前,要约人使其不发生法律效力而取消要约的行为。要约的撤销,是指在要约发生法律效力之后,要约人使其丧失法律效力而取消要约的行为。本题中,甲企业的信函到达了乙企业,邀约已经生效,此时通知信函作废的行为属于要约的撤销。

46.【答案】 C

【解析】 缔约过失责任一般发生在订立合同阶段,只有合同尚未生效,或者虽已生效但被确认无效或被撤销时,才可能发生缔约过失责任。违约责任一般发生在合同已经生效且没有被确认无效或者被撤销的阶段。本题中,建设单位知道真相后主张合同无效,此时建筑公司应当承担缔约过失责任。

47.【答案】 C

【解析】 合同无效的法律后果包括返还财产、折价补偿、赔偿损失和收归国库所有等。罚金属于刑罚的种类。

48.【答案】 C

【解析】 对于效力待定合同,相对人可以催告被代理人在一个月内予以追认;被代理人未作表示的,视为拒绝追认,合同没有效力。合同被追认之前,善意相对人有撤销的权利,撤销应当以通知的方式作出。据此可知,对于超越代理权签订的合同,如果被代理人在催告期限内不予追认,视为拒绝追认,合同变为无效合同,而非效力待定合同。

49.【答案】 C

【解析】 根据期限对合同效力的影响,可将所附期限分为生效期限和终止期限。附生效期限的合同,自期限届至时生效。附终止期限的合同,自期限届满时失效。本题中,双方"约定租赁期限至施工合同约定的工程竣工之日",即工程竣工之日为合同终止之日,该合同为附终止期限的合同。

50.【答案】 A

【解析】 根据《合同法》第65条规定,第三人不履行债务或者履行债务不符合约定,债务人应当向债权人承担违约责任。该规定体现了合同的相对性原则。本题中,甲乙为买卖合同当事人,丙为代甲履行合同的第三人,丙不支付货款时,应当由甲承担违约责任。

51.【答案】 B

【解析】 根据《合同法》规定,执行政府定价或者政府指导价的,在合同约定的交付期限内政府价格调整时,按照交付时的价格计价。逾期交付标的物的,遇价格上涨时,按照原价格执行;价格下降时,按照新价格执行。逾期提取标的物或者逾期付款的,遇价格上涨时,按照新价格执行;价格下降时,按照原价格执行。本题中,供货商没有按照约定交付货物,违约在先,应当按照新价格执行结算。

52.【答案】 C

【解析】 《合同法》第73条规定:"因债务人怠于行使到期债权,对债权人造成损害的,债权人可以向人民法院请求以自己的名义代位行使债务人的债权,但该债权专属于债务人自身的除外。代位权的行使范围以债权人的债权为限。债权人行使代位权的必要费用,由债务人负担。"据此规定,本题中,刘某应当通过诉讼方式以自己的名义向丙公司行使代位权,其行使代位权的必要费用由甲公司承担,刘某行使代位权时,只能请求丙公司偿还100万元的债务,剩下的50万元仍然属于甲公司和丙公司之间的债权债务,故丙公司对甲公司所负债务并不消灭。

53.【答案】 C

【解析】 违约责任免责包括约定的免责和法定的免责两种,其中法定的免责是指出现了法律规定的特定情形,即使当事人违约也可以免除违约责任。根据《合同法》第117条规定,法定的免责事由是不可抗力。不可抗力,是指不能预见、不能避免并不能克服的客观情况。本题中,只有C项属于不可抗力导致的违约,此时施工单位可以免责。

54.【答案】 B

【解析】 调解,是指第三人(即调解人)应纠纷当事人的请求,依法或依合同约定,对双方当事人进行说服教育,居中调停,使其在互相谅解、互相让步的基础上解决其纠纷的一种途径。调解包括民间调解、行政调解、法院调解和仲裁调解四种形式,其中法院调解和仲裁调解具有强制执行力,调解书经当事人签收后即发生法律效力。A项属于民间调解,D项属于行政调解,C项原告并未签收,调解书不生效。

55.【答案】 D

【解析】 民事诉讼证据的种类包括书证、物证、视听资料、证人证言、当事人陈述、鉴定结论、勘验笔录。D项不属于证据形式。

56.【答案】 D

【解析】 证人是指了解案件事实情况并向法院或当事人提供证词的人。根据规定,下列几类人不能作为证人:①不能正确表达意志的人;②诉讼代理人;③审判员、陪审员、书记员;④鉴定人员;⑤参与民事诉讼的检察人员。

57.【答案】 B

【解析】 民事诉讼具有强制性,即只要原告起诉符合民事诉讼法规定的条件,无论被告是否愿意,诉讼均会发生,人民法院对纠纷的管辖并不以当事人事先约定为要件。在民事诉讼过程中,除适用简易程序由审判员一人独任审判以外,均采用合议制度。除法律规定的情况外,审判过程及结果应当向社会公开。根据《民事诉讼法》,适用特别程序、督促程序、公示催告程序和企业法人破产还债程序审理的案件,实行一审终审。

58.【答案】 A

【解析】 根据《民事诉讼法》规定,中级人民法院管辖下列第一审民事案件:①重大涉外案件;②在本辖区有重大影响的案件;③最高人民法院确定由中级人民法院管辖的案件。因不动产纠纷提起的诉讼,由不动产所在地人民法院管辖,但是建设工程施工合同纠纷不适用专属管辖,而应当由被告住所地或合同履行地人民法院管辖。移送管辖中,受移送的人民法院认为受移送的案件依照规定不属于本院管辖的应当报请上级人民法院指定管辖,不得再自行移送。房屋买卖纠纷是不动产纠纷,属于专属管辖,应当由不动产所在地人民法院管辖。

59.【答案】 A

【解析】 委托权限分为一般授权与特别授权。一般授权,委托代理人仅有程序性的诉讼权利。特别授权可以行使实体性的诉讼权利,即代为承认、放弃、变更诉讼请求,进行和解,提起反诉或者上诉。若授权委托书仅写"全权代理"而无具体授权的情形,视为诉讼代理人没有获得特别授权,无权行使实体性诉讼权利。本题中,当事人的授权属于一般的授权。

60.【答案】 A

【解析】 仲裁委员会是受理仲裁案件的机构。由于仲裁没有法定管辖的规定,因此,仲裁委员会是由当事人自主选定的。仲裁审理的方式可以分为开庭审理和书面审理两种。开庭审理是仲裁审理的主要方式,开庭审理不公开进行,当事人协议公开的,可以公开进行,但涉及国家秘密的除外。仲裁实行一裁终局制度,仲裁裁决一经作出,即发生法律效力,当事人对于生效的仲裁裁决书不服的,有权请求人民法院予以撤销。仲裁委员会和人民法院之间是相互独立的,不存在隶属关系。

二、多项选择题

61.【答案】 CD
【解析】《行政复议法》第6～第8条是关于行政复议范围的规定,据此规定,行政机关的内部行政行为和行政调解行为不属于行政复议的范围。本题中,C项是行政处分行为,属于内部行政行为;D项是行政调解行为。

62.【答案】 ABCD
【解析】 E项是我国宪法规定的公民应当履行的主要义务。

63.【答案】 ABCE
【解析】 民事法律关系客体,是指民事法律关系之间权利和义务所指向的对象。法律关系客体的种类包括:财、物、行为、智力成果等。建设工程勘察合同的客体是通过勘察行为获得的勘察文件,其勘察行为不是勘察合同的客体。

64.【答案】 BC
【解析】 建设用地使用权是指建设用地使用权人依法对国家所有的土地享有占有、使用和收益的权利。设立建设用地使用权,可以采取出让或者划拨等方式。采取划拨方式的,应当遵守法律、行政法规关于土地用途的规定。

65.【答案】 ABCE
【解析】《建筑法》第7条规定:"建筑工程开工前,建设单位应当按照国家有关规定向工程所在地县级以上人民政府建设行政主管部门申请领取施工许可证。"这个规定确立了我国工程建设的施工许可制度。但在我国并不是所有的工程在开工前都需要办理施工许可证,有六类工程不需要办理:①国务院建设行政主管部门确定的限额以下的小型工程;②作为文物保护的建筑工程;③抢险救灾工程;④临时性建筑;⑤军用房屋建筑;⑥按照国务院规定的权限和程序批准开工报告的建筑工程。

66.【答案】 ABD
【解析】《工程建设项目施工招标投标办法》第37条规定,招标人可以在招标文件中要求投标人提交投标保证金。投标保证金除现金外,可以是银行出具的银行保函、保兑支票、银行汇票或现金支票。投标保证金一般不得超过投标总价的2%,但最高不得超过80万元人民币。

67.【答案】 ACE
【解析】 根据《工程建设项目施工招标投标办法》第50条规定,以下的情形将被作为废标处理:①无单位盖章并无法定代表人或法定代表人授权的代理人签字或盖章的;②未按规定的格式填写,内容不全或关键字迹模糊、无法辨认的;③投标人递交两份或多份内容不同的投标文件,或在一份投标文件中对同一招标项目报有两个或多个报价,且未声明哪一个有效,按招标文件规定提交备选投标方案的除外;④投标人名称或组织结构与资格预审时不一致的;⑤未按招标文件要求提交投标保证金的;⑥联合体投标未附联合体各方共同投标协议的。

68.【答案】 ABCD

【解析】 生产经营单位应当具备的安全生产条件所必需的资金投入,由生产经营单位的决策机构、主要负责人或者个人经营的投资人予以保证,并对由于安全生产所必需的资金投入不足导致的后果承担责任。

69.【答案】 BCDE

【解析】 A项属于主要负责人的安全生产责任。

70.【答案】 ABC

【解析】 《建设工程质量管理条例》第28条规定:"施工单位必须按照工程设计图纸和施工技术标准施工,不得擅自修改工程设计,不得偷工减料。施工单位在施工过程中发现设计文件和图纸有差错的,应当及时提出意见和建议。"在建设工程竣工验收合格前,施工单位应对质量问题履行返修义务;建设工程竣工验收合格后,施工单位应对保修期内出现的质量问题履行保修义务。

71.【答案】 BCE

【解析】 环境保护"三同时"制度是建设项目环境保护法律制度的重要组成部分。所谓环境保护"三同时"制度,是指建设项目需要配套建设的环境保护设施,必须与主体工程同时设计、同时施工、同时投产使用。

72.【答案】 ABD

【解析】 根据《民法通则》第134条规定,承担民事责任的方式主要有:停止侵害;排除妨碍;消除危险;返还财产;恢复原状;修理、重作、更换;赔偿损失;支付违约金;消除影响、恢复名誉;赔礼道歉等。CD两项属于履行合同的正当行为。

73.【答案】 CE

【解析】 承诺,是指受要约人同意要约的意思表示,即受要约人同意接受要约的条件以成立合同的意思表示。一般而言,要约一经承诺并送达于要约人,合同即告成立。承诺的内容应当与要约的内容一致,若受要约人对要约的价款、数量、质量等实质性内容作变更,则不是承诺,而是受要约人向要约人发出的新要约。受要约人在承诺期限内发出承诺,按照通常情形能够及时到达要约人,但因其他原因承诺到达要约人时超过承诺期限的,除要约人及时通知受要约人因承诺超过期限不接受该承诺的以外,该承诺有效。承诺可以撤回,但是不得撤销。

74.【答案】 CDE

【解析】 根据《合同法》第55条规定,撤销权消灭的情形包括:①具有撤销权的当事人自知道或者应当知道撤销事由之日起一年内没有行便撤销权;②具有撤销权的当事人知道撤销事由后明确表示或者以自己的行为放弃撤销权。

75.【答案】 AB

【解析】 根据《最高人民法院关于审理建设工程施工合同纠纷案件适用法律问题的解释》规定,发包人具有下列情形之一,致使承包人无法施工,且在催告的合理期限内仍未履行相应义务,承包人请求解除建设工程施工合同的,应予支持:①未按约定支付工程价款的;②提供的主要建筑材料、建筑构配件和设备不符合强制性标准的;③不履行合同约定的协助义务的。

76.【答案】 ABD

【解析】 本题中,施工单位改变施工工艺是基于建设单位的要求而实施的行为,属于在履行合同过程中的合同变更行为,因此而导致的工期的延误不属于违约行为,不需要承担违约责任,该法律关系的变更属于合同内容的变更。

77.【答案】 ACD

【解析】 买卖合同属于承诺性合同,自合同双方当事人意思表示一致时生效。定金合同是实践性合同,自支付定金一方当事人交付定金之日起生效。本题中,甲乙双方于6月1日签订了买卖合同,该合同应当自签订之日起即6月1日起成立;定金合同应当自定金交付之日即6月10日起生效。根据定金罚则,买方为支付定金方,卖方为收受定金方,如果卖方不能按时交付货物,应当双倍返还定金,即返还50万元。

78.【答案】 ADE

【解析】 根据最高人民法院《关于民事诉讼证据的若干规定》,对下列事实当事人无需举证证明:①众所周知的事实;②自然规律及定理;③根据法律规定或者已知事实和日常生活经验法则能推定出的另一事实;④已为人民法院发生法律效力的裁判所确认的事实;⑤已为仲裁机构的生效裁决所确认的事实;⑥已为有效公正文书所证明的事实。

79.【答案】 ABC

【解析】 根据《仲裁法》和《民事诉讼法》的规定,对国内仲裁而言,不予执行仲裁裁决的情形包括:①当事人在合同中没有仲裁条款或者事后没有达成书面仲裁协议的;②裁决的事项不属于仲裁协议的范围或者仲裁机构无权仲裁的;③仲裁庭的组成或者仲裁的程序违反法定程序的;④认定事实的主要证据不足的;⑤适用法律确有错误的;⑥仲裁员在仲裁该案时有索贿受贿、徇私舞弊、枉法裁决行为的。

80.【答案】 ACDE

【解析】 我国建筑业专业技术人员的执业资格存在许多共同点,这些共同点正是我国建筑业专业技术人员执业资格的核心内容:①均需要参加统一考试;②均需要注册;③均有各自的执业范围;④均须接受继续教育;⑤不得同时应聘于两家不同的单位。B项,不同的执业资格的注册办法均由相应的法规或者规章所规定,因此并不是所有的执业资格都是一次注册终生有效的。

2010年考题及答案详解

一、单项选择题(共60题,每题1分,每题的备选项中,只有1个最符合题意)

1. 根据施工合同,甲建设单位应于2009年9月30日支付乙建筑公司工程款。2010年6月1日,乙单位向甲单位提出支付请求,则就该项款额的诉讼时效(　　)
　　A. 中断　　　　　　B. 中止　　　　　　C. 终止　　　　　　D. 届满

2. 二级注册建造师注册证书有效期为(　　)年。
　　A. 1　　　　　　　B. 2　　　　　　　C. 3　　　　　　　D. 4

3. 下列规范性文件中,效力最高的是(　　)。
　　A. 行政法规　　　　B. 司法解释　　　　C. 地方性法规　　　D. 行政规章

4. 没有法定或者约定义务,为避免他人利益受损失进行管理或者服务而发生的债称为(　　)之债。
　　A. 合同　　　　　　B. 侵权　　　　　　C. 不当得利　　　　D. 无因管理

5. 根据《物权法》的相关规定,以建筑物抵押的,抵押权自(　　)时设立。
　　A. 合同签订　　　　B. 备案　　　　　　C. 交付　　　　　　D. 登记

6. 下列选项中,不属于我国建造师注册类型的是(　　)。
　　A. 初始注册　　　　B. 年检注册　　　　C. 变更注册　　　D. 增项注册

7. 某建设工程预计建设工期13个月,按照法律规定,建设单位的到位资金原则上不少于工程合同价的(　　)%。
　　A. 20　　　　　　　B. 30　　　　　　　C. 40　　　　　　　D. 50

8. 根据《物权法》的相关规定,不得抵押的财产是(　　)。
　　A. 正在建造的航空器　　　　　　B. 土地所有权
　　C. 生产原材料　　　　　　　　　D. 荒地承包经营权

9. 我国建筑业企业资质分为(　　)三个序列。
　　A. 工程总承包,施工总承包和专业承包　　B. 工程总承包,专业分包和劳务分包
　　C. 施工总承包,专业分包和劳务分包　　　D. 施工总承包,专业承包和劳务分包

10. 根据工程承包相关法律规定,建筑业企业(　　)承揽工程。
　　A. 可以超越本企业资质等级许可的业务范围
　　B. 可以另一个建筑施工企业的名义
　　C. 只能在本企业资质等级许可的业务范围内
　　D. 可允许其他单位或者个人使用本企业的资质证书

11. 根据《工程建设项目施工招标投标办法》规定,在招标文件要求提交投标文件的截止时间前,投标人(　　)。
　　A. 可以补充修改或者撤回已经提交的投标的文件,并书面通知招标人
　　B. 不得补充、修改、替代或者撤回已经提交的投标文件

C. 须经过招标人的同意才可以补充、修改、替代已经提交的投标文件

D. 撤回已经提交的投标文件的,其投标保证金将被没收

12. 根据《招标投标法》规定,在工程建设招标投标过程中,开标的时间应在招标文件规定的(　　)公开进行。

A. 任意时间

B. 投标有效期内

C. 提交投标文件截止时间的同一时间

D. 提交投标文件截止时间之后三日内

13. 下列选项中不属于招标代理机构的工作事项是(　　)。

A. 审查投标人资格 　　　　　　　　　　 B. 编制标底

C. 组织开标 　　　　　　　　　　　　　 D. 进行评标

14. 根据《安全生产法》规定,生产经营单位必须对安全设备进行经常性维护、保养,并定期检测,这一规定属于安全生产保障措施中的(　　)。

A. 组织保障措施 　　　　　　　　　　　 B. 管理保障措施

C. 经济保障措施 　　　　　　　　　　　 D. 技术保障措施

15. 书面评标报告作出后,中标人应由(　　)确定。

A. 评标委员会 　　　　　　　　　　　　 B. 招标人

C. 招标代理机构 　　　　　　　　　　　 D. 招标投标管理机构

16. 根据《建设工程安全生产管理条例》规定,工程监理单位应当审查施工组织设计中的安全技术措施或专项施工方案是否符合工程建设强制性标准和(　　)标准。

A. 建设单位要求适用的 　　　　　　　　 B. 监理单位制定的

C. 工程建设推荐的 　　　　　　　　　　 D. 工程建设行业

17. 工程实行总承包的,分包单位作业人员的意外伤害保险费由(　　)支付。

A. 建设单位 　　　　　　　　　　　　　 B. 总承包单位

C. 分包单位 　　　　　　　　　　　　　 D. 总承包和分包单位共同

18. 在施工现场安装、拆卸施工起重机械,整体提升脚手架,模板等自升式架设设施,必须由(　　)承担。

A. 总承包单位 　　　　　　　　　　　　 B. 使用设备的分包单位

C. 具有相应资质的单位 　　　　　　　　 D. 设备出租单位

19. 下列选项中,属于建筑施工企业取得安全生产许可证应当具备的安全生产条件是(　　)。

A. 在城市规划区的建筑工程已经取得建设工程规划许可证

B. 依法参加工伤保险,依法为施工现场从事危险作业人员办理意外伤害保险,为从业人员交纳保险费

C. 施工场地已基本具备施工条件,需要拆迁的,其拆迁进度符合施工要求

D. 有保证工程质量和安全的具体措施

20. 根据《安全生产许可证条例》规定,安全生产许可证的有效期为(　　)年。

A. 1 　　　　　　 B. 2 　　　　　　 C. 3 　　　　　　 D. 4

21. 某工地发生了安全事故,造成3人死亡,按照《生产安全事故报告和调查处理条例》的

规定,该事故属于(   )。

    A. 特别重大   B. 重大   C. 较大   D. 一般

22. 依据《建设工程质量管理条例》,工程承包单位在(   )时,应当向建设单位出具质量保修书。

    A. 工程价款结算完毕   B. 施工完毕

    C. 提交工程竣工验收报告   D. 竣工验收合格

23. 某工程设计文件需要作重大修改,则(   )。

    A. 设计单位应和建设单位协商一致修改后即可使用

    B. 设计单位可直接进行修改

    C. 应由建设单位报原审批机关批准

    D. 须开专家论证会后,设计单位方可修改

24. 某建设项目施工单位拟采用的新技术与现行强制性标准规定不符,应由(   )组织专题技术论证,并报批准该项标准的建设行政主管部门或国务院有关主管部门审定。

    A. 建设单位   B. 施工单位

    C. 监理单位   D. 设计单位

25. 由国务院建设、铁路、交通、水利等行政主管部门各自审批,编号和发布的标准,属于(   )。

    A. 国家标准   B. 行业标准

    C. 地方标准   D. 企业标准

26. 在城市市区范围内,施工过程中使用机械设备,可能产生环境噪声污染的,施工单位必须在工程开工(   )日前向工程所在地县级以上人民政府环境保护行政主管部门申报。

    A. 10   B. 15   C. 20   D. 30

27. 以下关于建筑节能的说法,错误的是(   )。

    A. 企业可以制定严于国家标准的企业节能标准

    B. 国家实行固定资产项目节能评估和审查制度

    C. 不符合强制性节能标准的项目不得开工建设

    D. 省级人民政府建设主管部门可以制定低于行业标准的地方建筑节能标准

28. 建设单位应将建设工程项目的消防设计图纸和有关资料报送(   )审核,未经审核或经审核不合格的,不得发放施工许可证,建设单位不得开工。

    A. 建设行政主管部门   B. 公安消防机构

    C. 安全生产监管部门   D. 规划行政主管部门

29. 某建筑企业的劳动争议调解委员会应由(   )组成。

    A. 企业的法定代表人与劳动行政部门的代表

    B. 企业的工会代表与劳动行政部门的代表

    C. 企业的职工代表和企业代表

    D. 企业的职工代表,企业代表和劳动行政部门的代表

30. 甲某与某建筑施工企业签订了劳动合同,其劳动合同期限为 6 个月,则甲的试用期应在(   )的期间范围内确定。

A. 15 日　　　　B. 1 个月　　　　C. 2 个月　　　　D. 3 个月

31. 非全日制用工报酬结算支付周期最长为（　　）。

A. 7 天　　　　B. 15 天　　　　C. 20 天　　　　D. 30 天

32. 工程建设强制性标准由（　　）负责解释。

A. 国家质量监督检验检疫总局　　　　B. 国务院建设行政主管部门

C. 省级人民政府建设行政主管部门　　　　D. 工程建设标准批准部门

33. 根据《税收征收管理法》规定，对不按时缴纳税款的，税务机关可从滞纳税款之日起，按日加收滞纳税款（　　）的滞纳金。

A. 万分之五　　　　B. 千分之五　　　　C. 万分之三　　　　D. 千分之三

34. 下列选项中，当事人应承担侵权责任的是（　　）

A. 工地的塔吊倒塌造成临近的民房被砸塌

B. 某施工单位未按照合同约定工期竣工

C. 因台风导致工程损害

D. 某工程存在质量问题

35. 按照行政处罚法的规定，（　　）可以设定除限制人身自由以外的行政处罚。

A. 法律　　　　B. 行政法规　　　　C. 部门规章　　　　D. 地方性法规

36. 根据《合同法》规定，建设工程施工合同不属于（　　）。

A. 双务合同　　　　B. 有偿合同　　　　C. 实践合同　　　　D. 要式合同

37. 从性质上讲，施工企业的投标行为属于（　　）。

A. 要约　　　　B. 要约邀请　　　　C. 承诺　　　　D. 询价

38. 下列选项中，没有发生承诺撤回效力的情形是（　　）。

A. 撤回承诺的通知在承诺通知到达要约人之前到达要约人

B. 撤回承诺的通知与承诺通知同时到达要约人

C. 撤回承诺的通知在承诺通知到达要约人之后到达要约人

D. 撤回承诺的通知于合同成立之前到达要约人

39. 缔约过失责任与违约责任的区别主要表现为（　　）。

A. 前者产生于订立合同阶段，后者产生于履行合同阶段

B. 前者须主观故意，后者须主观过失

C. 前者是侵权责任，后者是合同责任

D. 前者无须约定，后者须有约定

40. 甲施工单位由于施工需要大量钢材，遂向乙供应商发出要约，要求其在一个月内供货，但数量待定，乙回函表示一个月内可供货 2000 吨，甲未作表示，下列表述正确的是（　　）。

A. 该供货合同成立　　　　B. 该供货合同已生效

C. 该供货合同效力特定　　　　D. 该供货合同未成立

41. 某建筑公司从本市租赁若干工程模板到外地施工，施工完毕后，因觉得模板运回来费用很高，建筑公司就擅自将该批模板处理了，后租赁公司同意将该批模板卖给该建筑公司，则建筑公司处理该批模板的行为（　　）。

A. 无效　　　　B. 有效　　　　C. 效力特定　　　　D. 失效

42. 甲乙采购合同约定,甲方交付 20％定金时,采购合同生效,该合同是(　　)。

  A. 附生效时间的合同　　　　　　　　B. 附生效条件的合同

  C. 附解除条件的合同　　　　　　　　D. 附终止时间的合同

43. 在某建设单位与供应商之间的建筑材料采购合同中约定,工程竣工验收后 1 个月内支付材料款,期间,建设单位经营状况严重恶化,供应商遂暂停供应建筑材料,要求先付款,否则终止供货,则供应商的行为属于行使(　　)。

  A. 同时履行抗辩权　　　　　　　　　B. 先履行抗辩权

  C. 不安抗辩权　　　　　　　　　　　D. 先诉抗辩权

44. 根据《合同法》规定,债权人应自知道或者应当知道撤销事由之日起(　　)年内行使撤销权。

  A. 1　　　　　　　B. 2　　　　　　　C. 5　　　　　　　D. 20

45. 根据《合同法》规定,当事人对合同变更的内容约定不明确的,推定为(　　)。

  A. 变更　　　　B. 重新协定　　　　C. 原则上变更　　　　D. 未变更

46. 合同的权利义务终止,不影响合同中(　　)条款的效力。

  A. 履行时间　　　B. 履行地点　　　C. 争议解决　　　D. 质量检验

47. 当事人既约定违约金,又约定定金的,一方违约时,对方(　　)条款。

  A. 应当适用违约金　　　　　　　　　B. 应当适用定金

  C. 可以选择适用违约金或者定金　　　D. 可以同时适用违约金和定金

48. 主债权债务合同无效,担保合同(　　),但法律另有规定的除外。

  A. 仍然有效　　　　　　　　　　　　B. 无效

  C. 在担保期间内有效　　　　　　　　D. 效力待定

49. 以下不属于民事纠纷处理方式的是(　　)。

  A. 当事人自行和解　　　　　　　　　B. 行政复议

  C. 行政机关调解　　　　　　　　　　D. 商事仲裁

50. 下列纠纷、争议中,适用于《仲裁法》调整的是(　　)。

  A. 财产继承纠纷　　　　　　　　　　B. 劳动争议

  C. 婚姻纠纷　　　　　　　　　　　　D. 工程款纠纷

51. 下列选项中,对调解的理解错误的是(　　)。

  A. 当事人庭外和解的,可以请求法院制作调解书

  B. 仲裁调解生效后产生执行效力

  C. 仲裁裁决生效后可以进行仲裁调解

  D. 法院在强制执行时不能制作调解书

52. 在民事诉讼中,当事人不需要运用证据加以证明的是(　　)的事实。

  A. 请求实体权益　　　　　　　　　　B. 免除自己法律责任

  C. 主张程序违法　　　　　　　　　　D. 对方承认

53. 根据《担保法》规定,必须由第三人为当事人提供担保的方式是(　　)。

  A. 保证　　　　　B. 抵押　　　　　C. 留置　　　　　D. 定金

54. 民事诉讼是解决建设工程合同纠纷的重要方式,其中不属于民事诉讼参加人的

有（　　）。

  A. 当事人代表 B. 第三人   C. 鉴定人   D. 代理律师

55. 当事人、利害关系人认为人民法院的执行程序违反法律规定的,可以向（　　）人民法院提出书面异议。

  A. 原审   B. 负责执行的 C. 原告所在地 D. 被告所在地

56. 当事人对仲裁协议的效力有异议,一方请求仲裁委员会作出决定,另一方请求人民法院作出裁定的,由（　　）。

  A. 仲裁委员会决定   B. 合同履行地中级人民法院裁定

  C. 被告所在地中级人民法院裁定 D. 仲裁委员会所在地中级人民法院裁定

57. 在下列选项中,不属于要式合同的是（　　）。

  A. 建设工程设计合同   B. 企业与银行之间的借款合同

  C. 法人之间签订的保证合同   D. 自然人之间签订的借款合同

58. 当事人申请撤销仲裁裁决的,应当自收到裁决书之日起（　　）内提出。

  A. 三个月   B. 六个月   C. 一年   D. 二年

59. 在依法必须进行招标的工程范围内,对于委托监理合同,其单项合同估算价最低金额在（　　）万元人民币以上的,必须进行招标。

  A. 50   B. 100   C. 150   D. 200

60. 在施工过程中,必须经总监理工程师签字的事项是（　　）。

  A. 建筑材料进场   B. 建筑设备安装

  C. 隐蔽工程验收   D. 工程竣工验收

二、多项选择题(共 20 题,每题 2 分。每题的备选项中,有 2 个或 2 个以上符合题意,至少有 1 个错项。错选,本题不得分;少选,所选的每个选项得 0.5 分)

61. 根据合同中的规定,建筑施工合同中约定出现因（　　）时免除自己责任的条款,该免责条款无效。

  A. 合同履行结果只有对方受益 B. 不可抗力造成对方财产损失

  C. 履行合同造成对方人身伤害 D. 对方不履行合同义务造成损失

  E. 故意或重大过失造成对方财产损失

62. 建设工程竣工验收应当具备（　　）等条件。

  A. 完整的技术档案资料和施工管理资料

  B. 工程所用的主要建筑材料,建筑构配件和设备等进场试验报告

  C. 勘察、设计、施工、监理等单位分别签署的质量合格文件

  D. 已付清所有款项

  E. 有施工单位签署的工程保修书

63. 建设项目需要配套建设的环境保护设施,必须与主体工程同时（　　）。

  A. 立项   B. 审批   C. 设计   D. 施工   E. 投产使用

64. 根据《劳动合同法》规定,下列属于用人单位不得解除劳动合同的情形是（　　）。

  A. 在本单位患职业病被确认部分丧失劳动能力的

B. 在本单位连续工作 15 年,且距法定退休年龄不足 5 年的

C. 劳动者家庭无其他就业人员,有需要抚养的家属的

D. 女职工在产期的

E. 因工负伤被确认丧失劳动能力的

65. 下列属于投标人之间串通投标的行为是(　　)。

A. 招标人在开标前开启投标文件,并将投标情况告知其他投标人

B. 投标人之间相互约定,在招标项目中分别以高、中、低价位报价

C. 投标人在投标时递交虚假业绩证明

D. 投标人与招标人商定,在投标时压低标价,中标后再给投标人额外补偿

E. 投标人先进行内部竞价,内定中标人后再参加投标

66. 略。

67. 发包人具有下列(　　)情形之一,致使承包人无法施工,且在催告的合理期限内仍未履行相应义务,承包人请求解除建设工程施工合同的,人民法院应予支持。

A. 未按约定支付工程价款的

B. 提供的主要建筑材料,建筑构配件和设备不符合强制性标准的

C. 施工现场安装摄像设备全程监控

D. 施工现场安排大量人员

E. 不履行合同约定的协助义务的

68. 按照合同法的规定,债权人转让权利应当通知债务人,债权人转让权利的通知(　　)。

A. 不得自行撤销　　　　　　　　　　B. 有权自行撤销

C. 经受让人同意可以撤销　　　　　　D. 经债务人同意可以撤销

E. 定金

69. 当事人一方不履行合同义务或者履行合同义务不符合约定的。在合同对违约责任没有具体约定的情况下,违约方应当承担的法定违约责任有(　　)。

A. 继续履行　　　　　　　　　　　　B. 采取补救措施

C. 赔偿损失　　　　　　　　　　　　D. 支付违约金

E. 定金

70. 当事人提交给法院的以下材料中,不属于民事诉讼证据的有(　　)。

A. 建筑工程法规　　　　　　　　　　B. 建筑材料检验报告

C. 工程竣工验收现场录像　　　　　　D. 双方往来的电子邮件

E. 代理意见

71. 某律师接受当事人委托参加民事诉讼,以下属于委托代理权消灭的原因有(　　)。

A. 诉讼终结　　　　　　　　　　　　B. 当事人解除委托

C. 代理人辞去委托　　　　　　　　　D. 委托代理人死亡

E. 委托代理人有过错

72. 商事仲裁裁决生效后,应当向(　　)申请执行。

A. 作出裁决的仲裁委员会　　　　　　B. 申请人所在地的中级人民法院

C. 被执行人住所地的中级人民法院　　D. 仲裁委员会所在地的中级人民法院

E. 被执行财产所在地的中级人民法院

73. 人民法院审理行政案件,审判庭组成符合法律规定的是(   )。
    A. 审判员独任   B. 审判员、书记员
    C. 审判员三人以上单数   D. 审判员、陪审员三人以上单数
    E. 陪审员三人以上单数

74. 根据《物权法》的相关规定,将(   )作为抵押物的,其抵押权自登记时设立。
    A. 交通运输工程   B. 正在施工的建筑物
    C. 生产设备、原材料   D. 正在加工的工程模板
    E. 建设用地使用权

75. 建设单位的安全责任包括(   )。
    A. 向施工单位提供地下管线资料   B. 依法履行合同
    C. 提供安全生产费用   D. 不推销劣质材料设备
    E. 对分包单位安全生产全面负责

76. 总承包单位依法将建设工程分包给其他单位施工,若分包工程出现质量问题时,应当由(   )。
    A. 总承包单位单独向建设单位承担责任
    B. 分包单位单独向建设单位承担责任
    C. 总承包单位与分包单位向建设单位承担连带责任
    D. 总承包单位与分包单位分别向建设单位承担责任
    E. 分包单位向总承包单位承担责任

77. 下列违约责任承担方式可以并用的有(   )。
    A. 赔偿损失与继续履行   B. 实际履行与解除合同
    C. 定金与支付违约金   D. 赔偿损失与修理、重作、更换
    E. 违约金与解除合同

78. 为保证案件的公正处理,民事诉讼规定了回避制度,下列人员中(   )若与审理的案件有利害关系,应当回避。
    A. 法院的书记员   B. 勘验人
    C. 鉴定人   D. 出庭的证人
    E. 被告方的诉讼代理人

79. 仲裁案件当事人申请仲裁后自行达成和解协议的,可以(   )。
    A. 请求仲裁庭根据和解协议制作调解书
    B. 请求仲裁庭根据和解协议制作裁决书
    C. 撤回仲裁申请书
    D. 请求强制执行
    E. 请求法院判决

80. 可以提起行政复议的事项包括(   )。
    A. 行政处罚   B. 行政强制措施
    C. 行政处分   D. 行政机关对民事纠纷作出的调解

参考答案及解析：

一、单项选择题

1.【答案】　A

【解析】《民法通则》第140条规定,诉讼时效因提起诉讼。当事人一方提了要求或者同意履行义务而中断,从中断时起,诉讼时效时间重新计算。本题属于因乙单位向甲单位提出支付请求而中断的情形。

2.【答案】　C

【解析】　建造师的注册分为初始注册、延续注册、变更注册和增项注册四类。初始注册证书与执业印章有效期为3年,延续注册的。注册证书与执业印章有效期也为3年,变更注册的、变更注册后的注册证书与执业印章仍延续原注册有效期。

3.【答案】　A

【解析】　行政法规的效力低于宪法和法律,地方性法规具有地方性,只在本辖区内有效,其效力低于法律和行政法规;行政规章是由国家行政机关制定的法律规范性文件,包括部门规章和地方政府规章,效力低于法律,行政法规,最高人民法院对于法律的系统性解释文件和对法律适用的说明,对法院审判有约束力。具有法律规范的性质。在司法实践中具有重要的地位和作用。

4.【答案】　D

【解析】　无因管理是指既未受人之托,也不负有法律规定的义务,而是自觉为他人管理事务的行为。

5.【答案】　D

【解析】《物权法》规定了可以在建工程作为抵押物,同时规定,以正在建造的建筑物抵押的,应当办理抵押登记,抵押权自登记时设立。

6.【答案】　B

【解析】　建造师的注册分为初始注册、延续注册、变更注册和增项注册四类。

7.【答案】　B

【解析】《建筑工程施工许可管理办法》第4条规定,建设工期不足一年的,到位资金原则上不得少于工程合同价的50%,建设工期超过一年的,到位资金原则上不得少于工程合同价的30%。

8.【答案】　B

【解析】　我国土地所有权属于国家,不得抵押,但土地使用权可以抵押。

9.【答案】　D

【解析】　建筑业企业资质分为施工总承包,专业承包和劳务分包三个序列。施工总承包资质、专业承包资质、劳务分包资质序列按照工程性质和技术特点分别划分为若干资质类别。

10.【答案】　C

【解析】　承包建筑工程的单位应当持有依法取得的资质证书,并在其资质等级许可的业务范围内承担工程,禁止建筑施工企业超越本企业资质等级许可的业务范围或者以任何形式用其他建筑施工企业的名义承担工程,禁止建筑施工企业以任何形式允许其他单位或者个人使用本企业的资质证书、营业执照,以本企业的名义承担工程。

11.【答案】 A

【解析】 投标人在招标文件要求投标文件的截止时间前,可以补充、修改或者撤回已提交的投标文件,并书面通知招标人,补充、修改的内容为投标文件的组成部分。

12.【答案】 C

【解析】 开标应当在招标文件确定的提交投标文件截止时间的同一时间公开进行;开标地点应当为招标文件中预告确定的地点。

13.【答案】 D

【解析】 D项,评标应由招标代理机构组织评标委员会进行。

14.【答案】 B

【解析】 生产经营单位必须对安全设备进行经常性维护、保养,并定期检测,这是设备的日常管理工作,属于管理保障措施中的物力资源管理范围。

15.【答案】 B

【解析】 评标委员会提出书面评标报告后,招标人应根据提供的书面评标报告确定中标人。

16.【答案】 A

【解析】 《建设工程安全生产管理条例》第14条规定:"工程监理单位应当审查施工组织设计中的安全技术措施或者专项施工方案是否符合工程建设强制性标准"。在实践中可能会存在合同中约定的标准高于强制性标准的情况,那时监理单位就不仅要审查施工组织设计中的安全技术措施或者专项施工方案是否违法了,还要看一看是否违约,若违约也不能批准施工单位的施工组织设计。

17.【答案】 B

【解析】 意外伤害保险费由施工单位支付,实行施工总承包的,由总承包单位支付意外伤害保险费,分包单位的从事危险作业人员的意外伤害保险的保险费是由总承包单位支付。

18.【答案】 C

【解析】 根据施工起重机械和自升式架设设施的安全管理,在施工现场安装、拆卸施工起重机械和整体提升脚手架、模板等自升式架设设施,必须由具有相应资质的单位承担。

19.【答案】 B

【解析】 根据《建筑施工企业安全生产许可证管理规定》第4条,将建筑施工企业取得安全生产许可证应当具备的安全生产条件具体规定为:①建立、健全安全生产责任制,制定完备的安全生产规章制度和操作规程;②保证本单位安全生产条件所需资金的投入;③设置安全生产管理机构,按照国家有关规定配备专职安全生产管理人员;④主要负责人、项目负责人、专职安全生产管理人员经建设主管部门或者其他有关部门考核合格;⑤特种作业人员经有关业务主管部门考核合格,取得特种作业操作资格证书;⑥管理人员和作业人员每年至少进行一次安全生产教育培训并考核合格;⑦依法参加工伤保险,依法为施工现场从事危险作业的人员办理意外伤害保险,为从业人员交纳保险费;⑧施工现场的办公、生活区及作业场所和安全防护用具、机械设备、施工机具及配件符合有关安全生产法律、法规、标准和规程的要求;⑨有职业危害防治措施,并为作业人员配备符合国家标准或者行业标准的安全防护用具和安全防护服装;⑩有对危险性较大的分部分项工程及施工现场易发生重大事故的部位,环节的预防,监控措施和应急预案;⑪有生产安全事故应急救援预案,应急救援组织或者应急救援人员,配备必要的应急救援器材、设备;⑫法律、法规规定的其他条件。

20.【答案】 C

【解析】《安全生产许可证条例》第9条规定,"安全生产许可证的有效期为3年,安全生产许可证有效期满需要延期的,企业应当于期满前3个月向原安全生产许可证颁发管理机关办理延期手续,企业在安全生产许可证有效期内,严格遵守有关安全生产的法律法规,未发生死亡事故的,安全生产许可证有效期届满时,经原安全生产许可证颁发管理机关同意,不再审查,安全生产许可证有效期延期3年"。

21.【答案】 C

【解析】 根据生产安全事故造成的人员伤亡或者直接经济损失,事故一般分为以下等级:①特别重大事故。是指造成30人以上死亡,或者100人以上重伤(包括急性工业中毒,下同),或者1亿元以上直接经济损失的事故;②重大事故,是指造成10人以上30人以下死亡,或者50人以上100人以下重伤,或者5 000万元以上1亿元以下直接经济损失的事故;③较大事故。是指造成3人以上10人以下死亡,或者10人以上50人以下重伤,或者1 000万元以上5 000万元以下直接经济损失的事故;④一般事故。是指造成3人以下死亡,或者10人以下重伤,或者1 000万元以下直接经济损失的事故,这里所称的"以上"包括本数,所称"以下"不包括本数。

22.【答案】 C

【解析】《建设工程质量管理条例》第39和第二款规定,"建设工程承包单位在向建设单位提交工程竣工验收报告时,应当向建设单位出具质量保修书,质量保修书中应当明确建设工程的保修范围,保修期限和保修责任"。

23.【答案】 C

【解析】 建设工程勘察,设计文件内容需要作重大修改的,建设单位应当报原审批机关批准后,方可修改。

24.【答案】 A

【解析】 工程建设中拟采用的新技术、新工艺、新材料,不符合现行强制性标准规定的,应当由拟采用单位提请建设单位组织专题技术论证,报批准标准的建设行政主管部门或者国务院有关主管部门审定。

25.【答案】 B

【解析】《标准化法》按照标准的级别不同,把标准分为国家标准、行业标准、地方标准和企业标准,《标准化法》第6条规定,对没有国家标准而又需要在全国某个行业范围内统一的技术要求,可以制定行业标准。

26.【答案】 B

【解析】 在城市市区范围内,建筑施工过程中使用机械设备,可能产生环境噪声的污染的,施工单位必须在工程开工15日以前向工程所在地县级以上地方人民政府环境保护行政主管部门申报该工程的项目名称,施工场所和期限,可能产生的环境噪声值以及所采取的环境噪声污染防治措施的情况。

27.【答案】 D

【解析】 建筑节能的国家标准,行业标准由国务院建设主管部门组织制定,并依照法定程序发布,省、自治区、直辖市人民政府建设主管部门可以根据本地实际情况,制定严于国家标准或者行业标准的地方建筑节能标准,并报国务院标准化主管部门和国务院建设主管部门备案,国家鼓励企业制定严于国家标准、行业标准的企业节能标准。

28.【答案】 B

【解析】 按照国家工程建筑消防技术标准需要进行消防设计的建筑工程,设计单位应当按照国家工程建筑消防技术标准进行设计,建设单位应当将建筑工程的消防设计图纸及有关资料报送公安消防机构审核;未经审核或者经审核不合格的,建设行政主管部门不得发给施工许可证,建设单位不得施工。

29.【答案】 C

【解析】 企业劳动争议调解委员会由职工代表和企业代表组成,职工代表由工会成员担任或者由全体职工推举产生,企业代表由企业负责人指定,企业劳动争议调解委员会主任由工会成员或者双方推举的人员担任。

30.【答案】 B

【解析】 劳动合同期限3个月以上不满1年的,试用期不得超过1个月;劳动合同期限1年以上不满3年的,试用期不得超过2个月;3年以上固定期限和无固定期限的劳动合同,试用期不得超过6个月。

31.【答案】 B

【解析】 非全日制用工是指以小时计酬为主,劳动者在同一用人单位一般平均每日工作时间不超过4小时,每周工作时间累计不超过24小时的用工形式,非全日制用工劳动报酬结算支付周期最长不得超过15日。

32.【答案】 D

【解析】 工程建设强制性标准的解释由工程建设标准批准部门负责,有关标准具体技术内容的解释,工程建设标准批准部门可以委托该标准的编制管理单位负责。

33.【答案】 A

【解析】 根据《税收征收管理法》的有关规定,纳税人因有特殊困难,不能按期缴纳税款的,经批准可以延期缴纳税款,但是最长不得超过3个月,纳税人未按照规定期限缴纳税款的,扣缴义务人未按照规定期限缴纳税款的,税务机关除责令限期缴纳外,从滞纳税款之日起,按日加收滞纳税款万分之五的滞纳金。

34.【答案】 A

【解析】 建筑物或者其他设施以及建筑物上的搁置物,悬挂物发生倒塌、脱落、坠落造成他人损害的,属于特殊侵权行为,它的所有人或者管理人应当承担民事责任,但能够证明自己没有过错的除外。

35.【答案】 B

【解析】 根据行政处罚法的规定,法律可以设定各种行政处罚,限制人身自由的行政处罚,只能由法律设定;行政法规可以设定除了限制人身自由以外的行政处罚;地方性法规可以设定除限制人身自由,吊销企业营业执照以外的行政处罚;国务院部、委员会制定的规章,省、自治区、直辖市人民政府和省、自治区人民政府所在地的市人民政府以及经国务院批准的较大的市人民政府制定的规章可以设定警告或者一定数量罚款的行政处罚,罚款的数额分别由国务院和省级人大及其常委会加以规定;除此之外,其他规范性文件均不得设定行政处罚。

36.【答案】 C

【解析】 诺成合同是指当事人各方的意思表示一致即告成立的合同,如委托合同、勘察、设计合同等,实践合同,又称要物合同是指除双方当事人的意思表示一致以后,尚需交付标的物才能成立的合同,如保管合同,定金合同等。

37.【答案】 A

【解析】 要约的概念,要约是希望和他人订立合同的意思表示。可见,要约是一方当事人以缔结合同为目的,向对方当事人所作的意思表示。

38.【答案】 C

【解析】 承诺到达要约人时生效,承诺生效时合同成立,撤回承诺的通知于合同成立之前到达要约人,即在承诺通知到达要约人之前到达要约人,所以此时承诺可以撤回。

39.【答案】 A

【解析】 缔约过失责任是指一方因违背诚实信用原则所要求的义务而致使合同不成立,或者虽已成立但被确认无效或被撤销时,造成确信该合同有效成立的当事人信赖利益损失,而依法应承担的民事责任,这种责任主要表现为赔偿责任,其一般发生在订立合同阶段,这是违约责任与缔约过失责任的显著区别。

40.【答案】 D

【解析】 乙的回函对标的数量做出了实质性变更,应视为新要约,甲未作表示,即没有发出承诺,故合同不成立。

41.【答案】 B

【解析】 无处分权人只能对财产享有占有、使用权,无处分权人处分他人财产与相对人订立的合同,经权利人追认或者无权处分权人订立合同后取得处分权的,该合同有效。

42.【答案】 B

【解析】 附条件合同是指在合同中约定了一定的条件,并且把该条件的成就或者不成就作为合同效力发生或者消灭的根据的合同,根据条件对合同效力的影响,可将所附条件分为生效条件和解除条件。

43.【答案】 C

【解析】 不安抗辩权是指先履行合同的当事人一方因后履行合同一方当事人欠缺履行或信用,而拒绝履行合同的权利。

44.【答案】 A

【解析】《合同法》第75条规定:"撤销权自债权人知道或者应当知道撤销事由之日起一年内行使,自债务人的行为发生之日起五年内没有行使撤销权的,该撤销权消灭"。

45.【答案】 B

【解析】 略。

46.【答案】 C

【解析】 合同权利义务的终止,不影响合同中结算、清理条款和独立存在的解决争议方法的条款(如仲裁条款)的效力。

47.【答案】 C

【解析】 违约金存在于主合同之中,定金存在于从合同之中,它们可能单独存在,也可能同时存在,当事人既约定违约金,又约定定金的,一方违约时,对方可以选择适用违约金或者定金条款。

48.【答案】 B

【解析】 担保是伴随着主债务的产生而产生的,因此,我们将担保合同称为从合同,而与之相对应的约定主债务的合同则称为主合同,主合同中的债务人如果履行了主债务,则主合同消失,相应的从合同也就自然消失了。

49.【答案】 B

【解析】 建设工程民事纠纷的处理方式主要有四种,分别是和解、调解、仲裁、诉讼。

50.【答案】 D

【解析】 在我国,《仲裁法》是调整和规范仲裁制度的基本法律,但《仲裁法》的调整范围仅限于民商事仲裁,即"平等主体的公民、法人和其他组织之间发生的合同纠纷和其他财产权纠纷、仲裁、劳动争议仲裁和农业承包合同纠纷仲裁不受《仲裁法》的调整"此外,根据《仲裁法》第3条的规定,下列纠纷不能仲裁:①婚姻、收养、监护、抚养、继承纠纷;②依法应当由行政机关处理的行政争议。

51.【答案】 C

【解析】 仲裁调解是指仲裁庭在作出裁决前进行调解的解决纠纷的方式,仲裁调解书与裁决书具有同等法律效力,调解书经当事人签收后即发生法律效力。

52.【答案】 D

【解析】 诉讼过程中,一方当事人对另一方当事人陈述的案件事实明确表示承认的,另一方当事人无需举证。根据最高人民法院《关于民事诉讼证据的若干规定》,对下列事实当事人无需举证证明:①众所周知的事实;②自然规律及定理;③根据法律规定或者已知事实和日常生活经验法则能推定出的另一事实;④已为有效公正文书所证明的事实。

53.【答案】 A

【解析】 保证是以保证人的保证承诺作为担保的,签订保证合同时并不涉及具体的财物,当债务人不能依主合同的约定清偿债务时,保证人负有代为清偿债务责任。

54.【答案】 A

【解析】 民事诉讼是指人民法院在当事人和其他诉讼参与人的参加下,以审理、裁判、执行等方式解决民事纠纷的活动,诉讼参与人包括原告、被告、第三人、证人、鉴定人、勘验人等。

55.【答案】 B

【解析】 当事人、利害关系人认为执行程序违反法律规定的,可以向负责执行的人民法院提出书面异议,当事人、利害关系人提出书面异议的,人民法院应当自收到书面异议之日起15日内审查,理由成立的,裁定撤销或者改正;理由不成立的,裁定驳回,当事人、利害关系人对裁定不服的,可以自裁定送达之日起10日内向上一级人民法院申请复议。

56.【答案】 D

【解析】　当事人协议选择国内的仲裁机构仲裁后,一方以仲裁协议的效力有异议请求人民法院裁定的,由该仲裁委员会所在地的中级人民法院管辖,当事人对仲裁委员会没有约定或者约定不明的,由被告所在地的中级人民法院管辖。

57.【答案】　D

【解析】　要式合同是法律或当事人必须具备特定形式的合同,例如,建设工程合同应当采用书面形式,就是要式合同,不要式合同是指法律或当事人不要求必须具备一定形式的合同,实践中,以不要式合同居多。

58.【答案】　B

【解析】　仲裁裁决作出后,撤销仲裁裁决必须在法定的期限内提出撤销申请,我国仲裁法规定,当事人申请撤销仲裁裁决的,应当自收到裁决书之日起 6 个月内提出。

59.【答案】　A

【解析】　《工程建设项目招标范围和规模标准规定》规定的必须招标的各类工程建设项目,包括项目的勘察、设计、施工、监理以及与工程建设有关的重要设备、材料等的采购,达到下列标准之一的,必须进行招标:①施工单项合同估算价在 200 万元人民币以上的;②重要设备、材料等货物的采购,单项合同估算价在 100 万元人民币以上的;③勘察、设计、监理等服务的采购,单项合同估算价在 50 万元人民币以上的;④单项合同估算价低于第 1、2、3 项规定的标准,但项目总投资额在 3000 万元人民币以上的。

60.【答案】　D

【解析】　工程监理单位应当选派具备相应资格的总监理工程师和监理工程师进驻施工现场,未经监理工程师签字,建筑材料、建筑构配件和设备不得在工程上使用或安装,施工单位不得进行下一道工序的施工,未经总监理工程师签字,建设单位不拨付工程款,不进行竣工验收。

二、多项选择题

61.【答案】　CE

【解析】　合同中可以约定在一方违约的情况下免除其责任的条件,这个条款称为免责条款,免责条款并非全部有效。《合同法》第 53 条规定,合同中的下列免责条款无效:①造成对方人身伤害的;②因故意或者重大过失造成对方财产损失的。

62.【答案】　ABCE

【解析】　建设工程竣工验收是施工全过程的最后一道程序,是建设投资成果转入生产或使用的标志,也是全面考核投资效益,检验设计和施工质量的重要环节,建设工程竣工验收应当具备的条件有:①完成建设工程设计和合同约定的各项内容;②有完整的技术档案和施工管理资料;③有工程使用的主要建筑材料,建筑构配件和设备的进场试验报告;④有勘察、设计、施工、工程监理等单位分别签署的质量合格文件;⑤有施工单位签署的工程保修书。

63.【答案】　CDE

【解析】　所谓环境保护"三同时"制度是指建设项目需要配套建设的环境保护设施,必须与主体工程同时设计、同时施工、同时投产使用。

64.【答案】　ABDE

【解析】　用人单位不得解除劳动合同的情形有:①从事接触职业病危害作业的劳动者未

进行离岗前职业健康检查,或者疑似职业病病人在诊断或者医学观察期间的;②在本单位患职业病或者因工负伤并被确认丧失或者部分丧失劳动能力的;③患病或者非因工负伤,在规定的医疗期内;④女职工在孕期、产期、哺乳期的;⑤在本单位连续工作满 15 年,且距法定退休年龄不足 5 年的;⑥法律、行政法规规定的其他情形。

65.【答案】 ADE

【解析】《工程建设项目施工招标投标办法》第 47 条规定,招标人与投标人串通投标行为包括:①招标人在开标前开启投标文件,并将投标情况告知其他投标人,或者协助投标人撤换投标文件,更改报价;②招标人向投标人泄露标底;③招标人与投标人商定,投标时压低或抬高标价,中标后再给投标人或招标人额外补偿;④招标人预先内定中标人;⑤其他串通投标行为。

66. 略。

67.【答案】 ABE

【解析】 发包人具有下列情形之一,致使承包人无法施工,且在催告的合理期限内仍未履行相应义务,承包人请求解除建设工程施工合同的,应予支持:①未按约定支付工程价款的;②提供的主要建筑材料,建筑构配件和设备不符合强制性标准的;③不履行合同约定的协助义务的,上述三种情形均属于发包人违约。因此,合同解除后,发包人还要承担违约责任。

68.【答案】 AC

【解析】 根据合同法第 80 条的规定,债权人转让权利的,应当通知债务人,未经通知,该项转让对债务人不发生效力,债权人转让权利的通知不得撤销,但经受让人同意的除外。

69.【答案】 ABC

【解析】《合同法》第 107 条规定:当事人一方不履行合同义务或者履行合同义务不符合约定的,应当承担继续履行,采取补救措施或者赔偿损失等违约责任。

70.【答案】 AE

【解析】 民事诉讼证据包括 7 种证据形式,即书证,物证,视听资料,证人证言,当事人陈述,鉴定结论,勘验笔录。

71.【答案】 ABCD

【解析】 委托代理权可以因诉讼终结,当事人解除委托、代理人辞去委托、委托代理人死亡或丧失行为能力而消灭。

72.【答案】 CD

【解析】《仲裁法解释》第 29 条规定,当事人申请执行仲裁裁决案件,由被执行人住所地或者被执行的财产在地的中级人民法院管辖。

73.【答案】 CD

【解析】 人民法院审理行政案件,由审判员组成合议庭,或者由审判员、陪审员组成合议庭,合议庭成员,应当是 3 人以上的单数。

74.【答案】 BD

【解析】《物权法》规定了可以在建设工程作为抵押物。同时规定,以正在建造的建筑物抵押的,应当办理抵押登记,抵押权自登记时设立。

75.【答案】 ABCD

【解析】 建设单位的安全责任主要包括:①向施工单位提供资料的责任;②依法履行合同

的责任;③提供安全生产费用的责任;④不得推销劣质材料设备的责任;⑤提供安全施工措施资料的责任;⑥对拆除工程进行了备案的责任。

76.【答案】 AE

【解析】 建设工程实行总承包的,总承包单位应当对全部建设工程质量负责;总承包单位依法将建设工程分包给其他单位的,分包单位应当按照分包合同的约定对其他分包工程的质量向总承包单位负责,总承包单位与分包单位对分包工程的质量承担连带责任。

77.【答案】 ABDE

【解析】 当事人既约定违约金,又约定定金的,一方违约时,对方可以选择适用违约金或者定金条款。

78.【答案】 ABC

【解析】 根据《民事诉讼法》第45条规定,审判人员、书记员、翻译人员、鉴定人、勘验人有下列情形之一的,必须回避,当事人有权用口头或者书面方式申请回避;①是本案当事人或者当事人,诉讼代理人的近亲属;②与本案有利害关系;③与本案当事人有其他关系,可能影响对案件公正审理的。

79.【答案】 BC

【解析】 仲裁和解是指仲裁当事人通过协商,自行解决已提交仲裁的争议事项的行为。《仲裁法》规定,当事人申请仲裁后,可以自行和解。当事人达成和解协议的,可以请求仲裁庭根据和解协议作出裁决书,也可以撤回仲裁申请。如果当事人撤回仲裁申请后反悔的,则可以仍根据原仲裁协议申请仲裁,仲裁调解,是指在仲裁庭的主持下,仲裁当事人在自愿协商,互谅互让基础上达成协议从而解决纠纷的一种制度。

80.【答案】 ABC

【解析】 根据《行政复议法》第6条的规定,当事人可以申请复议的情形通常包括:①行政处罚;②行政强制措施;③行政许可;④认为行政机关侵犯其合法的经营自主权的;⑤认为行政机关违法集资、摊派费用或者违法要求履行其他义务的;⑥认为行政机关的其他具体行政行为侵犯其合法权益的。

2011 年考题及答案详解

一、单项选择题(共 60 题,每题 1 分。每题的备选项中,只有 1 个最符合题意)

1. 取得建造师资格证书并经(   )后,方有资格以建造师名义担任建设工程项目施工的项目经理。
   A. 登记   B. 注册   C. 备案   D. 所在单位考核合格

2. 行政法规的制定主体是(   )。
   A. 全国人民代表大会   B. 全国人民代表大会常务委员会
   C. 国务院   D. 最高人民法院

3. 订立合同的两个公司合并,使他们之间既存的债权债务归于消灭,这种事实是债权债务的(   )。
   A. 抵消   B. 提存   C. 混同   D. 免除

4. 甲公司租用乙公司脚手架,合同约定每月底支付当月租金,但甲公司到期后拒付乙公司的诉讼时效期间应从应付之日起算(   )年。
   A. 1   B. 2   C. 4   D. 20

5. 根据《物权法》,不适合用于质押财产的是(   )。
   A. 汇票   B. 仓单   C. 建设用地   D. 应付款

6. 下列行为中,不必将建筑物及其占有范围内的建设用地使用权一并处分的是(   )。
   A. 转让   B. 抵押   C. 出资入股   D. 投保火灾险

7. 某建设工程施工合同约定,合同工期为 18 个月,合同价款为 2 000 万元,根据法律规定,建设单位在申请领取施工许可证时,原则上最少到位资金为(   )万元。
   A. 100   B. 200   C. 600   D. 1 000

8. 关于建筑工程发承包制度的说法,正确的是(   )。
   A. 总承包合同可以采用书面形式或口头形式
   B. 发包人可以将一个单位工程的主体分解成若干部分发包
   C. 建筑工程只能招标发包,不能直接发包
   D. 国家提倡对建筑工程实行总承包

9. 下列建设工程分包的说法中,属于承包人合法分包的是(   )。
   A. 未经建设单位许可将承包工程中的劳务作业进行分包
   B. 将专业工程分包给不具备资质的承包人
   C. 将劳务作业分包给不具备资质的承包人
   D. 未经建设单位许可将承包工程中的专业工程进行分包

10. 甲、乙、丙、丁四家公司组成联合体进行投标,则下列联合体成员的行为中正确的是(   )。
    A. 该联合体成员甲公司又以自己单位的名义单独对该项目进行投标

B. 该联合体成员签订共同投标协议

C. 该联合体成员乙公司和丙公司组成一个新联合体对该项目进行投标

D. 甲、乙、丙、丁四家公司设立一个新公司作为联合体投标的牵头人

11. 通过招投标订立的建设工程施工合同,合同价应为(   )。

    A. 评标价   B. 投标报价   C. 招标控制价   D. 标底

12. 评标委员会组建过程中,下列做法符合规定的是(   )。

    A. 评标委员会成员的名单仅在评标结束前保密

    B. 评标委员会 7 个成员中,招标人的代表有 3 名

    C. 项目评标专家从招标代理机构的专家库内的专家名单中随机抽取

    D. 评标委员会成员由 3 人组成

13. 经评标,甲被推荐为第一中标人,但在中标通知书发出之前,招标人收到甲退出此次投标的书面通知。以下关于甲的行为,正确的说法是(   )。

    A. 属于在投标有效期内撤回投标文件

    B. 属于放弃中标

    C. 甲的要求不能被接受,必须继续参加投标

    D. 甲可向招标人申请退还部分投标保证金

14. 关于生产经营单位安全生产保障的说法,正确的是(   )。

    A. 生产经营单位必须参加工伤社会保险,为职工缴纳相关费用

    B. 建设工程实行工程总承包的,由建设单位对施工单位的安全生产负总责任

    C. 建设项目安全设施的使用单位应当对安全设计负责

    D. 某单位易燃易爆品存放地点与员工宿舍在同一建筑物内

15. 生产经营单位的主要负责人因未履行安全生产管理职责,导致发生生产安全事故被判有期徒刑的,根据我国安全生产的规定,自刑期执行完毕之日起(   )。

    A. 2 年内不得担任本施工企业的中层管理人员

    B. 3 年内不得担任监理单位的主要负责人

    C. 5 年内不得担任任何生产经营单位的主要负责人

    D. 终身不得担任任何施工企业的主要负责人

16. 生产经营单位发生生产安全事故后,事故现场施工人员必须立即报告(   )。

    A. 本企业负责人

    B. 当地安全生产监督管理部门

    C. 县级以上地方人民政府

    D. 省级(含自治州、直辖市)安全生产监督管理部门

17. 某幕墙专业分包工程施工过程中,发生了一起安全事故.造成 2 人死亡,根据《建设工程安全生产管理条例》,此次事故应由(   )上报有关主管部门。

    A. 幕墙分包企业   B. 施工总承包企业

    C. 监理单位   D. 建设单位

18. 根据国务院《特种设备安全保障条例》,从事施工起重机械定期检验的机构,应由(   )批准。

A. 县级以上人民政府   B. 省级政府特种设备安全监督部门
C. 国务院   D. 国务院特种设备安全监督部门

19. 房地产公司甲的下列做法中,符合安全生产法律规定的是(   )。
    A. 要求施工企业购买其制定的不合格消防器材
    B. 申请施工许可证时没有提供保障工程安全施工措施的资料
    C. 甲向施工企业提供的地下工程资料不准确
    D. 甲在拆除工程施工 15 日前将相关资料报送有关部门

20. 关于建设单位安全责任的说法,正确的是(   )。
    A. 建设单位根据自身情况提出低于强制性规定的要求
    B. 建设单位有权压缩合同约定的工期
    C. 建设单位可将拆除工程发包给任何施工企业
    D. 建设单位应当根据工程需要向施工企业提供施工现场相邻建筑物的相关资料

21. 根据《建设工程安全生产管理条例》,关于意外伤害保险的说法,正确的是(   )。
    A. 意外伤害保险属于非强制险
    B. 保险由建设单位办理
    C. 实行施工总承包的,由施工总承包企业支付保险费
    D. 保险期限自保险合同订立之日起至竣工验收合格之日止

22. 基坑支护工程专项施工方案须经(   )签字后实施。
    A. 施工企业项目经理和现场监理工程师
    B. 施工企业负责人和建设单位负责人
    C. 建设单位负责人和总监理工程师
    D. 施工企业技术负责人和总监理工程师

23. 企业安全生产许可证办理延期的时间为有效期满前(   )个月。
    A. 1   B. 2   C. 3   D. 6

24. 根据《建设工程质量管理条例》,对涉及(   )的装修工程,建设单位应委托原设计单位或具有相应资质的设计单位提出设计方案。
    A. 增加工程内部装饰   B. 建筑主体和承重结构变动
    C. 增加工程造价总额   D. 改变建筑工程

25. 建设工程施工总承包企业将专业工程分包,下列关于工程质量责任承担的说法,正确的是(   )。
    A. 分包工程质量由分包企业负总责
    B. 分包工程质量由分包企业单独承担责任
    C. 总承包企业对分包工程质量承担连带责任
    D. 分包企业接受总承包企业的质量管理,可不承担责任

26. 因设计原因导致的质量缺陷,在工程保修期内的正确说法是(   )。
    A. 施工企业不仅要负责,还要承担保修费用
    B. 施工企业仅负责保修,由此产生的费用应向建设单位索赔
    C. 施工企业仅负责保修,由此产生的费用应向设计单位索赔

D. 施工企业不负责任保修,由建设单位自行承担维修

27. 必须经总监理工程师签字的工作是(   )。

    A. 开工前的放线定位　　　　　　　　B. 分项工程验收

    C. 下一步工序　　　　　　　　　　　D. 建设工程竣工验收

28. 某施工企业在供应商处购买的水泥,标号明显低于包装上的标注标号,使施工企业遭受了损失,关于施工企业提出的索赔要求(   )。

    A. 只能由生产厂家承担　　　　　　　B. 只能由供应商承担

    C. 只能施工企业自行承担　　　　　　D. 可向生产厂商提出赔偿

29. 需要进行消防设计的建设工程项目,应由建设单位将有关资料向(   )报批。

    A. 公安消防机构　　　　　　　　　　B. 建设工程安全监督机构

    C. 建设行政主管部门　　　　　　　　D. 上级主管部门

30. 下列争议中属于劳动争议的是(   )。

    A. 企业职工沈某与某地方劳动保障行政部门发生工伤认定的争议

    B. 公司股东李某因股息分配产生的争议

    C. 王某与社会保险机构因退休费用产生的争议

    D. 进城务工的黄某与劳务分包公司因工资报酬产生的争议

31. 劳务派遣单位与被派遣者的劳动合同最低应为(   )年。

    A. 6 个月　　　　B. 1 年　　　　C. 2 年　　　　D. 5 年

32. 劳动合同仅约定试用期的,按照《劳动合同法》的规定,该合同(   )。

    A. 试用期为劳动合同期限

    B. 按无效劳动合同处理

    C. 按无固定期限合同处理

    D. 按完成一定工作任务为期限的合同处理

33. 用人单位与劳动者约定以一定工作任务为期限的合同为(   )劳动合同。

    A. 固定期限　　　　　　　　　　　　B. 无固定期限

    C. 以完成一定任务为期限　　　　　　D. 短期

34. 下列法律责任中,属于民事责任承担方式的是(   )。

    A. 警告　　　　B. 罚款　　　　C. 支付违约金　　　　D. 没收财产

35. 下列合同中,受合同法调整的是(   )。

    A. 婚姻　　　　B. 收养　　　　C. 买卖　　　　D. 行政

36. 在合同法中,要约生效的时间是(   )。

    A. 要约人发出要约时　　　　　　　　B. 要约达到受要约人时

    C. 受要约人作出承诺时　　　　　　　D. 受要约人承诺到达时

37. 在建设工程招标程序中,投标的法律性质是(   )。

    A. 要约　　　　B. 要约邀请　　　　C. 反要约　　　　D. 承诺

38. 受要约人超过承诺期限发出的承诺,若要约人未作出认可该承诺的通知,则该承诺视为(   )。

    A. 承诺超时　　　　B. 承诺延误　　　　C. 新承诺　　　　D. 新要约

39. 下列合同中,以下情形属于无效合同的是( )。
　　A. 当事人无履约能力　　　　　　　　B. 当事人对合同有重大误解
　　C. 违反法律法规的强制性规定　　　　D. 违反法定的形式

40. 在可撤销合同中,撤销权自债权人知道或应该知道撤销事由之日起( )内有效。
　　A. 1 个月　　　　　B. 3 个月　　　　　C. 6 个月　　　　　D. 1 年

41. 关于待定合同的说法,正确的是( )。
　　A. 善意相对人不享有撤销的权利　　　B. 效力待定合同的相对人有催告权
　　C. 待定合同是生效合同　　　　　　　D. 待定合同是无效合同

42. 甲欠乙 50 万元贷款,乙欠丙 20 万元贷款,因乙怠于行使到期债权,又不能还丙的欠款,为此丙起诉甲支付欠款,下列说法正确的是( )。
　　A. 丙不能以自己名义起诉甲　　　　　B. 丙起诉甲是在行使代位权
　　C. 丙起诉甲以 50 万元为限　　　　　D. 丙的起诉费用由自己支付

43. 下列情形中,债权人不能行使法定撤销权的是( )。
　　A. 受让人明知债务人以不合理低价转让财产
　　B. 债务人放弃到期的债权
　　C. 债务人将巨额财产赠与他人
　　D. 债务人将其全部财产转让

44. 甲乙签订了建筑材料买卖合同,经当事人双方协商一致才能变更的情形是( )。
　　A. 甲公司名称变更　　　　　　　　　B. 乙公司的法人代表变更
　　C. 合同签约人变更　　　　　　　　　D. 买卖数量变更

45. 某项目设计费为 100 万元,合同约定违约金为 15%,发包方支付了 15 万元定金后,设计方未开展设计工作,导致发包方损失 12 万元,发包方最多可获得的赔偿是( )万元。
　　A. 24　　　　　B. 27　　　　　C. 30　　　　　D. 42

46. 关于担保的说法,正确的是( )。
　　A. 质押不转移对质押财产的占有
　　B. 建筑物占用范围内的建设用地使用权可以单独作为抵押的对象
　　C. 企业法人的分支机构、职能部门可以为担保人
　　D. 以汇票作为抵押财产的,自凭证交付之日起生效

47. 某建设单位出具的银行保函中,保证人为( )。
　　A. 监理单位　　　B. 银行　　　　C. 建设单位　　　D. 施工企业

48. 定金合同以( )之时生效。
　　A. 当事人签字　　B. 合同备案　　C. 定金实际交付　　D. 主合同成立

49. 王某在施工工地工作时,不慎受伤,在监理工程师的调解下,王某与雇主达成协议,雇主一次性支付王某 2 万元作为补偿,王某放弃诉讼权利,这种调解方式为( )。
　　A. 行政调解　　B. 法院调解　　C. 仲裁调解　　　D. 民间调解

50. 一裁定终局体现了仲裁的( )特点。
　　A. 专业性　　　B. 自愿性　　　C. 独立性　　　D. 快捷性

51. 仲裁的保密性特点体现在以( )为原则。

A. 不开庭审理　　　　　　　　　B. 不允许代理人参加

C. 不公开审理　　　　　　　　　D. 不允许证人参加

52. 在法院的主持下,甲乙双方达成了调解协议,法院制作了调解书,在签字前甲方反悔,此时法院应( )。

A. 进行判决　　　　　　　　　　B. 强制执行

C. 留置送达　　　　　　　　　　D. 重新调解

53. 甲地注册的建设单位与在乙地注册的施工单位在丙地签订了建设工程施工合同,合同规定:若发生争议,向丙地法院起诉。则该合同争议解决地的原则为( )。

A. 原告所在地　　　　　　　　　B. 被告所在地

C. 合同签订地　　　　　　　　　D. 合同施行地

54. 在民事诉讼中,"一般授权"所行使的诉讼权利为( )。

A. 代为承认对方的诉讼请求　　　B. 进行和解

C. 变更诉讼请求　　　　　　　　D. 法庭辩论

55. 对人民法院做出的一审民事判决不满,上诉期限为判决书送达之日起( )日。

A. 5　　　　　　B. 7　　　　　　C. 10　　　　　　D. 15

56. 仲裁机构做出的仲裁书生效后,一方不执行的,另一方可向( )申请强制执行。

A. 人民法院　　　　　　　　　　B. 司法行政机关

C. 仲裁机构　　　　　　　　　　D. 公安机关

57. 关于仲裁调解的说法,正确的是( )。

A. 仲裁庭必须先进行调解

B. 调解不成不能做出裁决书

C. 仲裁调解书与仲裁书具有同等法律效力

D. 经仲裁庭调解双方当事人达成调解协议的,仲裁庭不能制作裁决书

58. 在仲裁过程中,申请人甲与被申请人乙双方自行和解,下列符合我国法律规定的是( )。

A. 甲与乙不能自行进行和解

B. 甲乙达成和解不能撤回仲裁申请

C. 甲撤回仲裁申请后又反悔,不得以同一事项申请仲裁

D. 甲乙达成和解协议的,可以请求仲裁庭根据和解协议作出裁决书,也可以撤回仲裁申请

59. 甲、乙、丙三人组成仲裁庭,甲为首席仲裁员,甲认为应该支持申请人的主张,乙、丙认为应该支持被申请人的主张,则下列正确的是( )。

A. 应按乙、丙的意见做出仲裁书

B. 应该按甲的意见做出仲裁书

C. 甲、乙、丙各自的意见全部列出交由仲裁委员会做出决定

D. 按照甲的意见做出仲裁书,仲裁书中如实记录乙、丙的意见

60. 施工企业认为( )侵犯其合法权益,可以申请行政复议。

A. 建设单位违约的行为　　　　　B. 总监理工程师的停工决定

C. 上级企业的处理决定　　　　　　　　D. 行政机关的罚款

二、多项选择题(共 20 题,每题 2 分。每题的备选项中,有 2 个或 2 个以上符合题意,至少有 1 个错项。错选,本题不得分;少选,所选的每个选项得 0.5 分)

61. 某体育馆施工实行工程总承包,发包单位可以将工程的(　　)一并发包。
　　A. 代建　　　　B. 施工　　　　C. 监理　　　　D. 设计　　　　E. 设备采购

62. 民事法律行为成立条件中,行为内容合法表现为(　　)。
　　A. 不违反法律　　　　　　　　　　　B. 不违背社会公德
　　C. 不存在认识错误等外在因素　　　　D. 不与第三人利益相冲突
　　E. 不与社会公共利益相冲突

63. 下列抵押财产中,抵押权自登记时成立的有(　　)。
　　A. 建筑物　　　　　　　　　　　　　B. 建设用地使用权
　　C. 生产设备、材料　　　　　　　　　D. 在建工程
　　E. 在建船舶

64. 项目监理在实施监理过程中,主要依据有(　　)。
　　A. ISO 质量体系　　　　　　　　　　B. 工程建设国家强制性标准
　　C. 工程设计文件　　　　　　　　　　D. 施工企业管理制度
　　E. 建设工程施工合同

65. 投标有效期内,投标人有(　　)行为的,其投标保证金予以没收。
　　A. 撤回投标文件　　　　　　　　　　B. 补充投标文件
　　C. 放弃中标　　　　　　　　　　　　D. 澄清投标文件
　　E. 说明(解释)投标文件

66. 施工作业人员进行安全生产的义务有(　　)。
　　A. 使用劳动生产安全用具
　　B. 接受安全生产培训
　　C. 发现事故隐患立即报告
　　D. 发生危及人身安全的事故先进行抢救
　　E. 为自己购买从业保险

67. 某施工企业与工人订立安全生产责任书,内容为:施工企业工人认真工作,若发生安全事故,后果由工人自负。对于上述条款,正确的是(　　)。
　　A. 发生安全事故应由工人自负
　　B. 该条款做无效处理
　　C. 施工企业应受行政处罚
　　D. 应撤销施工企业的资质
　　E. 施工企业主要负责人应受行政罚款

68. 根据《建设工程安全生产管理条例》,施工企业的项目负责人在安全生产方面的主要职责有(　　)。
　　A. 对建设工程项目的安全生产负总责

B. 落实安全生产责任制

C. 制定安全生产规章制度和操作规程

D. 确保安全生产费用的专项使用

E. 根据工作特点组织制定安全施工措施

69. 取得安全生产许可证的条件是(　　)。

    A. 特种作业人员经考核合格　　　　B. 职工参加工伤

    C. 通过了安全生产管理体系认证　　D. 进行了安全评价

    E. 已办理安全监督手续

70. 根据《建设工程质量监督条例》,质量保修书应有的内容有(　　)。

    A. 保修范围　　　　　　　　　　　B. 保修期限

    C. 质量保证金的退还方式　　　　　D. 质量保证金预留比例

    E. 保修责任

71. 供应商的下列行为中,符合《产品质量法》的是(　　)。

    A. 建立进货验货制度

    B. 产品包装上的标识不真实

    C. 对使用有瑕疵的产品进行说明

    D. 为扩大销售,对产品质量进行虚假宣传

    E. 快过期的产品降价销售

72. 某交通施工穿越噪声敏感区域,可能造成环境噪声污染,下列说法正确的是(　　)。

    A. 禁止一切夜间施工作业活动

    B. 因特殊需要进行夜间施工的,须获批准

    C. 建设工程施工前必须公告附近居民

    D. 其他有效的控制噪声污染的措施

    E. 在开工 15 日前,向工程所在地县级以上地方人民政府环境保护行政主管部门报告

73. 根据《劳动合同法》,用人单位在与劳动者签订合同时采取的正当行为有(　　)。

    A. 扣押居民身份证　　　　　　　　B. 扣押职业资格证

    C. 要求提供担保　　　　　　　　　D. 签订专业技术培训服务违约金

    E. 签订竞业限制保证书

74. 建设工程合同属于(　　)。

    A. 有名合同　　　　　　　　　　　B. 实践合同

    C. 要式合同　　　　　　　　　　　D. 有偿合同

    E. 单务合同

75. 应当先履行合同文件的一方当事人有确切证据证明对方(　　),有权行使抗辩权。

    A. 经营状况严重恶化　　　　　　　B. 法定代表人被追究刑事责任

    C. 丧失信誉　　　　　　　　　　　D. 企业负有较大债务

    E. 转移财产试图躲避债务

76. 合同权利文件终止时,不影响(　　)之效力。

    A. 结算条款　　　　　　　　　　　B. 清理条款

C. 仲裁条款   D. 担保条款

E. 失业条款

77. 民事违约责任的承担方式有(　　)。

A. 赔偿损失   B. 采取补救措施

C. 继续履行   D. 精神损失赔偿

E. 赔礼道歉

78. 建设单位就专业分包工程存在的施工质量缺陷提起民事诉讼,根据《民事诉讼法》及相关司法解释,建设单位可以将(　　)列为其被告。

A. 招标代理机构   B. 总承包企业

C. 分包企业   D. 实际施工人

E. 建设行政主管部门

79. 关于民事诉讼回避制度的说法,正确的是(　　)。

A. 当事人必须在开庭前提出回避申请

B. 当事人提出回避申请,可以在法庭宣判前提出

C. 案件诉讼代理人的近亲属仅担当翻译人的,无须回避

D. 人民法院的回避决定,可以口头或书面形式提出

E. 申请回避复议期间,被申请回避的人可以不停止参与本案的工作

80. 关于仲裁协议的说法,正确的有(　　)。

A. 仲裁协议应当是书面形式

B. 仲裁协议可以是口头订立的,但需双方认可

C. 仲裁协议必须在争议发生前达成

D. 没有仲裁协议,也就无法进行仲裁

E. 仲裁协议排除了人民法院对合同争议的管辖权

参考答案及解析:

一、单项选择题

1.【答案】 B

【解析】 通过二级建造师资格考核认定,或参加全国统考取得二级建造师资格证书,并经注册的人员,可在全国范围内以建造师名义担任建设工程项目施工的项目经理。故选 B。

2.【答案】 C

【解析】 行政法规是最高国家行政机关即国务院制定的规范性文件。故选 C。

3.【答案】 C

【解析】 "混同"是指债权和债务同归一人,致使合同关系消灭的事实。如两个相互订有合同的企业合并,则产生混同的法律效果。故选 C。

4.【答案】 A

【解析】 下列诉讼时效期间为 1 年:身体受到伤害要求赔偿的,延付或拒付租金的,出售质量不合格的商品未声明的,寄存财物被丢失或损毁的。故选 A。

5.【答案】 C

【解析】 质押是指债务人或者第三人将其动产或权利移交债权人占有,将该动产作为债权的担保。题中建设用地属于不动产,故选C。

6.【答案】 D

【解析】 建设用地使用权实现抵押、转让或出资入股,应当将该土地上新增的建筑物与建设用地使用权一并处分。故选D。

7.【答案】 C

【解析】 根据《建筑工程施工许可管理办法》第4条规定:建设工期超过一年的,到位资金原则上不得少于工程合同价的30%,故选C。

8.【答案】 D

【解析】 总承包合同必须采用书面形式,A错误;根据《建筑法》第24条第二款,发包人不得将应当由一个承包单位完成的建筑工程肢解成若干部分发包给几个承包单位,B错误;《建筑法》第19条规定:"建筑工程依法实行招标发包,对不适于招标发包的可以直接发包。"C错误;《建筑法》第24条第一款规定:"提倡对建筑工程实行总承包。"故选D。

9.【答案】 A

【解析】 依据《建筑法》上述规定,《建筑工程质量管理条例》进一步将违法分包界定为如下几种情形:①总承包单位将建筑工程分包给不具备相应资质条件单位的;②建筑工程总承包合同中未有约定,又未经建设单位认可,承包单位将其承包的部分建设工程交由其他单位完成的;③施工总承包单位将建设工程主体结构的施工分包给其他单位的;④分包单位将其承包的建设工程再分包的。故选A。

10.【答案】 B

【解析】 联合体各方应当签订共同投标协议,明确约定各方拟承担的工作和责任,并将共同投标协议连同投标文件一并提交给招标人。故选B。

11.【答案】 B

【解析】 通过招投标订立的建设工程施工合同,合同价为投标报价。故选B。

12.【答案】 C

【解析】 评标委员会成员为5人以上单数,D错误;其中技术、经济等方面的专家不得少于成员总数的2/3,B错误;评标委员会成员的名单在中标结果确定前应当保密,A错误。故选C。

13.【答案】 A

【解析】 依法必须招标的项目,招标人应当确定排名第一的中标候选人为中标人,中标人确定后,招标人应当向中标人发出中标通知书,在中标通知书发出之前,招标人收到甲退出此次投标的通知,属于在投标有效期内撤回投标文件。故选A。

14.【答案】 A

【解析】 生产经营单位的安全生产保障措施有:①组织保障措施;②管理保障措施;③经济保障措施;④技术保障措施。建设项目安全措施的设计人、设计单位应当对安全设施设计负责。C错误。建设工程实行施工总承包的,由总承包单位对施工现场的安全生产负总责。B错误。生产、经营、储存、使用危险物品的车间、商店、仓库不得与员工宿舍在同一座建筑物内,并应当与员工宿舍保持安全距离。D错误。生产经营单位必须依法参加工伤社会保险,为从业人员缴纳保险费,属于经济保障措施。故选A。

15.【答案】 C

【解析】 生产经营单位的主要负责人违反《安全生产法》的规定导致发生生产安全事故,构成犯罪的,自刑罚执行完毕或者受处分之日起,5年内不得担任任何生产经营单位的主要负责人。故选C。

16.【答案】 A

【解析】 生产经营单位发生生产安全事故后,事故现场有关人员应当立即报告本单位负责人。故选A。

17.【答案】 B

【解析】 对于实行施工总承包的建设工程,根据《建设工程安全生产管理条例》第50条的规定,由总承包单位负责上报事故。故选B。

18.【答案】 D

【解析】 从事施工起重机械定期检验、监督检验的检验检测机构,应当经国务院特种设备安全监督部门核准。故选D。

19.【答案】 D

【解析】 建设单位应当在拆除工程施工15日前,将下列资料报送建设工程所在地的县级以上地方人民政府建设行政主管部门或者其他有关部门备案:①施工单位资质等级证明;②拟拆除建筑物、构筑物及可能危及毗邻建筑的说明;③拆除施工组织方案;④堆放、清除废弃物的措施。故选D。

20.【答案】 D

【解析】 建设单位有下列行为的,依法承担赔偿责任:①对勘察、设计、施工、工程监理等单位提出不符合安全生产法律、法规和强制性标准规定的要求;②要求施工单位压缩合同约定的工期;③将拆除工程发包给不具有相应资质等级的施工单位。故选D。

21.【答案】 C

【解析】《建设工程安全生产管理条例》第38条规定:"施工单位应当为施工现场从事危险作业的人员办理意外伤害保险。意外伤害保险费由施工单位支付。实行施工总承包的,由总承包单位支付意外伤害保险费。意外伤害保险期限自建设工程开工之日起至竣工验收合格止。"故选C。

22.【答案】 D

【解析】 基坑支护工程经施工单位技术负责人、总监理工程师签字后实施,由专职安全生产管理人员进行现场监督。故选D。

23.【答案】 C

【解析】《安全生产许可证条例》第9条规定:"安全生产许可证的有效期为3年。安全生产许可证有效期满需要延期的,企业应当于期满前3个月向原安全生产许可证颁发管理机关办理延期手续"。故选C。

24.【答案】 B

【解析】 涉及建筑主体和承重结构变动的装修工程,建设单位应当在施工前委托原设计

211

单位或者具有相应资质等级的设计单位提出设计方案。故选 B。

25.【答案】 C

【解析】 总承包单位依法将建设工程分包给其他单位的,分包单位应当按照分包合同的约定对其分包工程的质量向总承包单位负责,总承包单位与分包单位对分包工程的质量承担连带责任。故选 C。

26.【答案】 B

【解析】 保修费用由造成质量缺陷的责任方承担。如果质量缺陷是由于设计单位、勘察单位或建设单位、监理单位的原因造成的,施工单位仅负责保修,并且有权对由此发生的保修费用向建设单位索赔。故选 B。

27.【答案】 D

【解析】 未经总监理工程师签字,建设单位不拨付工程款,不进行竣工验收。故选 D。

28.【答案】 D

【解析】 《产品质量法》规定了生产者生产产品,不得掺杂、掺假,不得以假充真、以次充好,不得以不合格产品冒充合格产品。生产者应当对其生产的产品质量负责。故选 D。

29.【答案】 A

【解析】 建设单位应当将建筑工程的消防设计图纸及有关资料报送公安消防机构审核,未经审核或者经审核不合格的,建设行政主管部门不得发给施工许可证,建设单位不得施工。故选 A。

30.【答案】 D

【解析】 因支付拖欠劳动报酬、工伤医疗费、经济补偿、赔偿金产生的争议属于劳动争议。故选 D。

31.【答案】 C

【解析】 劳务派遣单位应当与被派遣劳动者订立 2 年以上的固定期限劳动合同。故选 C。

32.【答案】 A

【解析】 劳动合同仅约定试用期的,试用期不成立,该期限为劳动合同期限。故选 A。

33.【答案】 C

【解析】 以完成一定工作任务为期限的劳动合同,是指用人单位与劳动者约定以某项工作的完成为合同期限的劳动合同。故选 C。

34.【答案】 C

【解析】 承担民事责任的方式主要有:①停止侵害;②排除妨碍;③消除危险;④返还财产;⑤恢复原状;⑥修理、重作、更换;⑦赔偿损失;⑧支付违约金;⑨消除影响、恢复名誉;⑩赔礼道歉。故选 C。

35.【答案】 C

【解析】 不受合同法调整的主要关系类型:①有关身份关系的合同;②有关政府行使行政管理权的行政合同;③劳动合同;④政府间协议。故选 C。

36.【答案】 B

【解析】 《合同法》第 16 条规定:"要约到达受要约人时生效。"故选 B。

37.【答案】 A

【解析】 在建设工程招标程序中,招标的法律性质是要约。故选 A。

38.【答案】 D

【解析】 受要约人超过承诺期限发出承诺的,除要约人及时通知受要约人该承诺有效以外,该承诺视为新要约。故选 D。

39.【答案】 C

【解析】 无效合同的原因:①一方以欺诈手段订立合同,损害国家利益;②一方以胁迫手段订立合同,损害国家利益;③恶意串通,损害国家、集体或第三人利益的合同;④以合法形式掩盖非法目的;⑤损害社会公共利益;⑥违反法律、行政法规的强制性规定。故选 C。

40.【答案】 D

【解析】 《合同法》第 55 条规定:"有下列情形之一的,撤销权消灭:①具有撤销权的当事人自知道或者应当知道撤销事由之日起一年内没有行使撤销权;②具有撤销权的当事人知道撤销事由后明确表示或者以自己的行为放弃撤销权。"故选 D。

41.【答案】 B

【解析】 效力待定合同的相对人可以催告法定代理人在一个月内予以追认。合同被追认之前,善意相对人有撤销的权利。《合同法》第 49 条规定:"行为人没有代理权、超越代理权或者代理权终止后以被代理人名义订立合同,相对人有理由相信行为人有代理权的,该代理行为有效。"故选 B。

42.【答案】 B

【解析】 《合同法》第 73 条规定:"因债务人怠于行使到期债权,对债权人造成损害的,债权人可以向人民法院请求以自己的名义代位行使债务人的债权,但该债权专属于债务人自身的除外。代位权的行使范围以债权人的债权为限。债权人行使代位权的必要费用,由债务人负担。"故选 B。

43.【答案】 D

【解析】 《合同法》第 74 条规定:"因债务人放弃到期债权或者无偿转让财产,对债权人造成损害的,债权人可以请求人民法院撤销债务人的行为。债务人以明显不合理的低价转让财产,对债权人造成损害,并且受让人知道该情形的,债权人也可以请求人民法院撤销债务人的行为。撤销权的行使范围以债权人的债权为限。债权人行使撤销权的必要费用,由债务人负担。"故选 D。

44.【答案】 D

【解析】 合同生效后,当事人不得因其主体名称的变更或者法定代表人、负责人、承办人的变动而主张和请求合同变更。故选 D。

45.【答案】 C

【解析】 第一,当事人既约定违约金,又约定定金的,一方违约时,对方可以选择适用违约金或者定金条款。定金和违约金只能两者选一,本题都是 15 万元。

第二,违约金具有赔偿损失的作用。违约金,是指当事人在合同中或合同订立后约定因一方违约而应向另一方支付一定数额的金钱。约定的违约金低于造成的损失的,当事人可以请求人民法院或者仲裁机构予以增加;约定的违约金过分高于造成的损失的,当事人可以请求人民法院或者仲裁机构予以适当减少。这说明：违约金具有赔偿损失的作用,违约金不足以赔偿损失,可以增加,本题损失12万元,未超过违约金15万。因此,最多15万元。

第一、第二合计,最多可获得的赔偿是30万元,答案C。

46.【答案】 D

【解析】 抵押与质押最大的区别就是抵押不转移抵押物,而质押必须转移占有质押物。A错误。《担保法》第36条规定："以出让方式取得的国有土地使用权抵押的,应当将抵押时该国有土地上的房屋同时抵押。"B错误。由于企业法人的分支机构和职能部门没有独立的财产,也不能独立承担民事法律责任,所以不能擅自以自己的名义为他人的债务作保证。C错误。以汇票作为抵押财产的,自凭证交付之日起生效。故选D。

47.【答案】 B

【解析】 某建设单位出具的银行保函中,保证人为银行。故选B。

48.【答案】 C

【解析】《担保法》第90条规定："当事人在定金合同中应当约定交付定金的期限。定金合同从实际交付定金之日起生效。"故选C。

49.【答案】 D

【解析】 在当事人以外的第三人或组织的支持下,通过相互谅解,使纠纷得到解决的方式,即为民间调解。故选D。

50.【答案】 D

【解析】 仲裁实行一裁终局制,仲裁裁决一经仲裁庭作出即发生法律效力。这使当事人之间的纠纷能够迅速得以解决。体现了仲裁的快捷性。故选D。

51.【答案】 C

【解析】 仲裁以不公开审理为原则。有关的仲裁法律和仲裁规则也同时规定了仲裁员及仲裁秘书人员的保密义务。仲裁的保密性较强。故选C。

52.【答案】 A

【解析】《民事诉讼法》第89条第三款规定："调解书经双方当事人签收后,即具有法律效力。"这一规定包括两个方面的要求:一是调解书必须送达双方当事人签收。据此,调解书应当直接送达当事人本人,不适用留置送达和公告送达的方式。二是调解书必须经双方当事人签收后才能生效。如果一方或双方当事人拒绝签收的,应当视为调解不成立,调解书不发生法律效力。第91条规定："调解未达成协议或者调解书送达前一方反悔的,人民法院应当及时判决。"

即使按原考试大纲解析,请注意:《最高人民法院关于人民法院民事调解工作若干问题的规定》第13条规定:当事人拒收调解书的,不影响调解协议的效力。一方不履行调解协议的,另一方可以持调解书向人民法院申请执行。这里指的是不影响调节协议的效力,调解协议和调解书是两个不同的概念。调解书未发生法律效力,自然不能强制执行。答案A。

53.【答案】 C

【解析】《民事诉讼法》第25条规定:合同的双方当事人可以在书面合同中协议选择被告住所地、合同履行地、合同签订地、原告住所地、标的物所在地人民法院管辖,但不得违反本法对级别管辖和专属管辖的规定。故选C。

54.【答案】 D

【解析】 委托权限分为一般授权与特别授权。特别授权即代为承认、放弃、变更诉讼请求,进行和解,提起反诉或者上诉。故选 D。

55.【答案】 D

【解析】 对一审判决不服,可提起上诉,上诉期限为判决书送达之日起 15 日。故选 D。

56.【答案】 A

【解析】 仲裁裁决能否得到执行事关当事人实体权利的实现。在裁决履行期限内,若义务方不履行仲裁裁决,权利方可申请人民法院强制执行。故选 A。

57.【答案】 C

【解析】 调解成功的,仲裁庭依据已达成的调解协议书制作调解书,当事人可以要求仲裁庭根据调解协议制作裁决书。调解不成的,则由仲裁庭及时作出裁决。但调解并不是仲裁的必经程序。只要有一方当事人不同意调解,就不进行调解。仲裁协议必须以书面方式订立,以口头方式订立的仲裁协议不受法律保护。故选 C。

58.【答案】 D

【解析】 当事人申请仲裁后,可以自行和解。当事人达成和解协议的,可以请求仲裁庭根据和解协议作出裁决书,也可以撤回仲裁申请。如果当事人撤回仲裁申请后反悔的,仍可以根据原仲裁协议申请仲裁。故选 D。

59.【答案】 A

【解析】 当仲裁庭成员不能形成一致意见时,按多数仲裁员的意见作出仲裁裁决。故选 A。

215

60.【答案】 D

【解析】 行政复议保护的是公民、法人或其他组织的合法权益。行政争议当事人认为行政机关的行政行为侵犯其合法权益的,有权依法提出行政复议申请。故选 D。

二、多项选择题答案

61.【答案】 BDE

【解析】《建筑法》第 24 条第二款规定:"建筑工程的发包单位可以将建筑工程的勘察、设计、施工、设备采购的一项或者多项发包给一个工程总承包单位。"故选 BDE。

62.【答案】 AB

【解析】 根据《民法通则》的规定,行为内容合法表现为不违反法律和社会公共利益、社会公德。违反与相冲突是两个不同的概念,从考试技巧来分析,多选题宁可少选不能多选,建议不要选 E。

63.【答案】 ABD

【解析】 物权法:第 188 条【动产抵押的效力】 以本法第 180 条第一款第四项、第六项规定的财产或者第五项规定的正在建造的船舶、航空器抵押的,抵押权自抵押合同生效时设立;未经登记,不得对抗善意第三人。

条文主旨:本条是物权法关于动产抵押效力的规定。

立法背景:物权法对不动产物权变动采用登记生效主义,即不动产物权的设立、变更、转让和消灭应当办理登记,不办理登记,不发生物权效力。而对于动产物权变动却采用登记对抗主义,即动产物权的设立、变更、转让和消灭不登记不得对抗善意第三人。动产抵押权的设立,之所以没有要求如不动产抵押设立一样,以登记为生效要件。主要原因在于:第一,我国有关法律规定某些交通运输工具的抵押采用登记对抗制度。比如《民用航空法》第 16 条规定:"设定民用航空器抵押权,由抵押权人和抵押人共同向国务院民用航空主管部门办理抵押权登记;未经登记,不得对抗第三人。"海商法第 13 条规定"设定船舶抵押权,由抵押权人和抵押人共同向船舶登记机关办理抵押权登记;未经登记的,不得对抗第三人。"第二,当事人采用不转移占有的抵押方式担保债权实现往往基于双方的信任,如果对这些动产抵押也要求进行抵押财产登记,可能会对当事人造成不方便,也会增加抵押人的费用,特别是我国幅员辽阔,在比较偏远的地区办理抵押登记会更加困难。此外,由于动产便于移动,即使办理了抵押登记,也不能保证所有权人将已抵押的动产转让给他人。因此,动产抵押是否登记,应当给当事人以选择权,由他们根据具体情况自己决定。

法律解读:根据本条规定,当事人以生产设备、原材料、半成品、产品、交通工具、正在建造的船舶、航空器抵押的,可以办理抵押登记,也可以不办理抵押登记,抵押权不以登记为生效条件,而是自抵押合同生效时设立。但是,办理与不办理抵押登记的法律后果是不同的、未办理抵押登记的,不得对抗善意第三人。所谓不得对抗善意第三人,包括两方面含义:一是,合同签订后,如果抵押人将抵押财产转让,对于善意取得该财产的第三人,抵押权人无权追偿,而只能要求抵押人重新提供新的担保,或者要求债务人及时偿还债务。二是,抵押合同签订后,如果抵押人以该财产再次设定抵押,而后位抵押权人进行了抵押登记,那么,实现抵押权时,后位抵押权人可以优于前位未进行抵押登记的抵押权人受偿。而办理抵押登记的,抵押权具有对抗第三人的法律效力,也就是说,抵押财产登记后,不论抵押财产转移到谁手中,只要债务履行期届满债务人没有履行债务,抵押权人都可以就该抵押财产实现抵押权。同时还有先于未登记的抵押权人受偿的权利。由此可见,为了切实保障自己债权的实现,抵押权人最好进行抵押登记。答案 E 不能选。在建船舶为动产。

64.【答案】 BCE

【解析】 项目监理的依据有:①国家颁布的有关工程建设法规及政府部门批准的建设计划、规划;②主管部门批准的设计文件、施工图纸及技术要求;③国家及行业颁布的规范、技术标准等;④建设单位与施工承包单位签订的合同文件;⑤相关会议纪要,以及监理工程师批准的施工方案、技术方案等。故选 BCE。

65.【答案】 AC

【解析】 投标有效期内,投标人撤回投标文件或者放弃中标,其投标保证金予以没收。故选 AC。

66.【答案】 ABC

【解析】 安全生产中从业人员的义务:①自觉遵守的义务:从业人员在作业过程中,应当严格遵守本单位的安全生产规章制度和操作规程,服从管理,正确佩戴和使用劳动防护用品;②自觉学习安全生产知识的义务:从业人员应当接受安全生产教育和培训,掌握本职工作所需的安全生产知识,提高安全生产技能,增强事故预防和应急处理能力;③危险报告义务:从业人员发现事故隐患或者其他不安全因素,应当立即向现场安全生产管理人员或者本单位负责人报告;接到报告的人员应当及时予以处理。故选 ABC。

67.【答案】 BE

【解析】 生产经营单位与从业人员订立协议,免除或者减轻其对从业人员因生产安全事故伤亡依法应承担的责任的,该协议无效;对生产经营单位的主要负责人、个人经营的投资人处 2 万元以上 10 万元以下罚款。故选 BE。

68.【答案】 BDE

【解析】 《建设工程安全生产管理条例》第 21 条规定,施工单位的项目负责人应当由取得相应执业资格的人员担任,对建设工程项目的安全施工负责,落实安全生产责任制度、安全生产规章制度和操作规程,确保安全生产费用的有效使用,并根据工程的特点组织制定安全施工措施,消除安全事故隐患,及时、如实报告生产安全事故。《建设工程安全生产管理条例》第 21 条:施工单位的项目负责人应当由取得相应执业资格的人员担任,对建设工程项目的安全施工负责,落实安全生产责任制度、安全生产规章制度和操作规程,确保安全生产费用的有效使用,并根据工程的特点组织制定安全施工措施,消除安全事故隐患,及时、如实报告生产安全事故。

69.【答案】 AB

【解析】 建筑施工企业取得安全生产许可证应当具备的安全生产条件有:①建立、健全安全生产责任制,制定完备的安全生产规章制度和操作规程;②保证本单位安全生产条件所需资金的投入;③设置安全生产管理机构,按照国家有关规定配备专职安全生产管理人员;④主要负责人、项目负责人、专职安全生产管理人员经建设主管部门或者其他有关部门考核合格;⑤特种作业人员经有关业务主管部门考核合格,取得特种作业操作资格证书;⑥管理人员和作业人员每年至少进行一次安全生产教育培训并考核合格;⑦依法参加工伤保险,依法为施工现场从事危险作业的人员办理意外伤害保险,为从业人员交纳保险费;⑧施工现场的办公、生活区及作业场所和安全防护用具、机械设备、施工机具及配件符合有关安全生产法律、法规、标准和规程的要求;⑨有职业危害防治措施,并为作业人员配备符合国家标准或者行业标准的安全防护用具和安全防护服装;⑩有对危险性较大的分部分项工程及施工现场易发生重大事故的部位、环节的预防、监控措施和应急预案;⑪有生产安全事故应急救援预案、应急救援组织或者应急救援人员,配备必要的应急救援器材、设备;⑫法律、法规规定的其他条件。故选 AB。这一题有可能是题目本身有问题。多选题应至少有两个正确答案,通过排除法,可以去掉 CDE 选项,只能选 AB。但看第⑤,应为持证上岗,考核合格,不一定立即拿到证,因此 A 选项不正确。

70.【答案】 ABE

【解析】 质量保修书中应当明确建设工程的保修范围、保修期限和保修责任。故选 ABE。

71.【答案】 AC

【解析】 供应商的产品质量责任和义务:①为产品质量负责的义务;②确保标识规范的义务;③确保包装质量合格的义务;④其他禁止性义务。E 选项是销售者的责任和义务。故选 AC。

72.【答案】 D

【解析】 在城市市区噪声敏感建筑物集中区域内,禁止夜间进行产生环境噪声污染的建筑施工作业,但抢修、抢险作业和因生产工艺上要求或者特殊需要必须连续作业的除外。因特殊需要必须连续作业的,必须有县级以上人民政府或者有关主管部门的证明,必须公告附近居民。施工单位必须在开工15日前向工程所在地县级以上人民政府环境保护行政主管部门申报该工程的项目名称、施工场所和期限、可能产生的环境噪声值以及所采取的环境噪声污染防治措施的情况。故选 BCE。

可能是题目有问题。注意:B 选项,为"批准",教材中为"证明";E 选项,为"报告",教材中为"申报"。都是不同的概念,尤其是 B 选项。

73.【答案】 DE

【解析】 用人单位为劳动者提供专项培训费用,对其进行专业技术培训的,可以与该劳动者订立协议,约定服务期。劳动者违反服务期约定的,应当按照约定向用人单位支付违约金。违约金的数额不得超过用人单位提供的培训费用。用人单位与劳动者可以在劳动合同中约定保守用人单位的商业秘密和与知识产权相关的保密事项。对负有保密义务的劳动者,用人单位可以在劳动合同或者保密协议中与劳动者约定竞业限制条款。故选 DE。

74.【答案】 ACD

【解析】 合同分类:①有名合同和无名合同;②双务合同与单务合同;③有偿合同与无偿合同;④诺成合同与实践合同;⑤要式合同与不要式合同;⑥格式合同与非格式合同;⑦主合同与从合同。建设工程合同属于有名合同、双务合同、有偿合同、诺成合同、要式合同、非格式合同。故选 ACD。

75.【答案】 ACE

【解析】 根据《合同法》第68条规定:"应当先履行债务的当事人,有确切证据证明对方有下列情形之一的,可以中止履行:①经营状况严重恶化;转移财产、抽逃资金以逃避债务;丧失商业信誉;有丧失或者可能丧失履行债务能力的其他情形。当事人没有确切证据中止履行的,应当承担违约责任。"故选 ACE。

76.【答案】 ABC

【解析】 合同权利义务的终止,不影响合同中结算、清理条款和独立存在的解决争议方法的条款(如仲裁条款)的效力。故选 ABC。

77.【答案】 ABC

【解析】 承担违约责任的基本形式:继续履行,采取补救措施,赔偿损失。故选 ABC。

78.【答案】 BCD

【解析】 建设工程质量发生争议的,发包人可以将总承包人、分包人和实际施工人作为共同被告提起诉讼。故选 BCD。

79.【答案】 BDE

【解析】 根据《民事诉讼法》第45条规定,审判人员、书记员、翻译人员、鉴定人、勘验人有下列情形之一的,必须回避,当事人有权用口头或者书面方式申请他们回避:①是本案当事人或者当事人、诉讼代理人的近亲属;②与本案有利害关系;③与本案当事人有其他关系,可能影响对案件公正审理的。根据《民事诉讼法》的有关规定,当事人提出回避申请,应当说明理由,在案件开始审理时提出。回避事由在案件审理后知道的,也可以在法庭辩论终结前提出。复议期间,被申请回避的人员,不停止参与本案的工作。人民法院对当事人提出的回避申请,应当在申请提出的三日内,以口头或者书面形式作出决定。故选 BDE。

80.【答案】 ADE

【解析】 仲裁协议必须以书面方式订立,以口头方式订立的仲裁协议不受法律保护。在民商事仲裁中,仲裁协议是仲裁的前提,没有仲裁协议,就不存在有效的仲裁。有效的仲裁协议可以排除法院对订立于仲裁协议中的争议事项的司法管辖权。故选 ADE。

2012 年考题及详解

一、单项选择题（共 60 题，每题 1 分。每题的备选项中，只有 1 个最符合题意）

1. 关于注册建造师执业管理的说法，正确的是（   ）。
   A. 施工中形成的施工管理文件，应当由注册建造师签字或加盖执业印章
   B. 施工单位签署质量合格的文件上，必须有注册建造师的签字盖章
   C. 所有工程施工项目负责人必须由本专业注册建造师担任
   D. 大型工程项目施工负责人可以由一级或者二级注册建造师担任

2. 关于注册建造师信用档案信息管理的说法，正确的是（   ）。
   A. 注册建造师信用档案不包括注册建造师业绩
   B. 不良行为记入信用档案，良好行为不必记入
   C. 注册建造师信用档案信息应按照有关规定向社会公示
   D. 由于信用档案信息包括个人基本情况，所以不需要公示

3.《中华人民共和国建设工程质量管理条例》属于（   ）。
   A. 法律　　　　　　　　B. 行政法规　　　　　　　C. 部门规章　　　　　　　D. 司法解释

4. 总承包单位收到固定管理费后将承包工程全部转包给其他具有相应资质的公司。从民事法律行为角度看，该行为无效的原因是（   ）。
   A. 行为人不具有相应的行为能力　　　　　B. 行为人意思表示不真实
   C. 行为内容不合法　　　　　　　　　　　D. 行为形式不合法

5. 下列民事行为中，属于民事法律行为的是（   ）。
   A. 投标人之间相互约定抬高投标报价
   B. 投标人在提交投标文件截止日前撤回了投标文件
   C. 施工人员按照低于强制性国家标准的合同要求进行施工
   D. 承接分包工程的建筑公司将专业工程再分包

6. 表见代理的法律后果应该由（   ）承担。
   A. 代理人　　　　　　　　　　　　　　　B. 被代理人
   C. 第三人　　　　　　　　　　　　　　　D. 代理人和第三人

7. 债权人无正当理由拒绝接受履行，致使债务人难以履行债务时，债务人可以采取的消灭债务的方式是（   ）。
   A. 抵销　　　　　　　　B. 提存　　　　　　　　　C. 混同　　　　　　　　　D. 免除

8. 劳动合同期限一年以上不满三年的，试用期最长不得超过（   ）个月。
   A. 1　　　　　　　　　　B. 2　　　　　　　　　　C. 3　　　　　　　　　　D. 6

9. 劳动合同补偿标准中的月工资是指劳动者在劳动合同解除或终止前（   ）个月的平均工资。
   A. 3　　　　　　　　　　B. 6　　　　　　　　　　C. 10　　　　　　　　　　D. 12

10. 行政机关作出（　　）决定之前，应当告知当事人有要求举行听证的权利。
    A. 警告　　　　　　　　　　　　　　B. 开除
    C. 责令停产停业　　　　　　　　　　D. 撤职处分

11. 项目经理强令作业人员违章冒险作业，因而发生重大伤亡事故或者造成其他严重后果的，其行为构成（　　）。
    A. 重大劳动安全事故罪　　　　　　　B. 重大责任事故罪
    C. 工程重大安全事故罪　　　　　　　D. 危害公共安全罪

12. 下列行为中，属于要约的是（　　）。
    A. 发布招标公告　　　　　　　　　　B. 寄送价目表
    C. 寄送订货单　　　　　　　　　　　D. 发布招股说明书

13. 根据《合同法》，不属于承诺构成要件的是（　　）。
    A. 承诺需由受要约人向要约人作出
    B. 承诺必须以书面的形式通知要约人
    C. 承诺的内容应当与要约的实质性内容一致
    D. 承诺必须在要约有效期内作出

14. 根据《合同法》，不可以采用口头形式的合同是（　　）。
    A. 租赁合同　　　　　　　　　　　　B. 买卖合同
    C. 建设工程合同　　　　　　　　　　D. 借款合同

15. 下列行为中，属于当事人应当承担缔约过失责任的是（　　）。
    A. 承包人没有按照合同约定的时间完成工程
    B. 发包人没有按照合同约定的时间支付工程款
    C. 承包人在资格预审时没有通过审查
    D. 承包人在订立合同时故意隐瞒其不良财产状况，给发包人造成损失

16. 甲乙双方签订买卖合同的情形是：2010 年 11 月 10 日，甲在合同书上签字后寄送乙方；2010 年 11 月 20 日，乙在合同书上签字，并将双方签字的合同书寄还甲；2010 年 11 月 30 日，甲收到该合同书；合同书约定合同于 2010 年 12 月 10 日生效。则该合同成立时间是（　　）。
    A. 2010 年 11 月 10 日　　　　　　　B. 2010 年 11 月 20 日
    C. 2010 年 11 月 30 日　　　　　　　D. 2010 年 12 月 10 日

17. 因欺诈、胁迫订立的合同，（　　）的应认定为无效合同。
    A. 当事人产生重大误解　　　　　　　B. 损害合同相对人利益
    C. 当事人意思表示不真实　　　　　　D. 损害国家利益

18. 后履行合同义务的一方当事人出现（　　）情形时，先履行合同义务的当事人不得以此主张不安抗辩权。
    A. 经营状况严重恶化　　　　　　　　B. 丧失商业信誉
    C. 企业负有巨额债务　　　　　　　　D. 转移资产以逃避债务

19. 债务人放弃到期债权或无偿转让财产，对债权人造成损害的，债权人可以行使撤销权。自债务人的行为发生之日起（　　）内没有行使撤销权的，该撤销权消灭。

221

A. 6 个月   B. 1 年   C. 2 年   D. 5 年

20. 根据《合同法》,债务人转让合同债务应当(　　)
 A. 通知债权人   B. 与债权人协商
 C. 经过债权人的同意   D. 重新签订合同

21. 甲乙签订总价 100 万元的买卖合同,双方约定:甲向乙交纳 10 万元定金,货到付款;如一方违约,向对方支付 15 万元违约金。甲如约交付了定金。合同履行中,乙不能按期交货构成违约,双方解除合同。则乙最多向甲支付(　　)万元。
 A. 15   B. 20   C. 25   D. 30

22. 一般保证的保证人与债权人未约定保证期间的,保证期间为主债务履行期届满之日起(　　)。
 A. 3 个月 B. 6 个月 C. 1 年 D. 2 年

23. 关于留置的说法,正确的是(　　)
 A. 留置的标的是不动产
 B. 不转移对物的占有是留置与质押的显著区别
 C. 留置权人负有妥善保管留置财产的义务
 D. 置物留置期间债权人不能与债务人协议处理留置物

24. 仲裁机构制作的调解书(　　)发生法律效力。
 A. 在调解书作出时   B. 在当事人达成调解协议时
 C. 在调解书送达对方时   D. 经双方当事人签收时

25. 下列证据中,属于民事证据中书证的是(　　)。
 A. 法律条文   B. 法院的司法解释
 C. 施工合同复印件   D. 建筑施工规范

26. 根据《关于民事诉讼证据的若干规定》,当事人申请证据保全的,应在(　　)提出。
 A. 举证期限届满前   B. 首次开庭前 15 日
 C. 不迟于举证期限届满前 7 日 D. 一审法庭辩论终结前

27. 申请诉前财产保全应当向(　　)人民法院申请。
 A. 财产所在地   B. 被告住所地
 C. 合同履行地   D. 原告所在地

28. 根据《民事诉讼法》,人民法院自收到强制执行申请书之日起超过(　　)未执行的,申请人可以向上一级人民法院申请强制执行。
 A. 3 个月 B. 6 个月 C. 1 年 D. 2 年

29. 某施工合同仅约定工程质量产生争议时由甲仲裁委员会仲裁。合同履行中,发包人与承包人在工程质量和工程价款上产生纠纷。承包人向甲仲裁委员会申请仲裁,发包人提出管辖异议,关于该案件仲裁受理的说法中,正确的是(　　)。
 A. 质量与结算争议均应由甲仲裁委员会受理
 B. 合同仲裁条款约定无效
 C. 双方必须签订补充仲裁协议
 D. 双方协商不成,质量纠纷由甲仲裁委员会受理

30. 债务人向债权人表示同意支付欠款,该行为引起诉讼时效的(　　)
　　A. 中止　　　　　　　　　　　　B. 中断
　　C. 延长　　　　　　　　　　　　D. 消灭

31. 下列财产中,不能作为抵押财产的是(　　)。
　　A. 正在建造的船舶　　　　　　　B. 在建工程项目
　　C. 城市土地使用权　　　　　　　D. 被法院扣押的车辆

32. 同一动产上已设立抵押权或者质权,该动产又被留置,(　　)优先受偿。
　　A. 抵押权人　　　　　　　　　　B. 质权人
　　C. 留置权人　　　　　　　　　　D. 已登记的担保物权人

33. 根据《物权法》,建设用地使用权自(　　)之日起设立。
　　A. 取得建设用地使用权证书　　　B. 建设用地使用权登记
　　C. 建设用地使用权登记信息公示　D. 建设用地使用权登记信息公示

34. 根据用地使用权转让的,使用期限由(　　),但不得超过建设用地使用权剩余期限。
　　A. 法律直接规定　　　　　　　　B. 当事人约定
　　C. 出让人决定　　　　　　　　　D. 受让人决定

35. 建设单位取施工许可证后,若不能按期开工,应当向发证机关申请延期,延期不超过
(　　)个月。
　　A. 1　　　　　B. 2　　　　　　C. 3　　　　　　D. 4

36. 专业工程分包单位可以将(　　)分包给符合资质条件的分包单位。
　　A. 全部专业工程　　　　　　　　B. 部分专业工程
　　C. 专业工程施工管理　　　　　　D. 劳务作业

37. 工程监理单位与所监理工程的(　　)有隶属关系时,不得承担该工程的监理业务。
　　A. 建设单位　　　　　　　　　　B. 设计单位
　　C. 施工单位　　　　　　　　　　D. 勘察单位

38 题,略。

39. 某建筑公司对已经提交的投标文件进行修改,可以在(　　)修改投标文件,并书面通知招标人。
　　A. 投标有效期内　　　　　　　　B. 评标之前
　　C. 投标文件截止时间后　　　　　D. 提交投标文件截止时间前

40. 下列行为中,属于投标人与招标人串通投标行为的是(　　)。
　　A. 投标人为了争取中标而降低报价
　　B. 投标人之间通过竞价内定中标人,再参加投标
　　C. 某投标人为其他投标人陪标
　　D. 开标前招标人将其他投标人投标信息告知某投标人

41. 根据《工程建设项目施工招标投标办法》投标有效期从(　　)之日开始计算。
　　A. 发布招标文件　　　　　　　　B. 购买招标文件
　　C. 提交投标文件截止　　　　　　D. 发布中标通知

42. 生产经营单位的主要负责人因违反安全生产管理职责受到刑事处罚的,自刑罚执行完

毕之日起最长（　　）年内不得担任任何生产经营单位的主要负责人。

  A. 1   B. 3

  C. 5   D. 7

43. 关于建设单位安全责任的说法,错误的是(　　)

  A. 应当向施工单位提供资料,并对资料的真实性.正确性.完整性负责

  B. 应当依法履行合同,不得压缩合同约定的工期

  C. 应当进行安全施工技术交底

  D. 应当对拆除工程进行备案

44. 建设工程施工总承包单位依法将建设工程分包给其他单位的,关于安全生产责任的说法,正确的是(　　)。

  A. 分包合同中就应当明确总、分包单位各自的安全生产方面的权利和义务

  B. 分包单位的安全生产责任由分包单位独立承担

  C. 总承包单位对分包单位的安全生产承担全部责任

  D. 总承包单位和分包单位对施工现场安全生产承担同等责任

45. 关于安全生产许可证的说法,错误的是(　　)。

  A. 没有取得施工许可证的不得颁发安全生产许可证

  B. 未取得安全生产许可证的企业,不得从事建筑施工活动

  C. 建设主管部门在颁发建设施工许可证时,应当审查安全生产许可证

  D. 在取得安全生产许可证后,不得降低安全生产条件

46. 根据《建设工程质量管理条例》,对涉及(　　)的装修工程,建设单位应委托原设计单位或具有相应资质等级的设计单位提出设计方案。

  A. 增加工程造价总额   B. 建筑主体和承重结构变动

  C. 增加工程内部内修   D. 改变建筑工程局部使用功能

47. 施工人员对涉及结构安全的试块,应当在(　　)下现场取样并递交检测。

  A. 监理单位或建设单位   B. 设计单位或监理单位

  C. 建设工程质量监督机构或监理单位   D. 施工单位或建设单位

48. 施工单位承担保修责任的前提条件之一是(　　)。

  A. 非施工单位原因产生的质量问题   B. 工程未按期交工

  C. 属于保修书中约定的保修范围   D. 工程价款结算完毕

49. 根据《产品标识与标注规定》,所有产品或者包装上的标识必须有(　　)。

  A. 产品质量检验合格证明

  B. 中英文标明的产品名称.生产厂厂名和厂址

  C. 生产日期和安全使用或失效日期

  D. 警告标志或者中英文警示说明

50. 根据《实施工程建设强制性标准监督规定》,对工程建设施工,监理.验收等阶段执行强制性标准的情况实施监督的机构是(　　)。

  A. 建设项目规划审查部门   B. 建筑安全监督管理机构

  C. 工程质量监督机构   D. 工程建设标准批准部门

51. 某建设项目可能造成重大环境影响时,建设单位应当在计划部门批准建设项目设计任务书之前组织编制环境影响(　　)。

    A. 报告书　　　　　　　　　　　　　B. 报告表

    C. 公告书　　　　　　　　　　　　　D. 登记表

52. 施工图设计文件审查机构在进行节能设计审查时,应当审查(　　)。

    A. 建设单位的节能设计要求

    B. 施工单位落实节能设计的水平

    C. 节能设计是否符合节能强制性标准

    D. 空调制冷系统生产厂家节能技术的应用状况

53. 依法应当进行消防设计审核的建筑工程的消防设计文件应由(　　)报送公安机关消防机构审核。

    A. 建设单位　　　　　　　　　　　　B. 设计单位

    C. 施工单位　　　　　　　　　　　　D. 监理单位

54～57 题,略。

58. 建设工程施工合同发承包双方协议选择国内某仲裁机构后,承包人需要人民法院确认该仲裁协议效力的应由(　　)中级人民法院办理。

    A. 仲裁协议签订地　　　　　　　　　B. 某仲裁机构所在地

    C. 建设工程所在地　　　　　　　　　D. 承包人住所地

59. 律师出庭的权利是基于(　　)而产生的。

    A. 人民法院的允许　　　　　　　　　B. 委托合同与单方授权

    C. 当事人一方无诉讼能力　　　　　　D. 维护社会公共利益

60. 合同生效后,履行地点约定不明确,双方不能达成协议,按照过去习惯又无法确定的,给付货币的应该在(　　)履行。

    A. 给付货币一方所在地　　　　　　　B. 接受货币一方所在地

    C. 合同签订地　　　　　　　　　　　D. 被告所在地

二、多项选择题(共 20 题,每题 2 分。每题的备选项中,有 2 个或 2 个以上符合题意,至少有 1 个错项。错选,本题不得分;少选,所选的每个选项得 0.5 分)

61. 下列国家机关中,有权制定地方性法规的有(　　)。

    A. 省.自治区.直辖市的人民代表大会及其常委会

    B. 省.自治区.直辖市的人民政府

    C. 省级人民政府所在地的市级人民代表大会及其常委会

    D. 省级人民政府所在地的市级人民政府

    E. 国务院各部委

62. 下列作品中,属于著作权保护对象的有(　　)

    A. 建筑作品　　　　　　　　　　　　B. 工程设计图

    C. 注册商标　　　　　　　　　　　　D. 外观设计专利

    E. 立体作品

63. 关于招标投标活动公开原则的说法,正确的有( )。

    A. 招标信息公开   B. 评标标准公开

    C. 开标程序公开   D. 评标委员会组成人员公开

    E. 中标结果公开

64. 下列行为中,属于投标人串通投标的有( )。

    A. 投标人之间先行内部竞价确定中标人

    B. 投标人之间互相约定抬高或者压低投标报价

    C. 招标人向投标人泄露标底

    D. 投标人借用其他企业名义投标

    E. 招标人预先内定中标人

65. 下列属于安全生产从业人员权利的有( )。

    A. 知情权   B. 对违章指挥和强令冒险作业的拒绝权

    C. 请求赔偿权   D. 危险报告权

    E. 紧急避险权

66. 根据《建设工程安全生产管理条例》,建设单位应当在拆除工程施工 15 日前,将( )报送工程所在的县级以上建设行政主管部门备案。

    A. 施工单位资质等级证明

    B. 拟拆除建筑物,构筑物及可能危及毗邻建筑的说明

    C. 相邻建筑物和构筑物及地下工程的有关资料

    D. 拆除施工组织方案

    E. 堆放. 清除废弃物的措施

67. 关于修改建设工程设计文件的说法,正确的有( )。

    A. 经原设计单位书面同意,建设单位可委托其他具有相应资质的单位修改设计文件

    B. 设计文件不符合建设工程强制性标准时,施工单位有权要求设计单位修改

    C. 建设单位可以任意委托其他设计单位修改设计文件

    D. 设计文件需要做重大修改的,建设单位应当先报原审批机关批准

    E. 设计文件不符合合同约定时,监理单位有权修改设计

68. 根据《建设工程质量管理条例》,最低保修期限不低于 2 年的工程有( )。

    A. 外墙防渗漏   B. 设备安装

    C. 给排水管道   D. 防水工程

    E. 装修工程

69. 关于消防设计审核和验收的说法,正确的有( )。

    A. 建设单位应当将建筑工程设计文件报送公安机关消防机构审核

    B. 建筑工程消防设计图纸不合格的,建设行政主管部门不得发给施工许可证

    C. 经审核的建筑工程消防设计需要变更的,应经监理单位同意

    D. 公共场所室内装修. 装饰应当使用经法定检验机构检验合格的不燃. 难燃材料

    E. 依法应当进行消防设计审核的工程竣工时,必须经公安消防机构进行消防验收

70. 在员工出现下列情形时,施工企业可随时解除劳动合同的有( )。

A. 在试用期间被证明不符合录用条件　　　B. 严重失职给本单位造成重大损失

C. 严重违反施工企业规章制度　　　D. 被依法追究民事责任

E. 被依法追究刑事责任

71～76 题,略。

77. 关于定金与预付款的说法,正确的是(   )。

A. 定金与预付款的约定都是在交款后生效

B. 定金和预付款在合同履行后都可以抵作价款

C. 定金是为了担保合同履行,预付款是为对方履行合同提供资金帮助

D. 定金是从合同,预付款是主合同的组成部分

E. 定金和预付款都适用双倍罚款

78. 根据《仲裁法》,仲裁裁决可能被撤销的情形有(   )。

A. 裁决的事项超出仲裁协议预定的范围

B. 依据伪造的证据作出的裁决

C. 双方当事人均对裁决不服

D. 重大案件适用了独任庭审理

E. 没有仲裁协议

79. 下列有关鉴定的情形中,属于可以申请重新鉴定的有(   )。

A. 鉴定机构不具备相关的鉴定资格

B. 鉴定过程中鉴定人员有违法行为但与当事人申请鉴定的案件无关

C. 鉴定机构并非当事人一方愿意选择的

D. 鉴定程序本身严重违法

E. 鉴定结论明显依据不足

80. 建设工程价款优先受偿权的范围是(   )。

A. 施工工作人员的报酬　　　B. 实际支付的建筑构配件价款

C. 欠付工程价款的利息　　　D. 实际支付的材料款

E. 当事人未约定的垫资利息

参考答案及解析:

一、单项选择题

1.【答案】　B

【解析】　本题设置陷阱较多。A 值得重视,施工管理文件应当由注册建造师签字并加盖执业印章,而不是二者有其一,这可能成为今后一二年命题的热点;B 表述正确;C,小型工程项目负责人不要求由注册建造师担任;D,大型工程项目负责人必须由本专业一级注册建造师担任。

2.【答案】　C

【解析】　"掌握信用档案管理"。注册建造师信用档案信息不属于个人隐私,主管部门应当主动按规定向社会公示。

3.【答案】 B

【解析】 我国规范性文件名称有如下规律：

＊＊法——————法律

＊＊条例——————法规 ｛行政法规
地方法规（带地名）

＊＊规定/办法——————规章 ｛部委规章
地方政府规章（带地名）

4.【答案】 C

【解析】"民事法律行为的成立要件"。

5.【答案】 B

【解析】 民事法律行为,是民事主体之间①设立、变更、终止民事权利义务关系的②合法行为。本题只限于考核第二个要件,即合法性要件。

根据民法原理,国家允许民事主体依照自身意愿,与他方自由构建民事法律关系,并保障其权利义务的顺利履行。而这种私权关系的构建是通过当事人的特定行为来实现的,该行为即民事法律行为。

在债的发生根据中,侵权、不当得利、无因管理,均属于事实行为,并非民事法律行为。而（有效）合同,则构成民事法律行为。

根据上述分析,我总感觉教材中的表述,对民事法律行为概念的来龙去脉未做分析,只讲民事法律行为而不讲事实行为,不得要领;在这里命题,脱离工程实际,不利于引导考生的学习。

6.【答案】 B

【解析】"无权代理人以被代理人名义订立的合同"

7.【答案】 B

8.【答案】 B

【解析】"试用期的时间长度限制"

9.【答案】 D

10.【答案】 C

11.【答案】 B

12.【答案】 C

13.【答案】 B

14.【答案】 C

【解析】"要式合同与不要式合同",建设工程合同属于要式合同。合同法规定,建设工程合同应当以书面形式订立。

租赁合同。按照租赁期限,6个月以上应当采用书面形式,为要式合同;6个月以内,可以口头,为不要式合同;

买卖合同。房地产买卖合同应当采用书面形式,为要式合同;而其他买卖合同,则为不要式合同;

借款合同。银行借贷应当采用书面形式,为要式合同;而自然人之间借贷,则可以口头,为不要式合同。

15.【答案】 D

【解析】 "缔约过失责任构成要件"。AB,有约可违,应负违约责任。C,虽然承包人有过失行为且发生在缔约过程中,但发包人并未存在信赖利益损失,第三个要件不具备,因此,发包人不能追究承包人的缔约过失责任。唯有D三个要件同时具备。

16.【答案】 B

【解析】 当事人采用书面形式订立合同的,(承诺生效时合同不成立),自双方当事人签字或者盖章时合同成立。

17.【答案】 D

【解析】 "欺诈、胁迫而订立的合同"。

18.【答案】 C

19.【答案】 D

20.【答案】 C

21.【答案】 C

【解析】 违约金(同时返还定金),双倍返还定金,二种制裁方式中只能主张一个。

22.【答案】 B

23.【答案】 C

24.【答案】 D

25.【答案】 C

26.【答案】 C

27.【答案】 A

【解析】 必须由利害关系人向财产所在地的人民法院申请。

28.【答案】 B

29.【答案】 D

【解析】 这个点是第一次考核,很重要。

30.【答案】 B

【解析】 "诉讼时效的中止和中断"。中止的原因是客观的、外界的;而中断的原因是主观的、当事人之间造成的。

31.【答案】 D

32.【答案】 C

【解析】 "留置权人的优先受偿权"。

33.【答案】 B

【解析】 不动产物权,登记设立;动产物权,交付设立。

34.【答案】 B

35.【答案】 C

36.【答案】 D

【解析】 2009年以来,一二级建造师考试考核违法分包的方向全部集中在工程分包与劳务分包的区别。

工程分包需建设单位认可,而劳务分包不需要认可;

主体结构不允许分包,但主体结构施工中的劳务作业可以全部分包;

分包单位不得再分包,但分包单位可以将劳务作业全部分包。

37.【答案】 C

【解析】 "独立监理"。

38. 略

39.【答案】 D

【解析】 "投标文件的补充、修改、替代或撤回"

40.【答案】 D

41.【答案】 C

42.【答案】 C

43.【答案】 C

【解析】 建设单位的安全责任,每年考1分,一般考核6个小标题。

44.【答案】 A

【解析】 "总分包的安全责任划分"。

45.【答案】 A

【解析】 施工许可证,是发给建设单位发给项目的,证明项目具备了八项开工条件;安全生产许可证,是发给建筑施工企业的,证明该企业具备了12项安全生产条件,而不至于像个瘟神一样,去谁的工地就出事故砸人场子。一个新成立的施工企业,还没有承接过任何施工项目,但也必须取得临时资质证书和安全生产许可证。否则,就不能从事任何施工活动。由此可见,两张证风马牛不相及。

建设行政主管部门在给建设单位发放施工许可证时,要对中标的施工单位做出全面审核,有没有营业执照.资质证书.安全生产许可证?有没有被取消投标资格的情况?有没有进沪许可证(例如某魔都的要求)?如果中标单位有问题,就不给建设单位发放施工许可证。要审查的东西多了去了,并不是只查它有没有安全生产许可证一项。

46.【答案】 B

47.【答案】 A

【解析】 "见证取样的责任"

48.【答案】 C

【解析】 施工单位承担保修责任的前提有二:其一在保修期内;其二在保修范围内。

49.【答案】 A

50.【答案】 D

51.【答案】 A

【解析】 "建设项目环境影响评价的分类管理"

重　　大	报 告 书	全 面 评 价
轻度	报告表	分析或专项评价
很小	登记表	不需要

52.【答案】　C

【解析】　"施工图审查机构的节能义务"。

53.【答案】　A

【解析】　"需要进行消防设计审核工程范围"。

54～57题,略。

58.【答案】　B

59.【答案】　B

60.【答案】　B

二、多项选择题

61.【答案】　AC

【解析】　"地方性法规"。

62.【答案】　ABE

【解析】　著作权保护的对象是作品。

63.【答案】　ABCE

【解析】　招投标活动公开原则是指:招标信息公开.评标标准公开.招标投标过程公开.中标结果公开。但这种公开是相对的,评标委员会名单不公开.评标过程不公开。

64.【答案】　AB

【解析】　CE属于招标人与投标人串标,D属于骗标。

65.【答案】　ABCE

【解析】　D属于义务而不是权利。

66.【答案】　ABDE

67.【答案】　AD

【解析】　"按图施工的责任"。

68.【答案】　BCE

【解析】　"保修范围和最低保修期限"。

69.【答案】　E

【解析】　AB错误,只有两类工程(大型人员密集场所＋特殊工程)才需要公安消防机构做消防设计审核;C显然错,谁负责审核的消防设计,设计变更自然也需要审核人同意;D有问题,准确的表述是"人员密集场所"室内装饰装修,而不是"公共场所"。E,显然正确。

70.【答案】　ACE

【解析】　这里争议较大的为B:只有在劳动者"①严重失职,②营私舞弊,③给用人单位造成重大损害"时,用人单位得行使随时解除权。特别注意,这里需要三个要件同时具备,因为①②中间是逗号而不是"或"。实践中,几乎没人因为这一款被辞退,就是因为对用人单位一方来说,举证劳动者营私舞弊太难了。

71～76题,略。

77.【答案】　BCD

【解析】　"定金与预付款的区别"。

78.【答案】 ABE

【解析】"法律规定应当撤销仲裁裁决的情形"。

79.【答案】 ADE

【解析】"对法院委托鉴定申请重新鉴定的情形"。

80.【答案】 ABD

参考文献

[1] 何佰洲.建设工程法规及相关知识[M].北京:中国建筑工业出版社,2012.

[2] 建设部人事教育劳动司,体改法规司.建设法规教程[M].北京:中国建筑工业出版社,1996.

[3] 朱宏亮.建设法规[M].武汉:武汉理工大学出版社,2004.

[4] 黄安永,张涟生,杨平.建设法规[M].南京:东南大学出版社,2005.

[5] 吴胜兴,罗世荣,宋宗宇.土木工程建设法规[M].北京:高等教育出版社,2003.

[6] 汪永清.中华人民共和国行政许可法释义[M].北京:中国法制出版社,2003.

[7] 建设部.中华人民共和国建筑法务实全书[M].北京:法制出版社,1997.

[8] 郑润梅.建设法规概论[M].北京:中国建材工业出版社,2004.

[9] 李辉.建设工程法规[M].上海:同济大学出版社,2006.

[10] 本书编委会.建设工程法规及相关知识重点内容解析[M].北京:中国建筑工业出版社,2004.

[11] 刘文锋.建设法规教程[M].北京:中国建材工业出版社,2001.

[12] 成虎.工程招标投标十日通[M].北京:中国建筑工业出版社,2004.

[13] 姚惠娟.建筑法[M].北京:法律出版社,2003.

[14] 陈东佐.建筑法规概论[M].北京:中国建筑工业出版社,2005.

[15] 佘立中.建设法律制度及实例精选[M].广州:华南理工大学出版社,2002.

[16] 祝铭山.典型案例与法律适用——建设工程合同纠纷[M].北京:中国法制出版社,2003.

[17] 黄文杰.建设工程合同管理[M].北京:知识产权出版社,2003.

[18] 何红锋.建设工程施工合同纠纷案例评析[M].北京:知识产权出版社,2005.

[19] 武家国,徐国忠.工程建设法概论[M].上海:同济大学出版社,2005.

[20] 史敏,姚兵.《中华人民共和国建筑法》讲话[M].北京:经济管理出版社,1998.

[21] 隋卫东.建筑与招投标法教程[M].济南:山东人民出版社,2006.

[22] 隋卫东.建设工程法规及相关知识[M].北京:中国环境科学出版社,2005.

[23] 冯小川.建筑安全生产法律法规知识[M].北京:中国环境科学出版社,2005.

[24] 李印.建筑安全生产法律法规[M].青岛:中国海洋大学出版社,2005.

[25] 何佰洲.工程建设法规与案例[M].北京:中国建筑工业出版社,2004.

[26] 徐占法.建设法规与案例分析[M].北京:机械工业出版社,2004.

[27] 何红锋.工程建设中的合同法与招投标法[M].北京:中国计划出版社,2002.

[28] 刘文锋,等.建设法规教程[M].北京:中国建材工业出版社,2001.

[29] 丁士昭.建设工程法规及相关知识[M].北京:2004.

[30] 中法网.

[31] 中国建筑房地产律师在线 http://www.zhaohongkui.com.

[32] http://www.jdzj.com.

[33] http://www.examda.com.

[34] 建筑工程教育网.

[35] www.bjjianzao.com.

233